國土安全導論

| 陳明傳、駱平沂　著

　　國土安全乃為一門新興之學科，在全球的相關學術領域之發展中，實應以美國遭受911恐怖攻擊後，才漸次發展與形成其初創的體系。本「導論」擬以美國在此方面之最新發展狀態，以及援引跨國犯罪、跨國犯罪學（Transnational Crime and Translational Criminology）、危機管理（Risk Management）等相關學說與理論，並引述國內、外相關之立法或因應之策略，綜合介紹此新領域之現狀與未來之可能發展。

　　我國在此方面的發展，當亦處於初始之階段，因此政府與相關之學術領域在發展此一議題時，亟需一些理論的支持與策略的參考。故而，希望以本書對於國內、外相關資料之整理與分析，能對我國在國土安全理論與實務策略的發展上，產生拋磚引玉之效果。

　　然而，國土安全之範疇，除了傳統國家安全的觀念之外，對於國家內部及人民生存構成威脅的因素，則實應尚包含危及社會穩定的經濟發展、金融秩序、生態環境、資訊安全、資源安全、恐怖主義、槍枝氾濫、疾病蔓延、跨國犯罪等天然、科技與人為災害。這些衝擊對於國家的發展，產生直接或間接的影響，故應皆歸屬國土安全之學術研究與其事故處理的範疇之內。

　　因之，國土安全之任務應著重於保衛國土免遭恐怖襲擊、強化國境與運輸安全、有效緊急救難及應變以及預防生化與核子襲擊。本書範圍包括法律、社會、行政、刑事、安全、犯罪防治、消防、交通、外事學科等領域，相信對於我國在研究此一新議題上，會有所裨益；進而期能對於我國國土安全實務策略之發展上，亦能作出些許貢獻。

　　作者深自期許本「導論」之面市，除了給此學術領域有興趣之研究者提供相關之初步資訊之外，亦期能對於我國國土安全維護與未來之發展有些許之裨益。作者才疏學淺，謹以愚魯之衝勁，不揣簡陋的蒐集相關資料集印成冊，盼望各方賢達不吝斧正與指教。

陳明傳、駱平沂　謹識

中華民國99年7月1日

Preface

The vital mission of Homeland Security is to secure the nation from the many threats, to lead the unified national effort and safeguard the country and preserve the freedoms. It identifies the goals and objectives by which we continually assess the homeland security related performance. And this new academic territory this author believes is initiated by the 911terrorist attack to the United States of America.

The study of homeland security tends to attract people with practical goals. They seek solutions, not academic discussions. It is just an academic way of linking cause and effect but till now there is no single theory or institution is perfect to apply under every homeland security related problem or circumstance. A more valid criticism is that because homeland security is so interdisciplinary, a bewildering array of theories seems to apply. Therefore every field of science and engineering has its own set of theories that apply to specific homeland security related problems. But this author just tries to use a more comprehensive approach to integrate the transnational criminology and risk management theory into a tentative homeland security theorization. But still homeland security is a challenging field of study and need more researches to justify its validity and generalization or inference.

Furthermore, this author applies the homeland security practices and legislations from various nations. And hopefully these materials can provide the readers a big picture of this new science development worldwide.

Mark Ming-chwang Chen & Pin-yi Lo

第一章　國土安全之概念與緣起

美國幅員遼闊，經常遭受地震、颶風、龍捲風等天然災害的襲擊，冷戰結束後美國本土遭受恐怖襲擊，從1995年奧克拉荷馬州政府發生炸彈爆炸事件、2001年恐怖份子撞擊世界貿易組織大廈和五角大樓，美國開始實施自己的反恐計畫──「美國國內準備計畫」（US Domestic Preparedness Program, or Nunn-Lugar -Domenici Domestic Preparedness Program），其重點是因應核生化恐怖襲擊。在天然災害及恐怖活動威脅的同時，作為經濟與技術發展迅速、社會矛盾錯綜複雜的發達國家，美國的技術災害事故也經常不斷發生。

早於911事件發生前，美國早已思考恐怖主義之防範與因應，對於各種災害的應對過程中，美國建立了比較成熟的災害管理體系。特別是，成立於1979年的聯邦緊急救難署（Fedral Emergency Management Agency, FEMA），經過20世紀90年代初的改革，總結出一套豐富的災害防救經驗，在後911時期仍可資反恐借鏡；像「美國國內準備計畫」的許多反恐措施都與災害管理有著密切的關聯，如進行特殊訓練、採購特種裝備、制訂計畫、規劃演練等。從這個意義上看，「美國國內準備計畫」在邏輯上，不論針對任何災害，皆是以現存的美國災害管理體系為基礎來建立的（曾偉文，民97：3）。

2001年9月11日的上午，恐怖份子對美國本土的政治和經濟中心雙子星大樓及國防部大樓發動前所未有的突擊行動，兩座大樓瞬間夷為平地，美國國防部大樓也部分坍塌。當時的美國布希總統說：「數以千計生命突然遭到邪念和卑鄙的恐怖活動殺害。」他強調這些攻擊不會損害美國的根基，也無法摧毀他們的決心。美國前總統布希誓言將會全力追緝元兇，對策劃和包庇恐怖份子的人，作出報復。布希總統在其任內第二次全國電視講話中強調，「美國人民團結一致，決心維持正義及和平。美國過去曾經光明正大抵禦敵人，這次我們也將會做到。」

　　恐怖份子史無前例的攻擊行動，造成難以估計的死傷人數，為此美國及世界各國大為震驚，都提高警覺加強安全維護工作。同時對於政府安全部門的重整與統一，加強事權的劃分，充實資訊設備及人才培訓，以利國家安全的維護。國土安全這個概念是經由這個歷史過程而發展起來的，因此，它是一個非常具有美國特色，且是「後911事件」特色的概念，它不但激發國土安全概念的發展，同時帶有濃厚「美國中心思想」的概念。（自由時報，民91，第10版）

　　911恐怖攻擊事件發生後，布希總統立即將反恐提升至「戰爭」等級，並成立國土安全辦公室統籌國家安全之維護，並在參、眾兩院支持下通過「美國愛國者法」（USA Patriot Act），賦予各項相關反恐職權（廖元豪，民91：273）；隨之亦通過制定「國土安全法」（Homeland Security Act 2002），並將花費400多億元，預擬要整併約20餘個機關及17萬9千餘公務人員，進行了美國聯邦近50年來最大組織變革，提升專責機關位階，成立「國土安全部」以因應反恐。（翁耀南，認識美國國土安全部成立與運作，台灣網法律）由於恐怖行動之發生，美國參、眾兩院通過之「美國愛國者法」，將反恐視為戰爭，廣泛授權進行反恐執法，侵犯人權聲音不絕於耳，亦造成許多人權團體及人民之批評，導致人民有「越反越恐」的論調。因此，政府所採取的反恐公權力要如何使人民減少「恐怖」的陰影，是很重要的課題。故如何使「國土安全」執法與「人權保障」取得平衡非常值得探討。

　　美國國土安全任務範圍包括：情報與預警、國境與運輸安全、國內反恐怖主義、保護美國國內重大建設與主要財務、防衛毀滅性威脅、緊急情況之準備與因應。美國政府因應反恐及災防之全民動員政策與作為，發布「國土安全之國家策略」（National Strategy for Homeland Security），旨在統合全民動員與組織美國之聯邦政府、州及地方政府、私人企業及美國人民，以協調合作與專注努力來維護國土安全，使免於恐怖份子攻擊。

　　為了瞭解美國這方面驚人的改變，應該從其歷史及政治要素做探討，兼及相關如群眾暴力、恐怖主義、大規模的內亂及相關國際事件等。美國為全面的改革做好準備並反省國家的安全機制，及美國在世界舞台中的定位。

　　暴力與恐怖主義並非全然源至於美國之境外，其中一個引起廣泛注意的暴力團體即是主要活動於美國南部的三K黨，其猖獗於南北戰爭之後。還有其他各種幫派或團體對種族、宗教及思想自由等之要求均對美國國土造成相當程度的威脅或迫害。另外，全球化主義，聯邦制主義的強化、各州州權爭取漸緩等，都對美國造成一定的安全上之影響。（Ward, et al., 2006: 3）

　　美國國會於911事件之後通過加強執法機構預防、偵查與起訴恐怖份子及其支持者的能力。美軍除了在全球各地進行反恐外，並從國家安全的角度加強飛航與國境安全，儲備各種醫藥來對抗各種生化恐怖攻擊、並強化對付大規模毀滅武器的能力、充實各種情報機構間的情資分享、同時採取必要措施來保護國內之基礎建設。因此，美國政府認為當前美國人民、企業以及政府領導者已跨越政策範疇的進行美國歷史上少有的合作。

第一節　國土安全之範圍與特性

壹、國土的意義

　　根據維基百科全書，「國土」就是一種領土（文化地理）的概念，在這領土內一個種族團體擁有長遠歷史及深刻的文化連結，因此常伴隨著某種特定的民族認同的起源。作為普通名詞，它僅意味一個人的起源國家。（http://en.wikipedia.ord/wiki/Homeland）。簡言之，領土包括一個國家的陸地、河流、湖泊、內海、領海、領空，是主權國管轄的國家全部疆域。

貳、國土安全之範圍

　　「國土安全」經常難與「國家安全」釐清，如果用5W及1H來看，國家安全的危害經常以國家為考量主體，所以非常明確；反觀國土安全的危害，就難以掌握Who（何人）、When（何時）、What（何目標）、

Where（何處）、Which（哪一個）及How（何種方式）的危害模式。因此，我們可以界定國家安全就是主權安全、國防安全、政治安定和外交衝突安全等所謂的傳統安全；而相對的非傳統安全威脅因素，就是指那些除了傳統安全外，因天然災害、技術災害或人為災害威脅。對國家內部及人民生存與發展構成威脅的因素，包括危及社會穩定的經濟穩定、金融秩序、生態環境、資訊安全和資源安全、恐怖主義、槍枝氾濫、疾病蔓延、跨國犯罪等天然、技術與人為災害，這些衝擊對於一個國家的發展產生直接或間接的影響，應皆歸屬國土安全事務處理的範疇（曾偉文，民97：1）。

　　所謂安全就是指國家安全——被他人的武力所威脅，靠自己的軍事力量來保護……安全呈現使用武力的條件，使用武力影響個人、國家與社會的方式，及國家為了準備、預防或從事戰爭的政策。19世紀英國首相邱吉爾就提出：「大英帝國沒有永遠的敵人，也沒有永遠的朋友，只有永遠的利益」之後，因此各個國家似乎就以追求國家利益做為外交政策與安全政策的目標（Morgenthau, 1978）。爾後安全的問題就是對國家利益的計算與辨識，誠如羅肯（Roskin）所說的：「國家安全政策是指從事保護與防衛利益的行動與選擇」（Roskin, 1994）。美國肯伯羅（Campbell）等學者認為：「國家利益是美國價值觀向國際及國內領域的投射與表達」。911恐怖攻擊之後，國際社會更加速從過去多重視「國家安全」（National Security）轉而亦強調「國土安全」（Homeland Security）之維護。（蔡庭榕，民96：222）

　　「國家安全」（National Security）強調當國內防禦戰爭時，則有需全民動員防衛禦侮，甚至必要時政府亦得依法宣告戒嚴之權利。在法治規範上，由於戰爭緊急動員業務，故在法治上必要時，得發布緊急命令，使得以對人民有較多之自由權利限制，仍不牴觸憲法之人權保障原則。再者，國家處於重大急迫狀態時，亦可能修改或無法律規定，以「緊急不受規範」之緊急法理為基礎，但亦不完全否定特殊急迫狀態時，仍需以緊急處置措施法制之授權（蔡庭榕，民國96：222）。美國將價值觀反映在美國核心的政治文化，包括道德、法律、政治、經濟、歷史與文化各個層面。

因此，這些帶有濃厚價值觀的利益界定，指導了美國外交與安全政策制定，用來幫助在國際體系中達成美國目標，並依此來決定優先次序與資源分配。綜合上述研究，我們可以將國家安全的核心內容分述如下：1.冷戰邏輯；2.國家為主導；3.利益為取向；4.敵國為對象；5.為戰爭而準備。

　　911攻擊事件之後，布希總統亦立即對恐怖主義宣戰，並強調全面強化「國土安全」（Homeland Security），而非「國家安全」（National Security）。此意謂著美國已從過去應付傳統戰爭重視「國家安全」，轉為以預防國內重大天災、人禍與現場搶救及復原能力之「國土安全」，甚至於亦以重視政經社會發展及人民福祉之「綜合性安全」（Comprehensive Security）之趨勢。「國土安全」以平時及國內之執法特性，在執法流程中，包括事情的預防、蒐集情報、進行分析整合，並予以明確授權得進行公權力之執法職權行使，促使全民動員以達到防災與反恐之目的。（蔡庭榕，民96：222）「國土安全」（Homeland Security）這個名詞在2001年2月所公布之「21世紀國家安全全國委員」報告（The Report of U.S. National Commission on National Security in the 21st Century）中出現。911事件之後，美國政府於10月成立「國土安全辦公室」（Office of Homeland Security, OHS），將國土安全提升至國家戰略首要議題，並制定新措施以維護國家安全。（朱蓓蕾，民96：21）

　　美國白宮於2002年7月16日公布之「國土安全之國家策略」（National Strategy for Homeland Security）報告中，將「國土安全」定義為：「為預防美國發生恐怖攻擊、減少美國在反恐事務方面的弱點，以及使已發生之恐怖攻擊造成之損害降到最低並能恢復原狀，而經過商定的國家努力。」然而值得注意的是，不同的部門對於恐怖主義有不同的定義，這些定義彼此之間是可以互通的。（Ward, et al., 2006：58）另亦將國土安全任務分為六大類：（1）建立優良的情報與預警系統；（2）改革邊界和運輸安全系統、移民機構、建立「智慧邊境」（smart borders）；（3）加強美國本土反恐主義措施，將防制恐怖份子在美國境內活動訂為執法部門的首要任務；（4）保護關鍵基礎設施和重要資產，制定重要基礎設施保護計畫，並確保網路的安全；（5）預防核生化災難性威脅；（6）建立統一的全國緊急

反應體系（Office of Homeland Security, 2002: 3-6）。確保美國本土免於恐怖主義之攻擊之威脅，並對美國國土安全政策作出規劃。該報告將美國國土安全的戰略目標視為「統合協調全國作為、防範美國境內之恐怖攻擊、降低美國對於恐怖主義之脆弱性、減少恐怖攻擊之損害，並儘速災後的復原。」（張中勇，民92：57）至2002年通過的「國土安全法」則將恐怖主義定義為：「任何涉及對人類生命安全產生危險或可能破壞重要公共建設或資源的行為之活動；並違反美國聯邦刑法、州刑法，或其細則；並顯然企圖威嚇或脅迫民眾；以威嚇或脅迫的方式影響政府政策；或以大屠殺、暗殺，或綁架等方式影響政府行政。」此定義有別於以往，範圍包含了國外與國內之恐怖主義。（Ward, et al., 2006: 57-81）

　　美國政府由於在911遭受恐怖主義的攻擊，因此將有關國土安全的定義偏重對恐怖主義的預防與降低攻擊傷害等層面。美國政府認為，政府除保障人民生命及財產安全無慮外，亦需護衛民主、自由、安全、經濟、文化等五大核心價值，並以此作為指導美國政府增強國土安全的戰略思維。（張中勇，民94：128-129）然而，筆者根據美國國土安全在組織與法制上的演進來觀之，認為「國家安全」（National Security）、「國防安全」（Homeland Defense）與「國土安全」（Homeland Security）三者在界線與權限範圍上是有所區別的。「國家安全」是攸關國家整體政權之存續，故較從國家整體政治與政權安危之角度為出發點，來執行較高層次、較全方位的國家安全維護的工作。故其可能牽涉或包含國防安全與國土安全的範疇，及整合所有此類資源以維繫國家的永續經營為其核心之工作。國防安全，則從軍事攻防的國防角度為出發，以國防與軍事的考量為主軸與手段，來維繫國家的安全。至於國土安全此新興的領域，則是以公共行政、社會安全維護與司法事件處置之角度為主要關注點與手法，來維護國土之安全。其三者在維護國家整體之安全與永續發展之目標則相同，但在處理事件的性質上及所運用之方法與權限上則有所相異。雖然其三者之間經常也需要合作與聯繫協調，及有資源整合的必須性與時機。

　　例如，當美國總統發現大範圍的非法行動或恐怖行動造成美國法律無法順利執行時，總統可以藉由美國聯邦法典第10篇第15章第331和第332條

之規定（Title 10, Chapter 15, U.S.C. Sections 331 & 332）（http://frwebgate. access.gpo.gov/ cgi-bin/usc.cgi? ACTION=BROWSE&TITLE=10USCSA），或謂之鎮壓暴動條款（Insurrection Statutes），做出必須的行動之指示。又或根據該法典第10篇第15章第334條之規定可行使解散暴亂之公告（Title 10, Chapter 15, U.S.C. Section 334），並分下列二階段來執行：（1）總統將對所有從事國內恐怖行動的人發布解散命令，並要求其和平的離開該區域；（2）總統馬上發布一道行政命令，授權國防部長（Secretary of Defense）派遣現役武裝部隊鎮壓恐怖行動達成解散命令的要求。又如，當涉及核生化武器的緊急情況時，且有合理懷疑該區域含有詭雷和受過訓練的聯邦調查局人員無法及時趕到時，軍事人員可以搜查非國防部的財產。又，如果聯邦調查局具體要求國防部援助處理核生化武器時，必須經過國防部長的批准。司法部和聯邦調查局，應提供軍事人員一定之程序與原則，使軍隊的成員參與搜查或搜尋證據時注意必要的程序避免違法或減損證據的證明力。在此類戰術策略操作的階段，司法或治安第一線指揮官是將責任轉至於軍事機構的，如果該第一線指揮官認為不再需要軍事介入時，他將可撤回該項授權，而軍事指揮官在不影響其人員安全的情況下，也會同意撤回其軍事力量。又或，當暴亂事情解決後，軍事指揮官會將現場指揮權責交還給現場司法指揮官。然而，如果該指揮官認為他們於調查程序中軍隊必須在場時，則軍事相關人員也會被要求待在事情發生地點協助調查的進行。又聯邦調查局會提供軍隊成員適當的、符合憲法與程序的保護措施，包含視情況需要，聘請軍事辯護人。（Ward, et al., 2006: 103-116）而如若司法或治安第一線指揮官與軍事指揮官對於協助事項有不同意見或看法時，則交由國防部長（Secretary of Defense）及司法部長（Attorney General, Department of Justice）作最後的協調或仲裁。（Ward, et al., 2006: 108）綜上所述，不難分辨軍文分治與憲法文武權限的分野之民主法治之精髓；故而保障民主國家之安全與法治人權之落實兩個層次，均為思考國土安全機制設定時的重要課題；亦更容易讓吾等分辨出其中之界限，與前述各類「安全」議題的定義與異、同之處。

參、國土安全之特性

　　各國國情、安全威脅、國家利益等因素的考量不一，因此，「國土安全」的認知與界定各國並無一致性，且其政策目標與實施策略亦有所差異。然觀諸國際實務，各國似皆以「如何有效統合國家公私部門之機制協調與資源運用，提升災難防救、緊急應變與危機處理之機能與成效，強化基礎建設安全防護與應變成效，避免或降低各類天災人禍之威脅與損害等目標，作為發展與建構國土安全制度之努力目標，以確保國土範圍內人民福祉、公共利益與國家安全。」（張中勇，民91：1-10）

　　911事件對美國而言其所造成之傷害不可謂不大，無論是物質的、人員的或心靈的，其傷害均屬空前。美國為鞏固其在國際社會之政、經、軍及形象地位，在受攻擊後立刻作出許多有效的維護措施。並將「國土安全」任務著重於保衛本土免遭恐怖攻擊、增強國境與交通運輸安全、有效進行緊急防衛與應變工作之進行、預防核生化攻擊、並整合分析情報與及重大基礎建設之保護等，以防範美國境內之恐怖攻擊、降低美國對於恐怖主義之脆弱性、減少恐怖攻擊之損害、並加速災後復原的重建。美國「國家安全」係在確保美國獨立與安全、以軍事及外交為主；「國土安全」則從預防恐怖活動與攻擊，來整合現有與國土安全任務相關之聯邦機構，結合政府與民間之力量，提升情蒐預警、強化國境與交通安全、增強反恐準備、防衛毀滅性恐怖攻擊，維護國家重要基礎建設的安全。（蔡庭榕，民96：224）

第二節　911事件前後美國之國家安全觀與國土安全之新發展概述

　　美國政府早在1995年，就相當重視國土安全的問題（美國政府自1995年起就對大規模毀滅性武器攻擊、核子擴散以及網路攻擊等國土安全威脅頗為關切，並陸續制定有關的國土安全政策，建立相關應變機制）；但

911事件之前，美國政府並未將國土安全視為國家安全的首要議題，也未將國土安全政策置於國家安全戰略層次考量（朱蓓蕾，民95：50）。在後冷戰時期美國對於國家安全有兩種版本：一種是民主黨版本，柯林頓政府時代的「1999年美國國家安全戰略」報告，雖討論了人道干預、婦女與兒童販賣及愛滋病等問題，但是，軍事力量仍是國家安全重要支柱。另一種是共和黨版本，2000年總統競選期間，布希對國家安全強調的是贏的軍事勝利，與此相應的就是建構迅速的及精準的壓倒性軍事力量。這種冷戰邏輯思考下的國家安全觀念特徵，就是軍事力量本身變成政策目標，而且以國界為主軸來規劃安全政策與策略（董立文，民96：4，又見Seiple, 2002: 259-273）。

911攻擊事件以前美國傳統之「國家安全」係偏重於運用軍事、外交、經濟、情報等政策手段以有效防範外來侵略、擴展海外利益與壓制內部巔覆；從國家安全走向對國土防衛的強調，是後冷戰時期美國國家安全政策的第一個顯著變化。1997年美國「國防小組報告」所提出的「轉變防衛：二十一世紀的國家安全」，其中對國土防衛的界定是：「整合運用主動與被動的必要作為，來嚇阻及反擊大規模殺傷性武器的使用，這些作為涉及相關範圍的聯邦部門，並且必須把中央與地方政府都協調進計劃當中」。可惜這份報告未獲國會承認及撥款。

美國在911事件之前如何評估與因應安全態勢，有四個代表性政策報告，其報告之詳細內涵將於第三章第三節中引述，綜合此四個報告的結論，可以發現911事件前美國國家安全觀念則是以國土防衛為核心。

然而，因為911事件發生之後，促使美國布希前總統亟思改進相關反恐弱點，並提出更強硬的反恐怖主義措施，在政府組織上立即成立「國土安全部」為其內閣中第16個部會，以綜合性國際安全概念，重組國內公共安全組織機制，整合與運用所有資源，強化政府危機管理與緊急應變能力。（Ward et al., 2006: 6-7）該部整併了原有單位的整體或部分功能，至2004年8月止之整併，則包括海關、交通安全、移民歸化署、海岸巡邏隊、邊境巡邏隊等約22個部門的179,000員工（Oliver, 2007: 77）。其2006年之預算則約超過300億美金，其後幾年亦曾經國會追加至400億美金之預

算（Ward et al., 2006: 68）。2004年各被整併之單位，則大都是歸入下列國土安全部的四個新的部門或功能之中：

1. **邊境與運輸安全部門（Border and Transportation Security）**：維護海陸空運輸安檢任務與國境安全；由移民暨歸化局（原隸屬司法部）、海關（原屬財政部）與海岸防衛隊等整合而成。

2. **緊急準備與應變部門（Emergency Preparedness and Response）**：緊急準備與應變：提供協助、補助額、訓練及援助給州及地方，儘可能降低傷害及展開災後復原工作，由聯邦緊急救難局（FEMA）負責。

3. **科學與技術部門（Science and Technology）**：反恐之科學與技術之研發與支援各相關機構的技術援助與訓練等。

4. **情資分析與基礎建設保護部門（Information Analysis and Infrastructure Protection）**：分析國家安全的脆弱性、可能遭受的威脅，以及國家基礎建設（如電力、電腦、水庫、鐵路、油庫等）之保護；由國家基礎建設保護中心（原隸屬聯邦調查局）、關鍵基礎建設保護辦公室（原屬商務部）等部門負責。（陳明傳，民94：120，also see Oliver, 2007: 77）。從2005年7月之後又一再的組織重組或再檢討整併，如圖1-1所示，目前則由16個執行部門（Department Components）、10個幕僚祕書部門（Office of Secretary）及6個諮詢委員會（Advisory Panels and Committees）所組成。並負責聯邦、各州及地方之約87,000個轄區之國土安全之維護。（Homeland Security Department，http://www.dhs.gov/xabout/structure/, also see Oliver, 2007: 93）

　　美國國土安全部歷年來，經過多次的修法與組織之重整，然至本書2009年10月10日截稿日止，美國國土安全部之各所屬單位，約可分為下列之三大部門：

一、執行單位（Department Components）

1. **國家保衛執行處（Directorate for National Protection and Programs）**：降低國土安全部所負責之國土安全方面之威脅。其減少風險之內涵，

則包含實體或虛擬實境的，亦或是其伴隨而來之對人身的威脅均屬之。

2. **科學暨技術處（Directorate for Science and Technology）**：是國土安全部的主要研究與發展之機構。其提供聯邦政府、州及地方政府和地方官員技術和能力以保護國土之安全。

3. **行政管理處（Directorate for Management）**：負責對國土安全部的預算、資金之資助、開支，會計和財務以及採購等進行管制；對於人力資源、資訊技術系統及設施和設備等，評估及考評各機構執行之成效。

4. **公共政策辦公室（Office of Policy）**：是國土安全部主要政策建構和協調的部門。它提供一個集中化，並可協調各部門之重點工作，使其對國土安全之保護能有長期又周延之規劃方案產生。

5. **保健事務處（Office of Health Affairs）**：協調國土安全部所有的醫療活動，保證適當的對所有的事件做好準備與預防措施，並對事件之回應能深具醫療之效用與意義。

6. **情報暨分析處（Office of Intelligence and Analysis）**：負責運用由多元途徑所取得之資訊與情報，以便辨識與評估其對當前與未來可能之威脅。

7. **勤務協調處（Office of Operations Coordination）**：負責每日監測美國之安全情勢，並協調國土安全部部內之各單位，以及全美國50個主要都會區及各州州長、國土安全顧問、執法機關、關鍵基礎設施之營運或維護者之協調與勤務整合之工作。

8. **聯邦執法訓練中心（Federal Law Enforcement Training Center）**：提供專業的執法訓練給執法人員，幫助他們安全地和熟練地履行他們的任務。

9. **國內核能偵查處（Domestic Nuclear Detection Office）**：職司提升聯邦、各州、自治區、地方政府及私部門之核能偵測與工作協調，以降低核能破壞之威脅。

10. **運輸安全署（Transportation Security Administration, TSA）**：職司全

國交通運輸系統安全，確保人員旅行、貨物運輸或貿易活動之自由與安全。

11. 美國海關與邊境保護署（**United States Customs and Border Protection, CBP**）：負責邊境安檢與防護，防治恐怖主義份子與武器不法進入美國，同時並促進合法之貿易與旅行活動。

12. 美國公民身分暨移民署（**United States Citizenship and Immigration Services**）：職司移民入境管制與歸化之裁決等事務，制定移民管理之政策與其優先順位。

13. 美國移民與海關執法署（**United States Immigration and Customs Enforcement, ICE**）：國土安全部最大的調查與執法之單位。負責辨識與防護美國邊境、經濟、運輸交通及基礎設施等事項在安全上之脆弱點。

14. 美國海岸防衛隊（**United States Coast Guard**）：負責在美國港口與航道、海岸、國際水域或基於國家安全需要之任何其他海域內，保護美國公眾、環境與經濟之利益。

15. 聯邦緊急救難署，或謂飛馬（**Federal Emergency Management Agency, FEMA**）：職司全國災難預防整備，協調管理聯邦因應及災後重建職責；以及執行與管理全國水患的保險事宜。於2006年10月4日經總統簽署訂立的卡翠納颶風災後復原法案中（the Post-Katrina Emergency Reform Act），更將美國聯邦消防機構及災害防救、整備及協調機構併入新的非馬之機制中，並在其下整合救難整備相關之機構或機制，而成立更為專業的國家整備處（National Preparedness Directorate, NPD）。足可見國土安全部是在不斷的演變之中，也足見救災在國土安全維護上的漸形重要。其法案並從2007年3月31日起生效。（http://www.dhs.gov/xabout/structure/gc_1169243598416.shtm）

16. 美國密情局（**United States Secret Service**）：負責保護總統及其他高階官員人身安全，調查偽鈔仿冒及其他經濟犯罪，包括金融詐欺、冒用身分、電腦詐欺、電腦攻擊美國金融、銀行及通訊基礎設施。

二、秘書單位（Office of the Secretary）

1. **隱私權辦公室（The Privacy Office）**：降低對於個體隱私的衝擊，尤需重視個人的資料與尊嚴，但亦同時可達成國土安全的任務。

2. **民權與人權辦公室（Civil Rights and Civil Liberties）**：在民權和人權議題之上，提供法律和政策建議給國土安全部長；調查與解決民眾之申訴，並提供部長注重有關部內公平就業機會之法律規範事項（Equal Employment Opportunity Programs）。

3. **總檢察長辦公室（The Office of Inspector General）**：執行監督審計、調查以及檢查與本部門有關之計畫及其執行之狀況。並建議本部最有效果、最高效率及最為經濟的任務推展之模式。

4. **公民身分與移民服務視察官（The Citizenship and Immigration Services Ombudsman）**：提供解決個人或其雇主與美國公民身分與移民服務單位的爭議問題之建議，以便確保國家安全以及合法移民管道的正當合適性，並且提升移民服務的效率，及改善移民服務品質。

5. **立法事務辦公室（The Office of Legislative Affairs）**：擔任與國會議員與其職員、白宮與其行政部門，以及其他聯邦政府機關和政府部門等，有關國家安全問題的主要聯絡者之角色。

6. **總顧問辦公室（The Office of the General Counsel）**：集合部門中大約1,700位律師，成為一個有效的、顧客導向的以及全方位的法律諮詢服務團隊。其包括一個總部辦公室及其輔助單位，以及為本部八個單位提供法律諮詢服務之各個小組。

7. **公共事務辦公室（The Office of Public Affairs）**：在國家之緊急或災害期間，公共事務辦公室協調本部內各單位或辦公室之所有公共事務之活動，並且擔任聯邦政府公共資訊宣導的主要單位。其組織與任務則包括新聞辦公室、事故和策略之通聯、新聞稿之撰寫、網路內容管理、屬員之通聯以及本部急難整備之推廣活動等。

8. **反毒品執行室（The Office of Counternarcotics Enforcement, CNE）**：整合反毒之政策與勤務，阻斷非法藥物進入美國，並偵測及切斷非法

毒品交易與恐怖主義之間的聯繫。

9. 行政秘書處（**The Office of the Executive Secretariat, ESEC**）辦公室：
提供全方位的直接之支援給秘書長，並且將此類服務提供給部內所有
之單位及其主管。此種支援之服務有很多型態，但最為人知的型態
是，將部內各單位及各相關之國土安全的伙伴機構之情資與來文，準
確和及時的陳報給秘書長。

10. 軍事顧問辦公室（**The Military Advisor's Office**）：在協調與執行國土
安全部與國防部之間的政策、程序、整備活動以及勤務行動等事務。

三、諮詢與顧問單位（Advisory Panels and Committees）

1. 國土安全諮詢顧問（**Homeland Security Advisory Council**）：係由各州
及地方政府領袖、第一線應變之社群、私部門及學術界精英所組成，
旨在提供部長有關國土安全事務之諮詢與建議。

2. 國家基礎建設諮詢理事會（**National Infrastructure Advisory
Council**）：提供部長及總統攸關國家經濟發展上的關鍵基礎設施之
公、私部門的資訊系統安全之改進建議。

3. 國土安全科學暨技術諮詢委員會（**Homeland Security Science and
Technology Advisory Committee**）：提出科學和技術計畫的諮詢意見，
提供給前述執行單位之科學暨技術處作為參考。

4. 關鍵基礎設施夥伴諮詢顧問（**Critical Infrastructure Partnership
Advisory Council**）：促進聯邦基礎設施之計畫與各私部門之計畫以及
各州、地方、領地、自治區等政府間的基礎設施之防護行動，能有效
的協調與整合。

5. 建立傷殘機構協助聯邦政府對於各地的災後的救助。身心障礙者緊急
整備與協助之跨機構協調顧問（**Interagency Coordinating Council on
Emergency Preparedness and Individuals with Disabilities**）：確保聯
邦政府規劃完成協助身心障礙者於緊急危難情況下得到完備之安全協
助。

6. 新美國移民專案小組（**Task Force on New Americans**）：為跨機關的工

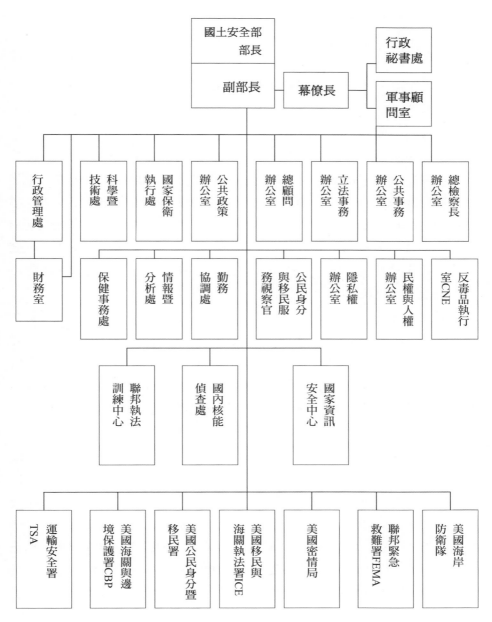

圖1-1　美國國土安全部組織圖

資料來源：http://www.dhs.gov/xabout/structure/

作小組，協助新的美國移民學習英語，並接受美國的民主文化，使其成為真正的美國人。（http://www.dhs.gov/xabout/structure/）

　　至於在國土安全之情報整合與發展方面，本書第五章中將會詳述。然其之重要發展乃國土安全部依2002年國土安全法（Homeland Security Act, HSA）成為情報體系的新成員，並於2002年11月25日經布希總統簽字生效。另外司法部緝毒署（DEA）亦於2006年4月成為情報體系的一員，並結合現有之14個情報機構而構成為16個情報體系。2004年情報改革及防恐法案於2004年12月17日由總統簽署通過，爰創立國家情報總監辦公室（Office of the Director of National Intelligence, ODNI），形成了史無前例的情報系統與權責的整合，其主任由總統提名並經國會同意任命，統轄各情治系統且成為總統及立法與行政部門領導人之主要情報諮詢顧問。（Ward et al., 2006: 86-88）

　　綜上所論，國土安全部將有兩個工作重點，一、把美國許多薄弱的安全之環節都保護起來，建立起安全制度；二、把恐怖主義之情報集中、分別與整合運用。雖然中央情報局和聯邦調查局不屬於此新的部，卻會與它保持密切聯繫。過去不同機構獨自進行監視，而彼此間缺乏交流。聯邦調查局分析情報只能從單一案件出發，而較不積極聯結到全國之國家安全情報網，這些都將因此新創立之國土安全部，而期能達到情報整合之效果。

　　911事件後，將「國土安全」任務著重於保衛本土免遭恐怖襲擊、強化國境與運輸安全、有效緊急防衛及應變、預防生化與核子襲擊；情報蒐集仍由聯邦調查局及中央情報局負責，但由國土安全部進行分析與運用。因為國土安全部具有統合協調全國作為，以防範美國國內遭到恐怖攻擊，降低恐怖攻擊之損害，並儘速完成遭受攻擊後的復原。因此，國土安全以預防恐怖活動與攻擊為考量，整合聯邦機構、結合各州、地方、民間之力量，以提升情資預警、強化邊境以及交通安全、增強反恐準備、防衛毀滅性恐怖攻擊，維護國家重要基礎建設、緊急應變與因應等方向為主（Office of Homeland Security, July 2002, National Strategy for Homeland Security, http://www.dhs.gov/xlibrary/assets/nat_strat_hls.pdf）。茲將美國國

土安全部之前身，即當時緊急成立，所謂之國土安全辦公室之主要情報與反恐之初步任務分工敘述如下（蔡庭榕，民96：223），據此2002年7月之美國國土安全維護之新規劃，可窺知國土安全資源整合之研發方向及其重要性：

（一）研議全國努力（**Concerted National Effort**）：聯邦政府維護國土安全的方法是基於共同負責，國會、州及地方政府、私人企業及美國人民成為伙伴關係。國土安全策略適用於全國一體，而非某一個聯邦、地方政府。

（二）預防（**Prevention**）恐怖活動：恐怖活動造成社會動亂、人民生命財產損失，因此，國土安全之策略強調預防、保護及準備，以因應重大性威脅。國土安全與反恐策略所描述之努力作為也將落實於國內外。

（三）避免恐怖份子攻擊（**Free From Terrorist Attacks**）：國土安全旨在避免綁架、劫機、槍擊、傳統爆炸，涉及生化、幅射、或核子武器或網路攻擊，及其他型態的暴力行為。國土安全策略是將危及人民生命財產安全及公共利益之非法行為列入預防之優先選項。

（四）減少美國受到傷害（**Reduce America Vulnerability**）：國土安全是一個有系統的、全方位的、策略性的全國整合的機制，其策略計畫結合政府公部門與私人企業合作，以確保美國受恐怖攻擊之弱點，保護重要的基礎建設及人民生命財產安全，並擴大美國的防衛。

（五）縮小損失（**Minimize Damage**）：國土安全任務必須準備以處理可能產生之未來任何恐怖攻擊或其他災害行為的結果。恐怖攻擊後，警察、消防、醫護人員、公務員以及緊急管理人員，必須努力以赴搶救災民，將災害之損失減少到最低。

（六）復原（**Recover**）：恐怖攻擊後，必須準備保護及回復機構，以用來支援經濟成長及信心、協助受害者家園重建、幫助受害者及其家屬、治療心理創傷，以迅速方式回復到攻擊前之原點。

2004年1月，國土安全部推出了「國家突發事件管理系統」（National

Incident Management System, NIMS），為國土安全提供了制度框架；不久，國土安全部又制訂了「國家應變計畫」（National Response Plan, NRP），成為國土安全管理的指導依據。至此，美國國土安全體系基本形成。經過近五年的運作，美國國土安全體系卻發生以下四種現象趨勢（曾偉文，民97：2-3）：

（一）**反恐為主、防災害防救為輔**　國土安全部的職責是「發展與協調相應的國家安全戰略的實施」、「發現、阻止並預防美國境內發生的恐怖襲擊活動以及與此有關的準備、反應和重建恢復工作」以及「保護美國免受恐怖主義活動的威脅或襲擊」。

（二）**優先提供反恐所需資源**　美國國土安全部是一個政府部門的集合體。由國土安全部提供全面性公共安全服務，理應對所有危害做統合性的資源分配；但權力集中反恐事務，FEMA被整併後原先工作目標被稀釋狀況下，防救功能逐漸式微；且政府部門由於受到市場化潮流的衝擊，如這兩年次級房貸的危機，預算開支經常捉襟見肘，不能提供滿足公共安全需要的資源。

（三）**擴大組織縱向層級，削落行政效率**　國土安全部係以政府部門為主體，其組織結構以縱向化之層級制為其特徵。此種層級組織利用權威來協調勞動分工，很難適應公共安全形勢瞬息萬變的急迫需要。同時，資訊流動上傳或政策執行下達費時，不僅效率低下，而且存在著被扭曲的風險。

（四）**不同的組織文化，資訊共享困難**　美國的國土安全體系是在反恐背景下形成的，被打上了「國家安全」的烙印。其中的國家安全機構和司法部門強調「保密」，但如聯邦緊急救難署（FEMA）這樣的部門，其主要任務是防災害防救，其主要特徵是開放、協調與溝通。因此，國土安全體系需要對不同的組織文化兼容並蓄，協調其間的矛盾與衝突，克服部會協調與整合的障礙。

　　2005年2月切爾托夫（Michael Chertoff）擔任國土安全部部長，持續整合政策與組織轉變，並在2006年提出「國家應變計畫」修正版（http://

www.dhs.gov/xprepresp/committees/editorial-0566.Shtm）。2007年蘭德公司國際暨國土安全研究部主任Brian Michael Jenkins，在眾議院撥款委員會的國土安全小組會議的國會證詞，提出「國土安全基本原則」（Basic Principles for Homeland Security），其內容要點如下（Jenkins, http://www.rand.org/pubs/testimonies/2007/ RAND_ CT270.pdf）：

（一）安全必須廣泛的界定：包括全力去防止、偵查、預防及阻止恐怖攻擊，減少傷亡及損害、快速反應修復及復原。

（二）情報能力必須強化到地方政府層級，包括人力及訓練。

（三）必須為先制性行動來檢討法律框架。

（四）積極機先的方式（Proactive Approach）意味著犯錯的可能，必須全面檢視手段以便迅速改正。

（五）我們面對一大串恐怖攻擊的可能場景，我們必須對防範的優先次序做出選擇。

（六）恐怖攻擊無孔不入，所以安全必然是被動反應的，但它不意味著我們只能運用手段去打最後一場戰爭，以防止攻擊重複發生，而它不應造成過度反應。

（七）資源的分配必須奠基在對風險的評估上，目前美國的戰略是走向由災難導向來決定。

（八）在考慮恐怖攻擊的災難時，我們最迫切需要是如何在災後復原上做的好，尤其是經濟。

（九）安全與自由並非是交換性的，安全手段可以與基本自由共容。

（十）預防所有的恐怖攻擊是一種不現實的目標，我們的目標是防止攻擊，增加打贏得機會，增加恐怖主義行動的困難，驅使他們轉向較沒危害性的目標。

（十一）必須教育公眾，幫忙公民們現實的評估恐怖災難及他們日常生活的危險，讓他們瞭解安全的工作及其限制，培育維安意識。

（十二）國安安全計畫應該具有雙重或多重利益，改善我們危機管理能力及公共衛生基礎建設即為一例，即使攻擊沒發生也不會浪費。

（十三）重點應放在發展地方政府能力，而非擴大聯邦計畫。

（十四）新步驟應是提供一種安全網路，而不僅是把風險從某個目標轉到另一個目標。

（十五）嚴格的成本收益分析並不可行，恐怖攻擊的代價很難量化。

（十六）安全必須效率與效果並重，立即衝擊與長期影響並計。

（十七）我們是有投資者風度之國家，科技可以增加效用，鼓勵創造性，並容許研究的可能失敗。

（十八）科技不見得會減少必要人力，科技與情報一樣都需要大量人力支援。

（十九）國土安全可以為美國年久失修的基礎建設提供一個重建的立基。

（二十）繁瑣的安全措施的檢查與順利推行，其前提是必須先做好公民教育，其成功有賴於在一個互信的環境中才能產生。

（二一）國土安全的目標是反制恐怖份子及其想要製造的事端（其意指重大災難的心理衝擊）。故要達此目標，就需增加公民教育及參與。知識及責任感是最有效的反恐保護罩。

（二二）美國是一個有很多自願義工參與公共事務的的國家，國會也曾引用此傳統精神，至民防自衛團隊（Civilian Reserve Corps）的立法。民防自衛團隊，亦可根據其專長而積極參與人為或自然災害的搶救。美國目前則有3億人參與此類之義工，並可為國家必須時之運用。

　　美國前總統布希於2007年10月提出「國土安全之國家策略」（National Strategy for Homeland Security），提出四項戰略目標是：（一）預防並瓦解恐怖主義攻擊；（二）保護美國人民、重要基礎建設及重要資源；（三）事故發生時的反應與恢復；（四）持續地加強防衛基礎（foundation）以確保長遠之勝利。並在「當前國土安全之現況」這一章中特別說明了「典範的演進」為：911事件恐怖主義攻擊是反對美國的戰爭行為，是為了保衛美國生活之方式、自由、機會與開放原則的戰爭。911事件對美國攻擊的嚴重與廣泛是史無前例的，成為國家保護與防衛美國人民的生命及生活的分水嶺」；同時，再一次把國土安全界定為：「全

國致力於避免恐怖主義在美國國內攻擊，降低美國對恐怖主義的脆弱性，在攻擊發生時減少危害與復原」。（董立文，民96：8-10）

第三節 美國反恐與災害防救的整合策略

長期以來，美國國內關於反恐與災害防救整合問題，一直存在著爭議。國家安全界人士強調反恐的特殊性，並且反對二者的整合。哈佛大學甘迺迪學院的卡特教授（Carter, John F. Kennedy, School of Government, Harvard University, http://www.fas.org/irp/congress/2002_hr/062602carter.html）就曾說：「聯邦緊急救難局部（FEMA）似乎不能使任何人相信，天然災害與恐怖行為如此相似，以至於人們可以找到一種將二者合而為一的管理手段」。但災害管理界的人士卻有不同的看法，他們認為對於恐怖主義的後果管理與災害管理是一致的，主張二者的整合。恐怖主義的概念較難界定，目前國際上尚且沒有一個統一的概念。不過，恐怖主義具有以下特徵，包括：使用或威脅使用非常的暴力手段、是受目的驅動的非理性之行為、試圖在直接受害者之外的更大範圍群體產生心理影響，以及根據象徵性價值來選擇行為對象。無論如何定義，恐怖行為的後果與災害後果都是沒有區別的，而且恐怖行動地點也可以看作是災害現場或犯罪現場。不管應對何種恐怖主義，人們都需要突發事件指揮組織、資訊技術、預警、疏散、後勤、創傷諮詢等。甚至有時在事件原因沒有調查清楚之前，恐怖主義與災害難分彼此，如山林野火與惡意縱火、飛機墜毀與航空恐怖劫持、化學品洩露與化學恐怖攻擊、傳染病與生物恐怖活動等。但災害管理的四個核心部分之減災、整備、應變及復原重建的邏輯，同樣適用於恐怖威脅；因此，反恐與災害防救的整合確有其可行性的。

雖然各項災害的本質不盡相同，但安全管理及緊急應變的邏輯與方法卻是一致的，一般不外乎事涉法規、體系、機制、科技及教育訓練等，致未來如要整合反恐及災害防救相關工作，可從下列四個策略面向著手（曾偉文，民97：3-4）：

（一）**將人為災害納入災害防救法規體系**：現行災害防救法所規範多以天然災害與技術災害之管理為主，並未納入人為災害，例如法規所要求的災害防救基本計畫、災害防救業務計畫以及地區災害防救計畫皆應考慮將人為災害情境列入計畫項目；另外，有關易遭受人為災害的指標性場所，如大型共構運輸設施、超高層建築、政府機構等；皆應將人為災害安全管理及緊急應變計畫納入法規體系中來予要求。

（二）**共同建構統一災害管理與應變協調機制**：我國現階段對天然災害及技術災害依，災害類別分屬不同中央災害防救業務主管機關，有關災害管理與應變協調機制是分別處理的，但現行災害種類多非單一屬性，如毒性化學物質在運送途中遭受攻擊產生爆炸外洩，這種複合性災害則依法分屬內政、交通、環保等單位，災害發生後協調機制已屬複雜，如在加入恐怖活動蓄意將事件擴大，如無統一協調應變機制，恐無法將事件損害降至最低，恐怖攻擊之人為災害雖有危機管理及後果管理的時間序列的差異，但經常需要資訊的互通，且須有事故處理之連貫性，此時統一的災害管理與應變協調機制就顯的格外重要。

（三）**運用防災科技提升人為災害應變管理能力**：在資通訊發展迅速的現代社會中，許多新科技都可運用在災害防救上，來達到管理及減災的目的，例如建築物智慧監控，除可提供建置建築物樓層配置及設備圖像等靜態資料外，並可將監視器及感應裝置的即時動態資訊送出，做為危機處理人員處理的判斷依據。

（四）**結合災害防救訓練設施強化人為災害現場處理演練**：人為災害所發生的結構量體具有極大的不確定性，特別是恐怖攻擊，可能發生於建築物、大眾運輸工具、船舶、飛機等，不同的量體現場處理方式皆有極大的差異，因此如何結合一般火災搶救建築物、石化業廠房、隧道、交通設施、船舶、航空器等災害防救模擬設施，來做人為災害處理的訓練，是值得思考的方式。

　　不同單位對反恐解讀的重點會不一樣，災害防救單位認為恐怖主義就是一種災害；司法調查單位認為恐怖主義是一種犯罪，而國安單位可能會認為恐怖主義是一場戰爭。美國國土安全部認清了這個事實，在所設定的36種目標能力中，有30種既可以應對恐怖襲擊、又可以應對天然災害或事故災難。但是，美國在現有的國土安全體系下，並未實現反恐與災害防救的有效整合，國土安全部對「卡翠娜颶風」（Hurricane Katrina）救援的失敗就充分說明了這點。因此，反恐與災害防救的整合不僅是可能的，也是必要的；但這套國土安全體系如何克服各組織間的文化差異、清楚分工以及均衡分配資源，得以充分發揮其既定的功能，是當前所需解決的問題。

　　有鑑於911事件之衝擊與挑戰，導致美國國家安全戰略思維之轉向，國土安全成為其國家安全政策之優先議題。事實上，美國的國土安全概念仍著重在預防恐怖主義組織之攻擊。國土安全部前部長切爾托夫（Michael Chertoff）曾說，雖然美國在過去幾年中，加強入境管制，但來自國內外的恐怖威脅並未減少。他表示，雖然美國在過去幾年，沒有遭受重大恐怖襲擊，但並不意味著恐怖份子放棄襲擊美國。近來全球發生的恐怖襲擊，包括日前在阿爾及利亞發生的自殺式汽車炸彈襲擊，表明蓋達恐怖組織的勢力仍然強大，美國不能掉以輕心。切爾托夫又說，國土安全部將採取多項重要反恐措施，包括完成在美國東南邊境修築1,000多公里防護圍欄，加強管理各州的駕駛執照，及推行保護美國網絡系統安全計劃（http://www.rthk.org.hk/rthk/news/expressnews/20071213/news_20071213_55_453555.htm）。然而國土安全概念因各國國情之不一而有不同的界定，就以美國而言，911恐怖攻擊事件後，美國的國土安全著重在人為災害的預防，加強邊境安全巡邏、出入境旅客的偵檢。但是，面對卡翠娜颶風的天然災害之衝擊，喚醒美國天然災害預防與處置同樣會對國土安全行成嚴峻挑戰。

　　我國將反恐辦公室擴大成立為「國土安全辦公室」進行「災防、全動及反恐」三合一，其方向應屬正確。然而，我國不論是「行政院組織法」草案；乃至於是否能有效達成統整「國土安全」執法任務，均有努力之空間。

　　在資源有限的台灣，對所有災害做重複或沒有效益的投資，可能是另外一種面向的災害，「他山之石」是管理上最好的學習方式，美國911過了8年，而其國土安全部成立亦近6年，其負責國土安全的政府組織是否有足夠的能力來確保安全，不論風險來自災難性事故，還是天然災害或恐怖主義。我國國土安全之工作重點在於災害發生前之預防、整備、計畫研擬、協調及演練，災害中快速有效之搶救能量的訓練，進而在災害後積極進行有效復原工作。在應變時應注意有關情報蒐集與分享、通訊整合與資源共用等。因此，我國建立一套相對完備的緊急應變管理系統，則顯得特別重要、不容忽視，至於其細部之作為。將於本書之第六、七章中分別論述之。

第四節　跨國犯罪與恐怖主義之相關理論與學說

　　如前述第一章所述早在911事件發生前，美國已思考恐怖主義之防範與因應，對於各種災害的應對過程中，美國建立了比較成熟的災害管理體系。特別是，成立於1979年的聯邦緊急救難署（Federal Emergency Management Agency, FEMA），並經過20世紀90年代初的不斷改革。另外，美國政府早在1995年，就相當重視國土安全的問題；但911事件之前，美國政府並未將國土安全視為國家安全的首要議題，也未將國土安全政策置於國家安全戰略層次考量。

　　因此美國在911恐怖攻擊的50年之前，即因國土或各駐外單位、軍事駐地船艦遭受恐怖攻擊，而陸續的在執法、軍事與情報及私人機構的整合與改革之上多所著力。而911僅是促使此改革的加速發展而已。（Ward, et al., 2006: 1-2）因此解釋國土安全之威脅，與如何維護之理論與原理原則，就如同「國土安全」的新學術領域一般，仍處在草創與發軔階段；故而作者嘗試從下列兩個領域切入，期能勾勒出國土安全在其管理與作為之上相關的理論雛形。而此二領域乃：其一為威脅國土安全之跨國犯罪，其中包含恐怖主義之犯罪，將於本節中論述；其二乃安全管理之相關理論，

及其在國土安全管理應用上之原則，將於下一節中論述。

壹、跨國犯罪現象與跨國犯罪學之初探

一、跨國犯罪現象

　　Reichel在其2005年的新著《刑事司法系統的比較》一書中（*Comparative Criminal Justice Systems*），論述跨國犯罪的多元發展已然形成全球新的國際安全問題，其誠然成為冷戰之後新興的國際議題，深值得釐清其產生的原因及因應之道，而且更應以方法論與原因論（etiology）之邏輯來律定其理論與規範。（Reichel, 2005: 45）而跨國犯罪雖與傳統之社會犯罪型態甚或新的比較犯罪學（Comparative Criminology）均有所不同，然其卻為各國在新興的國土安全維護上形成一股新興的學術研究範疇。因為包含恐怖主義的跨國犯罪確實對於各國土安全產生最直接與重大的挑戰。故而探討國土安全之際，跨國犯罪之理論與解釋確實具有其舉足輕重的角色與功能。而根據前述Reichel觀察此國際間的跨國犯罪新困境，而歸納成12項的跨國犯罪之現象如下：

1. **劫機（Aircraft Hijacking）**：2001年911事件約有3,000個寶貴的生命犧牲，驚醒了全球人類對於劫機案件重視。雖然近數十年來對於劫機事件已引起各國的注意，然而聯合國於1970年才首次舉辦三次的會議，研討對抗恐怖份子的劫機犯罪活動，並定出反制之策略。

2. **電腦犯罪（Computer Crime）**：電腦犯罪活動往往以下列兩種型態在進行：(1)以電腦為工具來進行跨國之網路犯罪，凡以此法所犯之罪以此專有之「網路犯罪」的名詞（Cyber-crime）稱之，如以網路來進行跨國洗錢犯罪等是；(2)以攻擊電腦本身之犯罪活動則稱之為「電腦犯罪」，包含破壞電腦系統或竊取資料等。過去實際的跨國犯罪或攻擊行動速度較慢且較有蛛絲馬跡可供觀察與提防，未來利用網路跨國之攻擊其速度甚快且防不勝防。

3. **貪污與賄賂公務人員（Corruption and Bribery of Public Officials, Party Officials, and Elected Representatives）**：跨國犯罪集團對於他國或本

國公務人員對其進行之跨國犯罪行動進行賄賂，不但破壞經濟秩序且毀壞了社會與法制的規範。2003年國際透明組織發表了其首次的全球貪污的評量（Global Corruption Barometer, Transparency International），經其訪查47個國家約41,000個民眾有關其認為公務人員貪污的狀況。其結果顯示，33個國家的民眾均認為政黨介入貪污或賄賂為最需要去解決的問題，而單美國之民眾就有39%的民眾如此的表達。但在其他的國家則以法院（尤其是印尼及秘魯），或警察（尤其是香港及墨西哥）為貪污或賄賂最嚴重者。在民眾認為法院或警察貪污或受賄最嚴重的國家，民眾認為其縱容或掩護跨國犯罪之現象最為嚴重，例如，毒品走私、國際洗錢及恐怖主義之犯罪等。

4. **環保犯罪（Environmental Crime）**：空氣、水及土地的污染已不只是一國其問題，其已然跨越了國界。大量無規範的使用化學除草劑、清潔劑，無機的肥料，任意的丟棄有毒或放射性的廢料均為此類跨國犯罪的實例之一。此跨國的環保犯罪破壞了臭氧層及造成酸雨，其正挑戰著傳統觀念對於國家主權及犯罪責任的狹隘定義。因此此類犯罪已跨越國界且非一國所能處置，然解決之道則尚未明朗。聯合國第九及第十次的「預防犯罪及對犯罪者」（Prevention of Crime and the Treatment of Offenders）的會議中，曾提議對此類犯罪制定新法及規範相關的賠償規定。然國際間對此問題則仍停留在有充分解決的共識，但仍苦無實際的好方案。

5. **走私毒品（Illicit Drug Trafficking）**：毒品確實是跨國性的問題之一，而海洛因及古柯鹼卻為其需求量之大宗，包含藥用、非法吸食或與組織犯罪、暴力犯罪相關之案件。然而在毒品的走私方面，則以大麻煙（Cannabis）最為普遍，全球有98%之查獲案件均屬於此類之毒品。然在查獲走私毒品案件的統計上，古柯鹼之查獲以美洲居多，大麻（Cannabis Herb, or Marijuana）之查獲以美洲及非洲居多，鴉片之查獲以亞洲及歐洲居多，大麻花麻醉藥（Cannabis Resin, or Hashish）之查獲以歐洲、北非及西南亞居多，安非他命、迷幻藥等之查獲以歐洲、北美及東南亞居多。所以毒品走私似乎為全球性的跨國犯罪問題，

表1-1　毒品走私集中在五個主要國家之分布表, 1997/98

毒品名稱	五個主要國家該項毒品查獲之總百分比	五個主要國家
大麻（Cannabis Herb, or Marijuana）	71%	墨西哥、美國、南非、哥倫比亞、印度
大麻花麻醉藥（Cannabis Resin, or Hashish）	76%	西班牙、英國、巴基斯坦、荷蘭、摩洛哥
古柯鹼（Cocaine）	68%	美國、哥倫比亞、墨西哥、西班牙、巴拿馬
鴉片（海洛因或嗎啡, Opiates, Heroin/Morphine）	74%	伊朗、中國、土耳其、巴基斯坦、英國
興奮劑或迷幻藥（Stimulants）	75%	英國、泰國、美國、中國、荷蘭

資料來源：Reichel, 2005：51.

唯如表1-1所示，各類型之毒品走私卻集中在五個主要的國家之內。可見毒品走私確實與該國經濟快速發展、現代化所造成之社會失序（Anomie），以及刑事司法政策與對毒品的管制政策等，有其一定程度的相關聯性。

6. **走私軍火（Illicit Traffic in Arms）**：從街頭的械鬥至恐怖份子的破壞活動，若無軍火製造者與軍火商居中供應，則其犯罪無法進行。故而軍火走私亦在跨國犯罪扮演舉足輕重的角色。

7. **洗錢（Money Laundering）**：將跨國犯罪之非法所得之財務，透過特定管道與程序轉換成合法財務之犯罪行為稱為洗錢。依據國際貨幣基金（International Monetary Fund, IMF）估計，每年透過全球金融系統洗錢之金額約為5,000億美元（Friman & Andreas, 1999: 2）。1988年12月19日，聯合國所通過之「聯合國禁止非法販運麻醉藥品和精神藥物公約」（United Nations Convention Against Illicit Traffic in Narcotic Drugs and Psychotropic Substances, 1988，以下簡稱聯合國反毒公約，因該公約在維也納簽署，亦有稱之為維也納公約），在國際社會確立了洗錢行為罪刑化的原則。依1995年國際刑警組織（Interpol）針對洗錢所下之定義為：從事或試圖從事任何隱藏或掩飾非法所得資金本質，以

使其看似有合法來源之行為（www.interpol.int）。另依據1999年聯合國反洗錢立法模式（Model Legislation on Laundering, Confiscation and International Cooperation in Relation to the Proceeds of Crime, 1999）第1條針對洗錢之定義為：掩飾、隱匿涉及非法來源之資產，以協助前犯罪行為人逃避法律制裁，或掩飾、隱匿不法資產之真實性質、來源、位置、處置、移轉、所有，或知其係犯罪不法收益而獲得、佔有、使用。綜合上述看法，洗錢犯罪就是將「前犯罪行為」──非法所得合法化的過程，換言之，洗錢即為黑錢漂白的過程。由於上述公約、組織對前犯罪行為之認定不盡相同，而世界各國亦有不同之立法考量，故洗錢罪之界定範圍存有相當差異。（謝立功，民88）現代科技不僅促進了合法之商業貿易，也提供了非法犯罪企業許多便利，使得犯罪組織產生新的機會，擴大了犯罪的地域。於是犯罪資金任意的跨境流動，國境線上的防衛形同撤守，造成跨國（境）犯罪問題日益嚴重。依聯合國於1986年至1990年間所進行的調查報告資料顯示，早已將洗錢列為最主要的跨國性犯罪（transnational crime）。（Adler, 1998: 354）

8. **海盜（Sea Piracy）**：雖然海盜已不如以前那麼的猖獗，但確實仍存在於某些地區並產生一定程度的危害。而國際間仍將其視為跨國性的犯罪型態與案件，尤其在東南亞及加勒比海的某些海域，對於大小船隻凡載運高經濟貨品之船艦，以高速的小型船艦進行攻擊活動。國際海事組織（International Maritime Organization）2003年的報告顯示，從1984年至2003年3月止，全求共有3,000餘件海盜事件的發生。單就2002年就有383件，造成6人死亡50餘人受傷。

9. **走私藝術品與文化遺產（Theft of Art and Cultural Objects）**：根據國際刑警組織（Interpol），在2001年就在40個不同的國家發生18,500件的盜取並走私藝術品與文化遺產的國際案件。而此類案件大部分發生於比利時、捷克、法國、德國、義大利、瑞士以及土耳其。案件之發生，大部分乃利用私人住宅而穿牆進入偷竊，其次才是利用教堂而進入偷竊。

10. **違法販售人類器官（Trade in Human Body Parts）**：僅以美國為

例，目前就約有82,000名病人在等待更換器官，但每年僅約有能完成25,000例。因此跨國違法販售人類器官之黑市特別猖獗，從行賄醫生以期插隊而成功的更換器官、殯儀館的違法器官摘取、違法販售器官、違法摘取死刑犯之器官，到對受刑人利誘其捐贈器官以換得早期出獄等層出不窮不一而足。

11. 人口販運（**Trafficking in Persons**）：在美國發生之人口販運之跨國犯罪約有18,000至20,000人受害，然此數字僅為全球約100萬受害者的一小部分。其中包括男性、女性與小孩，並強制其去勞動或進行性交易。而小孩往往是由其無辜的父母交出，然其誤以為該小孩將會於先進國家中被照料、被教育，與學習如何作生意。（Reichel, 2005: 48-62）

12. 恐怖主義之活動（**Terrorism**）：所謂恐怖主義其能對民眾內心產生一定之恐懼、恐慌，恐懼、恐慌產生後，在政治與社會上會形成不穩定之狀況。過去20餘年，並非所有人都瞭解恐怖主義，但是恐怖主義在文獻記載中已存在很久之歷史。如果瞭解古希臘、羅馬的歷史，就能認知恐怖行為是一直存在的。歐洲長久以來，即存在著恐怖主義，尤其是在英國和愛爾蘭之間，恐怖主義已有數百年的歷史。從人類的歷史文獻中，很容易會發現長期存在著恐怖主義，而這就是所謂之革命。因此，有如此多不易釐清之狀況，是以很難去區分到底恐怖主義是應該或不應該，好或是不好。美國反恐學者Schmid曾蒐集自1936年至1983年間，100餘位學者對於恐怖主義所下之定義，其結論為甚難將恐怖主義予以明確之定義。且從1983至今，恐怖主義之發展更是多元與複雜。同時根據Wardlaw之看法，謂恐怖主義牽涉到道德之判斷，因為某些人認定之恐怖份子，可能為他人之自由鬥士（One man's terrorist is another man's freedom fighter.）因而Wardlaw將恐怖主義之定義限縮至政治性的恐怖主義，而將心理與犯罪性質之恐怖主義暫擱置一邊不論。（Harold J. Vetter & Gary R. Perlstein, 1991: 3-4）

美國於1983年由檢察總長所發布之調查國內恐怖主義等犯罪之標準（Attorney General's Guidelines on General Crimes, Racketeering

Enterprise and Domestic Security/Terrorism Investigations），有下列四項對恐怖主義之規範與認定之標準，甚值參考：（1）使用暴力，但僅要有可能發生或即將發生之暴力亦屬暴力之範圍；（2）必須有政治方面的動機；（3）針對非法之組織活動，而非個人之犯罪，即必須有兩人以上之組織並從事恐怖之活動者；（4）必須能確認有對此一恐怖事件，應該負責任之某一組織。根據此標準，經聯邦調查局1980年至1989年調查並起訴之國內恐怖主義共有173例，而國際恐怖主義則有40例之多。（Brent L. Smith, 1994: 5-16）

　　另如於本書第一章中已論述，美國因應2001年9月11日之恐怖攻擊事件，亟思改進相關之反恐弱點，故在組織上立即成立「國土安全部」為其內閣中之第16個新成立的部會。以綜合性國家安全概念，推動政府改造，重組國內公共安全組織機制，整合與運用所有資源，強化政府危機管理與緊急應變能力。（http://www.dhs.gov/dhspublic/theme_home1.jsp, April, 2004）

　　另外，在職權作用法上，為國家安全利益著眼，立即草擬「美國愛國者法」（Uniting and Strengthening American by Providing Appropriate Tools Required to Intercept and Obstruct Terrorism Act of 2001，簡稱USA Patriot Act），送請國會之參眾兩院審查通過，而於2001年10月26日由布希總統簽署該法，成為打擊恐怖活動之法律授權基礎。然而，美國參議院2005年7月29日投票，再度通過愛國者法案，獲得延長效力，不過聯邦法院法官卻同時裁決，用來打擊恐怖主義的愛國者法案當中，部分條文有違憲之虞。（許瑜菁，民94）

　　另外Albanese亦提出跨國性的組織犯罪（Transnational Organized Crime），為跨國犯罪最值得關注的現象之一。因為組織性的犯罪已然延伸其犯罪之活動至其他國家，故而形成跨越國界的組織性犯罪活動，所以稱其為跨國性的組織犯罪之新型態（Albanese, 2006: 320-333）而電腦犯罪、恐怖主義、人口販運與非法移民及人口走私等亦將成為未來跨國犯罪的重要焦點議題。（Albanese, 2006: 358-364）而此類犯罪亦成為國土安全新的學術領域與研究最重要的焦點議題之一，尤其美國911遭受恐怖攻

擊事件之後，恐怖主義之跨國犯罪更成為國土安全發軔之最主要推手。

二、跨國犯罪學之初探

　　根據前述對跨國犯罪現象的敘述與理解，犯罪學者嘗試將其建立起一個原因的分析模型，並不斷的測試其可信度及解釋能力。但當傳統之犯罪解釋模型逐漸可以解釋本土犯罪現象的同時，跨國性的比較又進一步挑戰傳統犯罪學的解釋能力。因此某一因素造成該地犯罪成長的原因，在其他地方卻不一定會造成犯罪的漸形嚴重。故而有所謂比較犯罪學（Comparative Criminology），在更進一步的建立起另一個跨國比較的犯罪原因分析與犯罪學。而Howard、Newman以及Pridemore（2000）即指出下列三個面向，可為比較犯罪學者在作此比較研究時的研究架構：（1）整合的系統理論模型（grand theories），（2）結構性的理論模型（structural theories），以及（3）依據人口特性所建構的理論模型（theories relying on demographic characteristics）。（Reichel, 2005: 45-47）

　　而跨國犯罪現象與跨國犯罪學實際上研究與關注之領域與比較犯罪學不甚相同。後者乃以比較各國或不同地區的犯罪原因與現象；而前者乃在研究跨國境的犯罪案件與現象其原因和狀態。故而一者以研究各國犯罪的異同處為核心，而另一者卻以研究跨國境的國際犯罪案件為對象。然而，跨國境的國際犯罪案件如前節之現象分析與個案的原因分析，似乎可以釐出一定的原因來解釋此一國際性的跨國現象。而此即為筆者嘗試以拋磚引玉之角度，為此一新興之國際犯罪現象預擬一個初探性的解釋雛形。故而筆者除了歸納前述各節的結論心得作為跨國犯罪學推論之依據之外，前述Reichel給比較犯罪學者建議之整合的系統理論模型（grand theories），亦甚值得納入為此新理論、典範（paradigm）之參考：

（一）現代化理論（**Modernization theories**）：謝利教授（Shelley, 1981）的《犯罪與現代化》（*Crime and Modernization*）一書即介紹此種研究方法。她運用實徵的數據來證明，「現代化」乃為近年來犯罪日趨嚴重的最佳理論解釋架構。她論述工業化之後，家庭聯結的鬆弛、家庭組織的不穩定，以及對家族年輕成員監督力的減弱均

成為現代化社會犯罪遽增的主因。這或許可解釋為何全球現代化的發展越全面，而跨國性犯罪亦越猖獗的人類社會價值解組（social disorganization）的自然演變之趨勢。

（二）民主化理論（**Civilization Theory**）：另一派整合的系統理論模型，如Elias and Stille稱中古歐洲文藝復興時期之謀殺罪比現代嚴重，其原因乃在現代化的同時，該社會若同時在求民主化的演進則犯罪就不會因現代化而變得更嚴重，例如，禮儀、秩序或理性生活規範的講求是。至前述現代化理論之Shelley不無否定此民主化理論，並將其原先之理論修正為「現代化與民主化」整合之觀點，亦即若社會同時民主化，則掌握自己行為的內控力量會增強，則非理性之暴力行為就不會因為現代化而增加。然其進一步說明對於自身非理性之暴力，如自殺或吸毒，則不會因民主化而減少。這或許可解釋為何全球毒品氾濫的原因之之一，尤其是白領犯罪或白領吸毒案件增加的因素之一。

（三）全球系統理論（**World System Theory**）：另一個整合的系統理論模型，以政治因素為其解釋各國之犯罪現象。例如馬克思主義者論資本主義的興起，造成了不同的貧富階級與不公平的社會現象，因此形成了階級的鬥爭，或所謂犯罪現象。而資本主義乃造成了全球的工業化與都市化，進而產生了社會失序與犯罪問題。故而不像現代化理論，將現代化當作預測犯罪增減的自變項（或預測變項），它僅將現代化視為中介變項而已。故而政治的因素，即資本主義，才是預測犯罪的變項。故而政治主義選擇的正確與否，也才是解決犯罪問題的癥結所在。

（四）機會理論（**Opportunity Theory**）：論述各國犯罪的多寡，乃因為現代之經濟與社會的結構提供太多的機會讓歹徒有機可乘所造成。如過多的商品流通造成更多竊盜下手的機會，進步的科技生產更小又更貴的用品易予被竊，夫妻均為上班族增加外出娛樂時數，表示在家時間減少，家的保護就驟降等社經狀況的變遷降低安全維護（guardianship）的能力等是。

　　以上整合的系統理論模型，在作實際測試與研究時，卻有不同的結果。例如，Bouley and Vaughn（1995）以暴力犯罪為主題來研究哥倫比亞之暴力犯罪現象，在竊盜與強盜案得到證實但在殺人與傷害罪卻無法得到驗證。Gillis（1994）證實援用「民主化理論」研究1852年至1914年年間法國的暴力犯罪與自殺問題，發現識字率的增加確實降低了暴力犯罪，但卻提升了自殺率。Lafree and Birkbeck（1991）援用「機會理論」來研究委內瑞拉與美國之強盜與竊盜罪發現安全維護（guardianship）的能力，確實在兩國都有一樣的嚇阻效果。（Reichel, 2005: 45-47）故而此理論模型亦將被筆者藉用與援引至另一個新的犯罪學領域，即跨國犯罪學（Translational Criminology）初步理論模型的建構之上。

　　美國名犯罪學家威廉斯教授稱（Frank Williams, 2004: 290-302），傳統犯罪學對於犯罪現象及其行為的解釋非常的龐雜，因此爾來有呼籲必須整合相關理論的聲音。從而1970年代的社會控制理論（Social Control Theory）及1980年代的社會學習理論（Social Learning Theory）乃開此整合之先河。但赫胥教授（Travis Hirschi）卻極力反駁稱各種犯罪學理論是解釋不同的犯罪現象，故而是無法整合與相容的。然而整合的趨勢與嘗試就不曾停歇，故而有治安維護犯罪學（Peacemaking Criminology）、後現代犯罪學（Postmodern Theories）、混沌理論（Chaos Theories）及整合性理論（Metatheory）等。而整合性理論，即Williams教授所稱之關鍵因素的整合（critical-incident metatheory）。亦即研究犯罪現象必須瞭解犯罪的原因是多元而複雜的，而必須找到關鍵因素作整體的評估，才能較接近於真實。至國內犯罪學家許春金教授論我國犯罪學之研究，必須根據本土的現象與素材加以研發，才能如日本的犯罪學發展一般，有本土適用之犯罪學，而不致於變成英美犯罪學之殖民地。其立論在整合本土的犯罪特性而研發本土之犯罪學，其與威廉斯教授實有類似之觀點。（許春金，民95：831-866）至我國在跨國犯罪的研究上大都僅止於犯罪類型、現象與防制措施的論述（黃富源等，民95：433-472），對於其原因之分析與歸納則較付之闕如。

　　綜上所述，21世紀全球的跨國犯罪現象，帶動了一個新的及非國內性

的犯罪現象，來挑戰比較犯罪學者的能耐。誠如跨國犯罪學者Shelley教授所言（Louise Shelley），跨國犯罪的定義問題將困擾著21世紀全球各國的決策階層，就如同冷戰之於20世紀及殖民主義之於19世紀一般的困擾著他們。學者Reichel亦引述此類犯罪的相關名詞，包括跨國的犯罪（cross-national crime）、跨境的犯罪（trans-boundary criminality）、國際犯罪（international crime）及跨國犯罪（translational crime）等等。其中，國際犯罪（international crime）以及跨國犯罪（translational crime）已有較清楚的區分；國際犯罪乃被用來描述，威脅世界秩序與安全之罪行，包含危害人類罪、戰爭罪及集體屠殺罪等；跨國犯罪則被用來描述，實質的犯罪活動或潛在的危險，違反了多國的法律規範之犯罪行為稱之。（Reichel, 2005: 47-71）聯合國於2001年9月28日在911恐怖攻擊之後，通過了1373號決議文，唾棄恐怖主義者之活動與攻擊，12個全球反恐的會議及協議被建構完成。而聯合國亦進一步於2003年，經由40個會員國的支持通過了「聯合國反跨國組織犯罪之會議」（The U.N. Convention Against Translational Organized Crime），定期研討跨國犯罪之議題與對策，均凸顯跨國犯罪之嚴重性及深入研究與解決的必要性。

　　基於以上之歸納、整理與推論，筆者對跨國犯罪現象提出「市場—守護理論」（Market-Guardian Theory）。所謂市場即各國和國際間的市場供需之狀況（Demand & Supply），亦即國際及各國經濟比較上的相對的強弱狀態（包括該國的國民生產毛額GNP、國民所得及物價指數等等經濟指標國際間之排行名次先後，及該項犯罪標的之強弱市場需求等等），其即為促使跨國犯罪發生所謂的推進力（push）；不論毒品走私、人口販運、國際洗錢、甚至因為石油爭奪而引起之戰爭與恐怖活動，都深受此市場供需人類社會最原始生存的動機所左右。當市場與經濟之推力大於守護之拉力時，跨國犯罪事件就易於發生與壯大。而因為現代化理論（modernization theory）所謂現代化與工業化的速度越來越快，故而交通便捷與資訊傳遞越快，則尤如「地球村」的21世紀（world system theory），其市場與經濟之誘因就越快且越強，故而跨國性之犯罪也就越層出不窮。因此如國際警察主管會議於2004年在加拿大的溫哥華所舉行

的年會之結論一般（International Police Executive Symposium, 2004 Annual Meeting, Vancouver），貧窮或許為人口販運的最大元兇。故而馬克思的衝突犯罪學（conflict theories），或許在此找到了強而有力的實證。而此亦可導引出防治跨國犯罪之策略，實為幫助落後國家進行經濟改革，才為較有效的良方。亦即對犯罪宣戰，也要同時向貧窮宣戰。（War on crime and war on poverty）

　　至於所謂的守護，即為防止跨國犯罪叢生的拉力（pull）。其應可包含該國家或地區的社會規範是否解組與失調（Social disorganization or Anomie）、與國際間的刑事司法互助是否緊密，以及政府或刑事司法系統是否貪污腐敗或效率是否低落等等（如破案率低，則使犯罪者無所忌憚，經其評估後敢於挺身而出，因為經研究發現，犯罪者較不懼於刑期的長短，其均自認為不會被捉，故其較在乎是否會被逮）。故而此守護之機制即屬於社會因素與法制建全因素，亦即此類社會凝聚力的因素，可以有效的阻卻跨境犯罪。此拉力越強，亦即民主化越成熟、政府清廉有效率、社區意識較強，以及與國際間的刑事司法互助甚為緊密，則該國之跨國犯罪就較不易於附著與落地生根，守護功能強就不容易製造出引誘犯罪的「機會」來。

　　故而，「市場—守護理論」（Market-Guardian Theory），乃市場與守護功能之間的相對關係。此二功能各有不同的形成因素，並可用下述之公式表達之，並可用前述之量化或質化的科學驗證方法，來測試理論本身的信度與效度。若用此公式相關之變項的數據，可核算或預測出該國的跨國犯罪是否易於產生，而其原因又發生在那一個變項之上，因而亦可找出較佳的防治策略。

$$跨國犯罪之頻率 = \frac{經濟面向方面市場供需之推進力（其變項如前所述）}{社會與法制面向方面的守護之拉力（其變項如前所述）}$$

貳、恐怖主義之定義與其相關之假設概述

　　所謂恐怖主義其能對民眾內心產生一定之恐懼、恐慌，恐懼、恐慌產生後，在政治與社會上會形成不穩定之狀況。如前所述，過去20餘年，並非所有人都瞭解恐怖主義，但是恐怖主義在文獻記載中已存在很久之歷史。

　　從人類的歷史文獻中，很容易會發現長期存在著恐怖主義，而這就是所謂之革命。例如，美國是從英國分裂出來，在此過程中產生很多革命事件，也有類似之恐怖事件發生。恐怖主義者，以某些型態來對抗英國中、高階層之統治階層。蘇俄的革命也是這種狀況，即低階層者對抗領導階層。另外，亦有許多國家對他們自己的民眾執行恐怖主義；例如，伊朗、伊拉克、利比亞等，從其國內對自己的民眾執行恐怖的迫害行動。

　　縱上所述，美國學者Souryal，主張恐怖主義的第一個定義是，用非法的武器來攻擊無辜的民眾，其重點有二，其一是非法的使用武器，另一個重點是侵害到無辜的民眾，而不是軍人，亦不是政府。從刑法上，所謂的恐怖主義是事先有規劃的政治上之動機，使用暴力的手段，針對非軍事的人員，運用所謂的次級團體（不是正規軍），或者是一些罪犯等此二類之人，從事恐怖活動。第二個定義就是所謂窮人的戰爭；即是較貧窮的國家，沒有精良的武器、裝備等，但其認為必須要挺身而出，故而選擇了恐怖攻擊活動。因為他們自知是弱國，只有用這種方法，才能引起國際之注意。因此就必須找到較便宜的方法，來贏得這場戰爭。最簡單的例子，例如伊朗、伊拉克、巴勒斯坦等國的恐怖份子，可以在家裡自行製造炸彈，而向強國提出最嚴正之抗議與挑釁。實際上，在1995年奧克拉荷馬市震驚了全世界的爆炸案之恐怖事件，其實這個炸彈就是在恐怖份子家裡後院自己製造的。（Sam S. Souryal，台北市警察局專題講座，民國92年12月）

　　1960年代，美國社會發展有下列數個政治與宗教的變遷，亦造成恐怖活動之盛行。其中例如：1.伊斯蘭基本教義派，以激烈的手段對抗西化及現代化，促成了錫客教派的恐懼主義（Shiite terrorism）之盛行；2.越戰引起甚多開發中國家之年輕人，以恐怖或地下之活動來表達反戰之意念；

3.在拉丁美洲郊區之游擊隊被圍剿殲滅，故向都市地區發展恐怖活動及報復；4.蘇聯的情報活動與國際恐怖活動之可能聯繫與合作；5.科技之發展與普及亦促成了武器製造與恐怖活動的便利性。（Charles W. Kegley, Jr., 1990: 135-138）

如前所述，美國反恐學者Schmid曾蒐集自1936年至1983年間，100餘位學者對於恐怖主義所下之定義，其結論為甚難將恐怖主義予以明確之定義。且從1983年至今，恐怖主義之發展更是多元與複雜。同時根據Wardlaw之看法，謂恐怖主義牽涉到道德之判斷，因為某些人認定之恐怖份子，可能為他人之自由鬥士（One man's terrorist is another man's freedom fighter.）因而Wardlaw將恐怖主義之定義限縮至政治性的恐怖主義，而將心理與犯罪性質之恐怖主義暫擱置一邊不論。（Harold J. Vetter & Gary R. Perlstein, 1991: 3-4）

另一反恐學者White對恐怖主義有之如下定義：1.簡要之定義（simple）：以暴力手段，或要脅以暴力手段來製造恐懼或改變現狀之行為；2.法律方面之定義（legal）：暴力行為違反法律規範，政府有權加以懲罰之行為；3.分析式之定義（analytical）：導因於政治或社會之各類因素，所引發之個人恐怖之攻擊行為；4.國家資助之恐怖主義（state-sponsored）：由較弱小之國家或共產集團，所運用之恐怖組織，攻擊西方國家利益之行為；5.恐怖主義之國家（state）：政府以恐怖活動來脅迫其國民之行為。至於恐怖主義之運作策略則有以下數種：爆炸（bombing）、製造火災（arson）、搶劫或劫機（hijacking）、埋伏（ambush）、綁架（kidnapping）及擄人質（hostage taking）等技倆。（Jonathan R. White, 1991: 8-10）

英國反恐學者C.J.M. Drake對恐怖主義之定義為：恐怖主義者乃一群人長期或者以威脅手段，並以政治性動機或秘密之組織性暴力手段，以攻擊民眾心理上之地標或重要場所為標的，以便達成該群人之要求之謂。（C.J.M. Drake, 1998: 2）而其攻擊之目標可分為象徵性目標（Symbolic Targets）、重大生活或社會之功能性目標（Functional Targets）、恐怖份子之金錢補給性之目標（Logistical Targets），以及表達其憤怒或仇恨之

目標（Expressive Targets）等四種。 故其恐怖活動進行之型態或手段包括：暗殺、特定對象或場所之攻擊、大傷亡之攻擊、綁架、搶劫、劫機、破壞活動、毀滅性攻擊等。（C.J.M. Drake, 1998: 5-15）

　　至於其恐怖組織之能耐，C.J.M. Drake認為可從下列三種因素加以評估：1.恐怖組織領導者之領袖品質與其對恐怖份子之影響力，亦即其對成員之說理、說服及理念之煽動傳播能力；2.其恐怖組織成員之多寡，及能力之水平；3.其組織資源運用的程度，包括武器、裝備、財源及情資運用與各類通行及行動管道之掌控能力等。（C.J.M. Drake, 1998: 73-97）而反恐單位相對應之責任，則應有下列五項對策與作為：1.恐怖份子之情報之蒐集分析與運用；2.對於恐怖活動之偵查與處置；3.對於易招攻擊目標之保護；4.以加強社會安寧秩序維護之例行性運作或舉措，來預防恐怖事件的發生；5.以致命武器來解決特定之事件或威脅。（C.J.M. Drake, 1998: 120-143）

　　又如前所述，美國於1983年由檢察總長所發布之調查國內恐怖主義等犯罪之標準（Attorney General's Guidelines on General Crimes, Racketeering Enterprise and Domestic Security/Terrorism Investigations），有下列四項對恐怖主義之規範與認定之標準，甚值參考：1.使用暴力，但僅要有可能發生或即將發生之暴力亦屬暴力之範圍；2.必須有政治方面的動機；3.針對非法之組織活動，而非個人之犯罪，即必須有兩人以上之組織並從事恐怖之活動者；4.必須能確認有對此一恐怖事件，應該負責任之某一組織。根據此標準，經聯邦調查局1980年至1989年調查並起訴之國內恐怖主義共有173例，而國際恐怖主義則有40例之多。（Brent L. Smith, 1994: 5-16）

　　莊金海在論恐怖活動時主張其有下述之特徵：1.以小搏大；2.手段殘忍傷害大；3.刺殺對象通常為聞人；4.置死生於度外；5.引發之後果大；6.游擊戰術，不易追緝；7.大型恐怖活動往往有國際之支持；8.超限戰理論，使恐怖攻擊成為另一種戰爭形式。（莊金海，民91：61-63）

　　至於Robert Kupperman則認為現代年輕之恐怖份子，大都為熟悉電腦科技且有完整教育之知識份子，因此恐怖之活動將更為複雜，且多元發展的進行恐怖破壞及攻擊之活動。另外冷戰時期之恐怖份子大都有政治之動

機而從事恐怖活動，但現代之恐怖份子則大都帶有宗教信仰的色彩，而此特色使其更具危險與難以掌控。（Frank Bolz, Jr., et al., 2002: Forward xiii-xv）

從上述各家之論述及恐怖主義變遷演進之過程中，可以清晰的認知恐怖活動的多變與其類型的複雜多元性。唯若能歸納、整理各家之論說並吸收各反恐先進國家之實務之成功經驗，則誠較能事半功倍的規劃出反恐的最佳策略。

第五節　安全管理之原則及其在國土安全上之整合與運用

國土安全此種新的國家與社會安全維護之範疇與研究領域，本就因為新興跨國犯罪之氾濫與國土安全威脅之多面向之影響，故而其不僅只是來自於人類所帶來之危害，至於自然之災害亦可能成為危害國土整體安危之因素。進而，人類所帶來之危害亦不僅為傳統之犯罪形式，亦應包括新的跨國犯罪與非傳統方式的破壞，例如恐怖攻擊與基礎設施（Infrastructure）破壞等是。因此在解釋或處理國土安全的現象或議題時，實亦可從管理的角度出發（可保包含國家安全管理、公共安全管理、消防安全管理及資通安全管理等等問題），以便探究在處置此類國土安全相關之現象與問題時，其在操作或實務運作上應可包含安全管理及危機管理之原則及如何的善加整合與應用。其中安全管理，包括社會安全管理、資訊統計之安全管理新機制，以及情資導向的警政策略（即安全管理新策略）；並論危機管理之原則及安全管理原則總結之三項基本運用原則。另外，在第貳大項中，接著論述與國土安全、私部門整合新的概念下的「民間化治安體系之發展趨勢與其理論」如下。

壹、安全管理及危機管理之原則與其在國土安全上之應用

一、社會安全管理之發展與我國之近況

　　社會安全之維護與治理本就有源遠流長之公私部門及民間合作之歷史與機制，在中東地方早在西元前1700年埃及及中華民族於西元前1400年之前即有此記載。希臘及羅馬帝國時期即西元第3、4世紀警察即替代軍人執行治安之任務。（Kovacich & Halibozek, 2003: 55）故而安全管理之知識與其之運用，是與日俱進且不限於特定之型態的。

　　行政院研考會於2005年下半年開始推動風險管理，由於風險是潛在影響組織目標之事件的發生機率和影響程度，缺乏或不當的風險管理往往導致危機。反之，適當的風險管理或安全管理可以幫助政府部門預防危機的發生，即使發生，損失的幅度也會受到較大的控制，轉而回到安全的境界，常言「危機即轉機」就是這個道理。由此可知，安全是可以透過管理而得到。

　　而我國安全管理的未來發展策略應著重於下述各項之發展：1.安全管理全民化；2.安全管理網絡化；3.安全管理科技化。 進而社會治安是國土安全的基礎，未來若能落實建構社會安全管理的機制，將能使民眾更安心、社會更安定和國家更安全。（朱金池，民97）

　　總之，推動社會安全管理機制，運用民間資源投注社會安全，可形成改善治安助力。如能由政府高層帶動產、官、學之合作，實可為強化治安之希望工程注入可長、可久之活水。亦可因為此種社會安全網絡之完整發展，而促使國土安全公、私部門資源與情資整合之建構的早日成形。

二、資訊統計之安全管理新機制（COMPSTAT & CITISTAT）

　　1990年代，以 CompStat（Computerized Statistics）與CitiStat（City Statistics）的資訊統計之管理與分析系統為基礎之管理技術，分別由紐約市與巴爾的摩市引進，此後被其他許多城市仿效。此種管理技術的目標是改善政府機關的執行績效及增加全體同仁之決策參與及分層之授權與責任。Compstat是電腦統計比較之管理（Computer Comparison Statistics, or

Computerized Statistics），一個讓警方可以用來即時追蹤犯罪的系統。包含了犯罪資訊、受害者、時間與發生地點，另外還有更詳盡的資料讓警方分析犯罪模式。電腦自動產生的地圖會列出目前全市發生犯罪的地方。藉由高科技「斑點圖法」（Pin-mapping）之方法，警方可以快速的找到犯罪率高的地區，然後策略性地分派資源打擊犯罪。雖然全國其他警察部門也使用電腦打擊犯罪，但紐約市警方更進一步地用在 「犯罪防制」。在發展Compstat時，紐約市警局將全市76個轄區的主管聚集在一起，藉由此方法破除了巡佐、警探與鑑識專家傳統上的隔閡。以往的各自為政已不復存在，現在每週都舉行會議。以輻射狀的方式檢視電腦資料嚇阻某些地方的犯罪事件。在這些會議中，地方主管會拿著可靠的報表進一步地提出規劃，藉以矯正特定的狀況。另外一個Compstat重要的步驟就是持續的評估（Assessment），最後建立一個警察社群，邀請地方老師、居民、企業負責人一起會議協助打擊犯罪。（Worcester Regional Research Bureau, 2003）而此新策略與原則，亦可在思索新的國土安全機制與功能發展時的重要參考原則之一；故而宜可善加運用與研發此原則，而能引領全球國土安全發展的新方向，並建立新的發展指標。

（一）紐約州警察局之資訊統計之管理系統（COMPSTAT）

　　在一開始，資訊統計之管理系統（Compstat）之會議與技術只是一種管理工具，是徹底的一種革命性的管理思維。資訊統計之管理系統是一個革命性的警政管理方法，因為它涉入警政基層管理思維。資訊統計之管理系統會議讓高階主管可以實際監控局內的各項活動，而且它還提供一種機制讓主管可以持續地評估結果並進行微調，以確保持續的成功。而且一些重要的訊息（理念）可以巧妙而且顯著地被傳遞與加強。同時資訊統計之管理系統之會議有支援單位的指揮官、檢察官、司法機構加入，這讓資訊得以廣泛地傳播。雖然這些與會人員不見得要進行報告，然而他們的出席讓我們可以立即地發展整合性的治安之計畫與策略。

　　至於資訊統計之管理系統之程序則包含下列四個步驟：

1. 正確適時的情報（Accurate and timely intelligence）

　　為了取得各類的執行績效及發展出處理特殊目標的策略，機關內必須有最精確和最新的治安資訊。至於資料則由一個「資料分析小組」蒐集與分析。

2. 有效的戰術（Effective tactics）

　　通常在策略會議之上討論及發展新的因應策略，以解決無法藉由分析資料就可解決的問題；而策略發展則藉由資料蒐集和執行評估中所形成。

3. 人員及資源的快速佈署（Rapid deployment of personnel and resources）

　　一旦新的因應策略被擬訂出來後，即據此快速地動員此區域的人員與資源。而最佳運用資源之策略往往是由較低的管理階層，或第一線之基層人員之參與決策而討論與決定的。

4. 持續的追蹤和評估（Relentless follow-up and assessment）

　　一旦問題被確認、策略被發展、資源被動用，機關就追蹤評估它的進展。亦即評估策略是否有效？是否有任何棘手的問題？是否有新問題？

　　所以紐約市警局之資訊統計之管理系統之制度，即於 1994 年在警察局長William Bratton的帶領下，發展成犯罪追蹤和責任管理的系統 。而兩週一次的犯罪策略會議，則以腦力激盪之方式評估及研討資料的趨勢與因應作為。而更使分局長與會時，對問題疏於準備或不當回應則必須負責。至其犯罪策略會議包括：Compstat簡報會前會、分局管理小組會議、局內精英成員領導的策略評估計畫、每週警察局長對市長的簡報等。

　　紐約市警察局分成123個分局、9個警察服務區及12個地鐵區域（Transit Districts），計144個分區。每分區每週彙編各種犯罪資料和執行績效類別後，連同重要案件的書面檢討、警察運作和其他有關的資料，傳送到資訊統計之管理系統之單位，並進而彙編分析各分局的資料。其中，則包含15位統計專家分析資料，及10位助理蒐集統計數據。此外，每個分局有3到5位助理蒐集資料。該局於1994年測量7個治安評量指標，2003年則已擴大發展至700個治安之評量指標。該管理系統允許各級主管對資料

中任何型態或異常的問題，以及可供參酌的解決方案作回應。並且提供一個資訊分享及討論的平台（Forum），便於該分局降低犯罪的努力及執行績效的管理。在會議中，執行幕僚成員提問有關犯罪及逮捕事宜，包括特殊案件及分局長逮捕的初始作為，以便找出缺失或使其確定改進。分局長被期待能深入瞭解各該分局犯罪詳情並發展策略以降低犯罪。當分局長發展特殊策略，執行幕僚則觀察及評估它們的成功與失敗。若沒有能力適應新問題，分局長接受批評，且可能被免職。紐約市警察局則更藉由邀請地區檢察官、教育部門的學校安全委員會及資訊管理系統部門等參與會議，以擴展資訊統計之管理系統之成果。然而其成果如下所示：（1）使用資訊統計之管理系統的前6年（1988-1994）：暴力犯罪率下降 15.9%，財產犯罪率下降 29.1%；（2）實施資訊統計之管理系統後 6 年（1994-2000）：暴力犯罪率下降至 47.6%，財產犯罪率下降 48.8%。

資訊統計之管理系統（Compstat）就像是紐約市前市長朱立安尼管理整個市政府一樣，市長掌握了警政高層主管所有的活動，就如同這些主管掌握他們的指揮官一樣。基本上每一週，警政高階主管都必須要向市長報告績效。就管理上的思維來說，這是一個自然集合組織創意的方式，資訊統計之管理系統可以適用在廣大的群眾或是個人身上。這個思維成功地被採納，例如：紐約市立監獄的管理，巴爾的摩市（Baltimore）也用了Compstat思維創造了一個系統名為 "Citistat" 用來管理市政（http://www.baltimorecity.gov）。

（二）巴爾的摩市的市政之資訊統計管理方案（Baltimore CitiStat）

美國巴爾的摩市於西元2000年在該市市政府的警察、消防、住宅等市政單位援引CitiStat的資訊統計管理程序。兩週召開一次各該機關的資訊統計管理會議，並且加強跨機關資訊與資源的整合。在其自創之市政資訊統計管理方案中，創立311市政服務的電話中心，類似緊急治安事件的911報案中心，及411查詢服務台一般。此311市政服務的電話中心乃在提供市民非緊急性的服務，以免於背誦如此多的市府機關電話，來要求各種類之服務。經此中心的接受市民申請服務後，則運用民眾服務的管理系統

之資料庫（Customer Request Management, CRM database）來追蹤及安排服務之機關。而此管理作為並已經於達拉斯市、休士頓市、芝加哥市、聖荷西市及紐約州等都市推展之中，其結果為相當快速、節省人力及經費、且有成效。

　　在巴爾的摩市有11個市政府機構加入此方案之運作，共雇用了46個職員每個月可處理15,000個服務案件。然因為此方案牽涉之機關甚為龐大，故而各機關亦有成立相關之方案加以聯結及配合，故而資訊統計管理方案正在該市如火如荼的發展之中。

三、情資導向的警政策略（Intelligence Led Policing）──安全管理新策略

　　美國自2001年911恐怖份子攻擊紐約州的雙子星摩天大樓之後，其國內之警政策略即演變成應如何從聯邦、各州及地方警察機構整合、聯繫。以便能以此新衍生之新策略，能更有效的維護國內之治安及國土之安全。進而，又如何在此種建立溝通、聯繫的平台之上，將過去所謂的資訊（Information）或資料（data）更進一步發展出有用之情報資訊（Intelligence）以便能制敵機先，建立預警機先之治安策略（Proactive Stance），此即謂為情資導向的新警政策略。（Oliver, 2007: 163-169）實則此策略英國早在1990年代治安相關單位，即因為犯罪現象的詭譎多變與跨國性的發展，故而調整並嘗試以情資導向之策略（Intelligence Led Policing）及公私部門資訊與資源分享整合之策略（Information Sharing System）來提升其治安之效能。至2001年911美國被恐怖攻擊之後，更促使了此種策略的全球快速發展。（http://en.wikipedia.org/wiki/Intelligence-led_policing）而此策略亦為新興的國土安全概念的重要策略之一，也就是情資導向、公私部門資訊與資源分享整合之新治安策略。 而此新策略與原則，亦可在建構新的國土安全機制時的重要參考原則之一；故而亦可善加運用與研發此原則，而建立國土安全發展的新標竿。

　　至於，國際警察首長協會（International Association of Chiefs of Police, IACP）建議美國整合刑事司法系統之情資，則亦可包括下列五個努力的

大方向，可供各國之在作情資整合革新時之參酌：

（一）**政府機關間的情資整合（Intergovernmental）**：設定各級政府組織情資整合之標準作業程序與資料存取、系統規劃之方法，以便於能相互支援與運用，而降低機關間情資運用的界限與藩籬。

（二）**跨轄區的情資合作（Multi-jurisdictional）**：在同一層級之政府機構中，促進其不同管轄區間之共同合作與情資分享。

（三）**創造一個情資共享的平台之系統（Systemic）**：以往之情資分享都必須進入別單位的系統中去查詢，不但程序較繁複且時間亦容易受延誤，故應創造一個情資共享之雙向溝通新合作之系統。

（四）**情資整合與運用時之程序規範（Procedural）**：程序之整合往往為情資整合事前必備之條件。因為有關情資之安全性、隱密性與避免濫用之程序保障，必須以協定甚至透過相關之法制加以規範。

（五）**技術上之注意事項（Technological）**：各機關間情資整合之系統技術，很難要求到一定的水平，而便於互相支援與運作，故必須在系統技術上，加以研發與克服。另外在此多元的新情資系統運用中，如何在技術上強化其隱密與安全性亦是另一個重要的挑戰與課題。

（IACP An Information Integration Planning Model April 2000, http:// policechiefmagazine.org/magazine/ index.cfm?fuseaction=display_arch&article_id=144&issue_id=112003 Also see http://www.theiacp.org/ documents/pdfs/Publications/cjinfosharing%2Epdf）

四、危機管理之定義、特性與其管理模式

　　危機管理乃行政機關對於可能發生之潛在危機狀況，或對於無明顯之預警下突發之事件，而此等事件足以威脅到國家之生存或組織之發展，甚至對生命、身體或財產已產生嚴重之損害或影響。而相關部門必須在極短期間內，動支最經濟有效之資源，作出最可行之決策，並採取斷然措施，將損害降至最低之特殊管理程序。而此亦為相關部門在處理危害國土安全的威脅時必須運用的基本原則之一。

　　至其管理之特性應可含：1.威脅性：威脅組織之目標與其基本價值；

2.不確定性：無法掌控事件之所有資訊，亦難於精確評量；3.時間之有限性：對於突發事件，平常之作業程序與方法無法有效處理；4.雙面效果性：危機可能惡化，危機亦可能為轉機。

　　而其管理之動態模式可區分如下：

（一）**危機爆發前之作為**：1.設置危機知識庫，2.釐訂相關之對應劇本與措施，3.建立危機計劃、訓練、感應等系統。

（二）**危機爆發時之作為**：1.成立危機指揮中心，2.建立危機資源管理系統，3.建立危機情境監測系統

（三）**危機解除後之作為**：1.評估檢討危機發生之原因，2.加速復原之工作並管制其進度，3.評估、檢討之結論，作為修正本土型危機管理之改進參考。

　　我國警察（或治安）機關執行危機管理之策略為：1.訂定危機管理應變計畫並定期實地演練；2.加強幕僚人員及各級人員之危機管理教育、訓練，持續援引新的觀念與方法並不斷精進新作為；3.建立轄區可能產生之各類危機的資料或知識庫，以便預作準備以逸待勞，並拉大知識之領先差距；而當危機發生時才能進退或宣導不致失據；4.創建轄內潛在危機之感應機制與功能；5.整合及動員政府各機關間及民間之資源，平時建立合作、溝通之機制與管道，待啟動危機管理功能時，能在第一時間順利取得相關資源與協助。

　　綜上所論，安全管理之知識是可以互相援用與互為學習的。在緊急事件的處理或所謂危機管理之處理原則之上，亦已發展出甚多之原則可供運用與研究發展，故根據本節前段引述之安全管理之功能與新機制發展，可總結安全管理與危機管理應考量的三項基本運用原則如下：

（一）**安全弱點分析之原則（Vulnerability）**：亦即必須考量與分析可能外顯之危害標的之分析（Exposure），亦及確認個人或組織可能產生之外顯弱點，以便早作預防與安全部署，強化其有形或無形之安全措施。

（二）**安全可能性分析之原則（Probability）**：亦即必須考量與分析危害

真正形成之可能性的比率（likelihood），以便提出防治策略及如何於危害產生後的善後減輕受害之策略。而若根據前述外顯招受危害攻擊之弱點分析甚高，但該弱點目標乃位於低犯罪社區，或周邊安全防禦措施甚周到之地區內，則其受害比率（likelihood）會相對的減低。

（三）**安全嚴重性分析之原則（Criticality）**：即考量與分析若真正發生危害，則其對國家與社會可能產生影響之範圍與嚴重之程度，以便提出應對之整備與對策。（Ortmeier, 2005: 90-91. Also see Sennewald, 2003: 196-198）

　　故而，上述所述各種安全管理之原則與新研發之機制或技術，實可供公私部門與民間安全維護來援用與參考，亦可供國內、外學者專家在研究國土安全機制之設置與發展時之參考資訊。

貳、民間化治安體系之發展趨勢與其理論

　　其實「現代警察」從1829年在英國倫敦由皮爾爵士（Sir Robert Peel）之倡導而誕生之後，即一直強調先期預防之理念（crime prevention）。（Thibault, 1985: 4）而後之所以偏重於事後犯罪偵查被動的行政取向（reactive），乃受環境之變化（即強調效率與科技）及決策者思考方向之轉變所致。然而如前所述，英國至1990年代治安單位即因為犯罪現象的詭譎多變與跨國性的發展，而嘗試以情資導向之策略（Intelligence Led Policing）及公私部門資訊與資源分享整合之策略（Information Sharing System）來提升其治安之效能。至2001年911美國被恐怖攻擊之後，更促使了此種策略的全球快速發展。（http://en.wikipedia.org/wiki/Intelligence-led_policing）而此策略亦為新興的國土安全概念的重要策略之一，也就是情資導向、公私部門資訊與資源分享整合之新治安策略。故而亦可視之為英國現代警察創始者皮爾爵士之偵查與預防並重、警力與民力結合的經典之哲學與思想之再次被肯定，及再次主導全球治安治理的發展方向。而後者警力與民力的結合，遂成為當代全球治安治理的重要發展趨勢，亦為國

土安全維護的重要策略與主軸之一。

　　所謂公私部門資訊與資源分享整合，亦或稱為民間化（或民營化）之警力發展，Jerome H. Skolnick在一篇論文中謂有三種理論或可以來解釋此現象：（1）執法的虛空理論（vacuum theory），即私人警衛之興起乃因警察無法滿足一般社會大眾之需求。其理論之缺點為正式警察並非真正停止其發展，而且其發展已頗有成效；（2）大企業、財團興起之理論（the mass property theory），即私人大企業或財團的產生，促使了私人警衛的需求增加。其理論之缺點為只解釋私人警衛遽增的一部分原因而已；（3）社會控制的手段理論（instrumental social control theory），即對某特定狀況所定之規範，透過法定程序之檢定，而被一般社會大眾普遍認同。故而私人警衛或公共警察之工作執行，均為了社會安寧秩序維護的同一目標下，合理及必須的手段。而史氏自認此理論之解釋能力最強。（Skolnick, 1989: 1-13）

　　另從管理科學在20世紀中所倡之效率主義、進取主義，或從政治與行政學中所主張的利益團體自由主義（interest-group liberalism）及公共選擇學派等所強調的市場機能、自由競爭與多重選擇等主張，以給民眾提供更佳的服務，來解釋私人警衛或民營化之趨勢（李宗勳，民81：22-83），均可為史氏所歸納的三種理論所涵蓋。故而無論何種理論之解釋，均在說明70年代之後，各國刑事司法機構，受到預算的緊縮，犯罪率的上升，大企業的形成，與民眾需求加強等多重因素，使得刑事司法體系進入了另一個新紀元，即民間化。美國國土安全部成立之後在公私部門資訊與資源分享整合之上亦遵循此策略來規劃與發展，可從本書後續之章節中得到印證。而民間警衛資源與保全或私人警衛之聯繫與整合平台之建置遂成為國土安全維護不可或缺且必須積極研究與經營的範疇。

第二章　恐怖主義之類型與反恐之策略

　　恐怖主義實為國土安全治安領域新興的研究與核心議題，雖然911之後美國的國土安全之發展，則包含更多的救災、資通安全等安全之管理，惟恐怖主義之處理仍然為其緣起與重點所在。故本書在探討國土安全時，則先以此議題為其研討之範疇。

　　恐怖活動的存在由來已久，自古希臘羅馬時代便有文字記載。某些被統治或被壓迫階層，以恐怖暴力的手段傷害無辜民眾的生命，意圖引起社會恐慌，來達到脅迫或影響統治階層改變政策或行為的目的（陳明傳，民95：118-135）。20世紀以來，恐怖主義更結合科技的新發明，發展出新形式的恐怖威脅，影響層面更廣大及深遠，無一國家能置身事外。因此針對層出不窮的恐怖活動，世界各國政府都配合修改法規、設置組織，將控制恐怖主義活動列為保障本國安全之重要工作。2001年9月11日早上的恐怖攻擊，對美國及全球產生巨大、即時性影響，全球各地在事件後都有各種悼念活動，美國政府對此次事件的譴責也受到大多數國家支持；救援活動持續了數月，現場的清理工作就持續到次年的年中。政策方面的影響有：調整預算（包括凍結可能與恐怖份子有關的銀行戶口）、多國合作進行的反恐活動，逮捕可能有關聯的恐怖份子一併進行調查。美國喬治布希前總統曾說：「數以千計生命突遭到邪念和卑鄙的恐怖活動殺害。」美國將會全力追緝元兇，對策劃和包庇恐怖份子的人，作出報復。

第一節　恐怖主義與其發展暨東西文化之衝突概述

　　如本書前述第一章第四節之貳的文章中所述，恐怖主義將對民眾內心產生恐懼、恐慌，在政治與社會上會形成不穩定之狀況。從古希臘、羅馬的歷史中，就能認知恐怖行為是一直存在的。歐洲長久以來，在英國和愛

爾蘭之間，即存在著恐怖主義已有數百年的歷史。

　　7世紀中葉史上首場聖戰，回教規定教徒可用四種方式傳教，一用心、二用舌、三用手、四用劍。所謂用劍，就是使用武力對付異教徒和回教的敵人，特別是猶太人和基督徒。創立教的穆罕默德在西元7世紀中葉慫恿他的信徒攔截和搶劫麥加裕人的駱駝商隊，並以外交技巧迫使絕大部分的麥加人臣服於他，這就是第一場聖戰。事實上，1,400多年來，回教和基督教的關係一直很壞，杭廷頓說20世紀冷戰時代西方國家和共黨集團的不睦，完全不能和回教與基督教的千年惡鬥，相提並論。阿拉伯回教民族於7世紀初葉至8世紀中葉，高舉「聖戰牌」大舉向外擴張，在北非、伊比利半島、中東、波斯和印度北部建立了回教統治的大地盤。到了11世紀末葉，基督徒控制了西地中海、征服了敘利亞、奪下了西班牙的托雷多（Toledo），聲勢大振，但也從此展開了兩大宗教之間的連綿聖戰。

　　從11世紀到13世紀，西歐的基督教強權向回教集團發動了一系列戰爭，雙方搶奪耶路撒冷聖地，此即西洋史上著名的「十字軍東征」。自1095年第一次東征至1291年最後一次東征，其間雖征戰多次，但一般史家認為主要東征只有八次，基督徒最後被趕出敘利亞。回教徒和回教文化在中世紀有過燦爛輝煌的日子，今天的回教徒每當重溫歷史，總會產生「不勝唏噓」的傷感。包括奧薩瑪・賓拉登在內的回教基本教義派和極端主義份子，則認為今天回教文化和回教國家的沒落與衰敗，西方帝國主義與物資主義要負最大的責任，這也是促成賓拉登和其他偏激組織採取恐怖手段進行聖戰的主要原因。

　　十字軍東征落幕之後，13世紀又出現了一個強有力的回教國家，這就是歷史上有名的鄂圖曼帝國（Ottoman Empire）。由土耳其人奧斯曼建立的鄂圖曼帝國，以聖戰打天下，存活了632年（1920年至1922年），他們首見削弱拜占庭帝國，再征服大部分的巴爾幹和北非，於1453年攫奪君士坦丁堡（今伊斯坦堡），1529年包圍維也納。在600多年的時間裡，整個歐洲一直在回教的陰影下和聖戰的威脅中。在那個時期，西方世界的存活與否，在相當程度上，要看回教徒所建立的鄂圖曼帝國的臉色。鄂圖曼帝國在第一次世界大戰後分崩離析，全盛時代的版圖囊括歐洲東南部、歐洲

西南部及北非。鄂圖曼帝國的垮台，象徵了回教勢力淡出歷史舞台的濫觴，若非中東一些回教國家擁有取之不盡的地下原油，則回教國家的處境將更加險惡。鄂圖曼帝國之崩和近代帝國主義興起後，除了在巴爾幹半島及部分歐洲出現一些新國家之外；最重要的是，回教陣營逐漸變成落後、守舊、保守、貧弱和動亂的代名詞。賓拉登日前在電視談話中指出，「回教80年來受辱」，即指鄂圖曼帝國崩潰以後80年。

　　第一次世界大戰結束時，英國、法國和義大利對鄂圖曼帝國施出致命一擊，分食鄂圖曼土地，帝國只剩土耳其。到了1920年，全世界只有四個回教國家：土耳其、沙烏地阿拉伯、伊朗和阿富汗。阿富汗在19世紀連番對英國和俄國發動聖戰、屢建奇功的事蹟，為後世回教民族打下永不屈服的強心針。1979年，蘇聯共黨入侵阿富汗，試圖在中亞建立橋頭堡，結果十年苦戰，受創慘重，阿富汗人民提早為蘇聯送終。

　　第二次大戰後，西方帝國主義沒落，新興獨立國家普遍興起，其中包括不少回教國家。後殖民時代，回教民族在追求國家獨立、領土完整以及文化與宗教尊嚴的大纛下，不斷發動聖戰。據估計，在冷戰時代，回教國家之間以及與非回教國家衝突32次，其中有大有小，也有聖戰與非聖戰。聖戰起因涉及宗教、政治、文化、經濟和土地，巴勒斯坦人民向以色列發動的聖戰，歷時最久亦最複雜，迄今仍陷膠著，巴勒斯坦人民在聖戰中犧牲無數。布希曾公開表示支持巴勒斯坦人民建國，這是一項值得肯定的發展。

　　中東的沙烏地阿拉伯和埃及，同為阿拉伯世界中的兩大國家，前者統治階級的豪奢腐化和後者的鐵腕統治（以及較早以前的英國統治），促成了埃及回教基本教義派的生根與茁壯。20年代埃及「回教兄弟會」成為極端份子對內向統治階層、對外向帝國主義發動聖戰的源頭活水。今天遍布於中東、中亞、東南亞和非洲的回教極端主義恐怖份子，都受到「回教兄弟會」和日後成立的「埃及回教聖戰團」的精神感召。

　　十年來，最重要的聖戰包括：1979年伊朗回教教主柯梅尼領導回教徒推翻國王巴勒維、拘禁美國大使館工作人員一年多。這場聖戰，可說是促成十年來回教聖戰風起雲湧的原動力。1981年，埃及回教極端份子在閱

兵典禮中殺害總統沙達特，亦為震撼世界的一場聖戰。1979年至1989年，阿富汗驅趕蘇聯軍隊的聖戰，雖獲成功，卻導致今天阿富汗內外受敵的局面。然而，奧薩瑪‧賓拉登的崛起，不滿美軍駐紮沙烏地、痛恨美國和以色列所代表的強凌弱強權政治與文化，以及他的信徒矢志以大量暴力當武器的決絕，卻為回教聖戰賦上了令人不寒而慄的新義（http://forums. chinatimes.com.tw/special/america2/e/e0.htm）。故而，恐怖主義之發展，確實有其文化、社會與民族之複雜糾結因素，誠不宜以單一之面向來處置，更不應以武力或暴力對抗之方式來解決紛爭。應以更多元之國際合作，與國家、民族、文化之交流上多所著力，以便促進相互瞭解，進而找到共存共榮的平衡點才是上策。

　　然而，就美國本土方面而言，1960年代的美國社會發展，有下列數個政治與宗教的變遷，亦造成恐怖活動之盛行。如前所述，美國反恐學者Schmid曾蒐集自1936年至1983年間，100餘位學者對於恐怖主義所下之定義，其結論為甚難將恐怖主義予以明確之定義。且從1983年至今，恐怖主義之發展更是多元與複雜。同時根據Wardlaw之看法，謂恐怖主義牽涉到道德之判斷，因為某些人認定之恐怖份子，可能為他人之自由鬥士（One man's terrorist is another man's freedom fighter.）因而Wardlaw將恐怖主義之定義限縮至政治性的恐怖主義，而將心理與犯罪性質之恐怖主義暫擱置一邊不論。（Harold J. Vetter & Gary R. Perlstein, 1991: 3-4）

　　從上述各家之論述及恐怖主義變遷演進之過程中，可以清晰的認知恐怖活動的多變與其類型的複雜多元性。為了對「恐怖主義」一詞進行概括性界定，茲將若干詞典之認定加以整理，以釐清恐怖主義之定義。就其詞典之定義，通常具有普遍性，往往較容易使人們理解。

（一）《世界知識大辭典》：為了達到一定目的，而對他人生命、自由、財產等使用強迫手段，引起暴力、脅迫等造成社會恐慌的犯罪行為的總稱（世界知識大辭典，1998：835）。

（二）英國《大不列顛百科全書》（*Encyclopedia Britannica*）：對各國政府、人民使用暴力訛詐會威脅，以達到某種特定目的之政治手段。各種政治組織、民族團體、宗教狂熱者和革命者、追查正義者等都

可以利用恐怖主義（中國現代國際關係研究所反恐怖研究中心，2001：3）。

（三）《社會科學百科全書》（*The Social Science Encyclopedia*）：恐怖主義意指在全體居民中散播恐嚇、驚慌和毀滅的一系列行為（社會科學百科全書，1989：784）。

第二節　恐怖主義概念的特徵

　　恐怖主義概念的內涵是將一般、本質、特徵的特性反映，把人們感覺到的共同特點加以呈現出來。因此對於恐怖主義概念的界定，必須將其根本加以反映，使人們能迅速把握、辨明恐怖主義的現象（胡聯合，2002：7）。茲臚列學者、專家有關恐怖主義的特點與觀點如下：

一、Pearson and Rochester將恐怖主義的特色歸納為下列四點（陳雙環，民92：27-30）

（一）恐怖主義大都非由國家成員所發動：「恐怖主義」一詞的起源，最早發生在法國大革命時期恐怖統治的同意字，但經過200多年的演進，專家學者認為恐怖主義通常是指非國家成員（non-state actor）所進行的破壞暴力行為。

（二）通常涉及使用威脅或使用非傳統性暴力行為：恐怖份子使用暴力通常為是要吸引人注意、製造社會恐慌，利用劫機、綁架、包裹炸彈、暗殺、伏擊、飛機或汽車爆炸、毒氣攻擊、或在公共場所射殺群眾等行為，以便打擊政府威信。

（三）恐怖團體具有政治目標：恐怖團體的政治目標，包括建立新國家、推翻現有政權、解放被其他民族控制的領土、驅逐外國影響力及改變政經社會體制等。

（四）許多恐怖主義的受害者具有偶發或附帶性質：恐怖主義活動通常以政府要員及政府機構為攻擊之目標，但是恐怖主義活動發生地點

有時候是以一般民眾、外國觀光客，因為錯誤的時間出現錯誤的地點，就可能成為恐怖主義的受害者。

二、Wilkinson之觀點

　　恐怖主義係政治暴力之特殊形式，是國家與次國家組織為達成其政治、社會性目的而採用之武器或方法。因此，恐怖主義具有下列特性（Wilkinson, 1990: 1）：

（一）恐怖主義係預謀性，其目的在製造極端恐懼或恐怖的氣氛。

（二）恐怖主義之目標並非暴力行動下的受害者，而是針對其背後更為廣大的民眾。

（三）恐怖主義所選擇的對象是隨機或象徵性選定。

（四）在正常社會之認知中，恐怖主義所採取之暴力行動係遠超出正常以外，並違反社會常規，且為造成社會之反感。

（五）恐怖主義之目的企圖以恐怖暴力方式，公開闡揚其政治主張與訴求，以達到影響目標的政治行為之目的。

三、胡聯合對於恐怖主義的特徵之五點看法（胡聯合，2002：18-24）

（一）**恐懼性與心理戰**： 恐怖主義就是使用威脅來製造恐怖氣氛，對廣泛社會造成壓力，產生不安全感。

（二）**使用與迫壞性**：古今中外從傳統意義來看，暴力是使用恐怖主義不可缺少的內涵，這是全球社會各不相同的恐怖主義概念的另一個共同點。因此，使用「暴力威脅的行為」，也被許可學者納入恐怖主義的範疇。暴力威脅往往是一種嚴重的破壞行為，當前網路恐怖主義暴力行為不但不亞於一般傳統的暴力恐怖主義，甚至遠超過一般傳統的暴力行動，因此恐怖主義呈現出多元化的暴力威脅。

（三）**政治性與社會性**：恐怖主義是以某種政治目標與社會目標，來區別一般性經濟或刑事暴力犯罪的主要標誌之一。如果某種暴力活動或破壞活動只是純粹為了經濟利益，那麼它也不構成恐怖主義，而只

能是一般的經濟或暴力犯罪；只要具有某種政治或社會目標，它才能構成為恐怖主義。

（四）**宣傳性與宣揚性**：利用各種方法，宣傳性與宣揚性的傳播，引起社會的廣泛注意，往往也是恐怖主義的重要特徵。賓拉登就是利用半島電視台的報導，導致更多的社會民眾陷入對恐怖主義的擔憂與恐懼之中，不知不覺地增加在恐怖主義的潛在犧牲的範圍中。

（五）**違法性與刑事犯罪性**：恐怖主義的違法性有二：一是非法使用暴力或暴力威脅為迫壞手斷；二是實施具體恐怖主義行為，往往對社會產生不同程度危害，進而違背法律。恐怖主義強調刑事犯罪有二：一是因為實施恐怖行動攻擊往往造成政治不安、人員及財物的損失，構成犯罪，因此，具備了普遍的刑事犯罪行為；二是恐怖主義具有政治性，因此，當恐怖份子被捕後，因國際法中往往不引渡政治犯，宣稱自己是政治犯，以企圖逃避法律懲處。因此，違法性與刑事犯罪性是具有當代世界恐怖主義的重要特徵之一。

綜合上述學者之觀點，筆者認為「恐怖主義特徵是由秘密的個人、團體或國家行動者，履次以激烈暴力行動，引起恐懼、憂慮與不安的手段；恐怖份子一般漫無目標的選取直接受害對象，或是有選擇性的由目標群眾中挑選對象，恐怖行動中之直接受害者並非主要行動目標，而是傳達訊息之媒介；恐怖主義之訴求目的將決定該團體所可能採取之恐怖活動方式。」

第三節　恐怖主義之類型

恐怖主義之類型化有下列之優缺點，足供研究此課題者加以參酌；在優點方面：1.可確認恐怖活動之型態，即可區別其究為政治、社會、宗教、組織犯罪或個人之心理問題所造成者；2.可區別問題之層次與影響之層級，即其究屬於都會、鄉村、中央、地方或國際之問題；3.應如何反應

之程度、決策與層級；4.增進對恐怖主義之瞭解，進一步能得到共識，並齊一對策。

　　至於類型化之缺點方面則有：1.恐怖主義隨環境不斷的變遷，故均以個案加以定位與研究以免誤判；2.類型化容易誤導對恐怖主義之評估與判斷，且容易勉強的誤植而扭曲真實狀況；3.為了類型化而容易忽略了新的模式或現象的產生與演化，而至錯失了某些關鍵因素；4.類型化往往易於忽略一些爭議性之細節，而較無法周延且全方位呈現恐怖主義之最真實現象與全貌。（Jonathan R. White, 1991: 4-20）故應瞭解類型化有其反恐運用上之價值，唯亦應注意到個案之差異性以免被誤導，而作出錯誤之判斷。

一、Mickolus之恐怖主義的四種類型

　　1970年代美國學者Mickolus認為恐怖主義應可分為四種型態，如表2-1所示：1.國際型（international），即由一個以上之國家牽涉，並由相關政府所主導之恐怖活動；2.跨國型（taransnational），即由一個以上之國家所牽涉之恐怖活動，但並非由政府直接主導或執行之活動；3.國家型（state），即在其國內由政府所執行之恐怖活動；如德國納粹之恐怖活動是；4.國內型（domestic），即在其國內，且非由該國政府執行之恐怖活動。（Charles W. Kegley, Jr., 1990: 2-6）

表2-1　四種型態的恐怖主義

是否為政府主導之恐怖活動？	是否一個以上之國家牽涉之恐怖活動？		
	選項	是	否
	是	國際型	國家型
	否	跨國型	國內型

資料來源：Charles W. Kegley, Jr., 1990: 2-6.

二、Hacker主張恐怖主義之三種類型

　　精神病學家 Hacker將恐怖主義之類型定位為下列三者，咸認為甚有

運用之價值，即分為聖戰士（crusaders）、犯罪者（criminals）及瘋狂者（crazies）三種恐怖主義之類型。聖戰士即為了一個更高、更神聖之目標而進行活動，而欲期達成此更高遠之目的；犯罪者即以個人之目的或利益，而進行之恐怖活動；瘋狂者，即心理或情緒上之因素，而以恐怖活動來發洩。（Harold J. Vetter & Gary R. Perlstein, 1991: 4-23）

三、莊金海主張之恐怖主義之四種類型

莊金海引述國內外反恐學者之定義，歸納恐怖活動依其背景因素及活動風格可概分為以下四種類型：（莊金海，民91：64-65）1.民族主義型恐怖主義：指根源於對本民族領土、語言、宗教、文化、心理、生活習俗與生活方式的認同，旨在追求本民族的獨立或完全自治而引起的恐怖主義活動；例如英國北愛爾蘭的民族主義恐怖活動等。2.宗教極端型恐怖主義：指帶有明顯宗教狂熱色彩的或打著宗教旗號的新興教派或膜拜團體的狂熱性引發的恐怖主義活動。例如伊斯蘭基本教義派的極端份子恐怖活動是。3.極右型恐怖主義：20世紀60年代活躍於西歐、美國等，80年代後蘇聯解體後活躍於東歐。針對左派政黨與組織進行恐怖破壞活動，旨在最大程度地製造恐怖氣氛，威懾打擊特定群體與社會大眾。例如德國光頭黨、英國G18、法國維護法蘭西運動、美國的三K黨、俄羅斯民族統一運動等均是。4.極左型恐怖主義：20世紀60年代以來，西歐資本主義國家內部及拉丁美洲地區出現一些極左組織，對現行社會政治制度極度不滿，企圖透過暗殺、爆炸等個人冒險恐怖活動，來改變社會政治進程，以致奪取政權。例如德國的「紅軍派」、義大利的「紅色旅」、法國的「直接行動」、日本的「赤軍連」等團體均屬之。

四、Bolz主張恐怖主義之四種類型

反恐學者Bolz認為無論恐怖組織是否呈金字塔的分布，如圖2-1所示，其領導之階層往往只是一較小的團體，而由底下之激進幹部，與積極或消極的支持者所層層組成之。所謂消極支持者，即支持者非直接的參與恐怖活動，而是以間接的理念加以支持，或以金錢、武器或場所之提供加

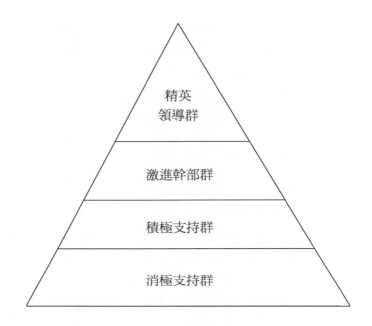

圖2-1 恐怖份子組織之分布狀況

資料來源：Frank Bolz, Jr., et al., 2002:79-80.

以支援或掩護的作為。（Frank Bolz, Jr., et al., 2002: 79-80）故恐怖份子若以其參與之程度來區分，亦可以上述四種類型或族群，來加以管控與處理，自當會較有方略與效果。

五、汪毓瑋主張歐盟活動之恐怖組織的四種類型

根據汪毓瑋引述2007年3月，「歐洲刑警組織」（Europol）公布了首份之《2007年歐盟恐怖主義情勢與趨勢報告》（*EU Terrorism Situation and Trend Report 2007, TESAT*）。其內容指出，有大量、不同類型的恐怖主義組織在歐盟積極活動，有些組織是將目標置於歐盟成員國之境內，有些則是使用歐盟作為募款或境外行動之後勤基地。例如在罪調查中，總共有59個恐怖主義組織涉及，其中有9個在歐盟之恐怖主義組織名單之中，另有

三分之一是在歐盟之外行動。

在歐盟活動之恐怖主義組織，計有「回教恐怖主義」（Islamist Terrorism）、「種族民族主義與分離主義恐怖主義」（Ethno-Nationalist and Separatist Terrorism）、「左翼與無政府恐怖主義」（Left-Wing and Anarchist Terrorism）及「右翼恐怖主義」（Right-Wing Terrorism）四大類，且著重對這些恐怖份子之判刑與釋放比較，而顯示歐盟仍主要是在執行層面上處理恐怖主義之威脅。

（一）在回教恐怖主義方面，德國、丹麥與英國均有挫敗恐怖攻擊陰謀之案例，這些恐怖份子所選擇的武器是即席而作爆炸裝置（IED）；在英國與丹麥之案例中，則涉及了高度易爆且需要專家層級之「三丙酮三過氧化物炸彈」（Tri-acetone Tri-peroxide, TATP）；在法國、西班牙、義大利與荷蘭亦均有逮捕相關之嫌犯，且大部分是出生於阿爾及利亞、摩洛哥與突尼西亞，並與北非的恐怖主義團體「摩洛哥回教戰鬥團」（Moroccan Islamic Combatant Group）與「撒拉菲斯特呼聲暨戰鬥組織」（GSPC）有關，但是在英國與丹麥的恐怖嫌犯，卻是在本國出生的回教恐怖主義者。這些組織所使用之宣傳影帶已更複雜、高品質與更專業性，且為了吸引更多觀眾，已改善以往僅有阿拉伯語發音之侷限性，並能以英文傳送，而能進行全球一致之媒體攻擊。

（二）在種族－民族主義與分離主義恐怖主義方面，在2006年總共發生了424件，大部分是在法國計有60%；及西班牙，主要是在科西嘉（Corsica）與巴斯克（Basque）地區。有5件攻擊發生在英國，1件在愛爾蘭，但沒有一個組織承認此攻擊。這些組織計有「庫德勞工黨」（PKK）與「巴斯克民族和自由組織」（ETA），且「庫德勞工黨」在歐盟之募款活動，已升高該組織在土耳其之威脅。

（三）在左翼與無政府恐怖主義方面，攻擊主要是集中於希臘、義大利、西班牙與德國，攻擊是屬於低度性的，對於政府或企業之損害是有限的，但少數攻擊卻欲造成殺害。其攻擊之動機主要是來自於國內政治，但亦欲成為更廣國際運動的一部分。左翼之恐怖主義

組織計有「革命人民解放政黨／陣線」（DHPK/C），無政府主義
之恐怖團體計有「非官方無政府主義聯邦」（Federazione Anarchica
Informale, FAI）。

（四）右翼恐怖主義方面，右翼暴力主要是以右翼極端主義，而不是右翼
恐怖主義之定位來進行調查，但右翼極端主義活動仍是組織性且跨
國性。尋求改變整個政治社會與經濟系統而走向一個極右的模式，
其意識型態是植基於「民族社會主義」（National Socialism）。
這些組織計有「安提納粹陣線」（Antify）、「血腥、領土暨榮譽」
（Blood, soil and Honour）等。（汪毓瑋，民96：142-143；htty://
cir.cpu.edu. tw/seminar/paper/96/961226_8.pdf）

第四節　全球對抗恐怖主義之策略面發展

壹、Kegley的機先預警式的反恐策略

反恐策略中有所謂「機先預警式」的三種對抗恐怖主義之方式，此三
種策略為：1.報復行動（Reprisals）：政府以強制之手段，對於無法以和
平手段解決或彌補之損傷，加以報復之活動，如外交或經濟的制裁等；同
時報復行動亦必須由政府執行之；2.事前之反制行動（Preemption）：即
情報得知有恐怖活動之前，採取之機先的反制行動，避免其恐怖活動的遂
行；3.報仇行動（Retribution）：即成立專責之反恐單位，直接的攻擊恐
怖份子之行動之謂。（Charles W. Kegley, Jr., 1990: 219-227）

貳、Vetter及Perlstein之傳統對抗恐怖主義之策略

反恐學者Vetter及Perlstein主張傳統對抗恐怖主義威脅的兩種方法即：
1.反抗恐怖主義（antiterrorism）：屬於防禦性的測量方法；對於反恐單
位之人員、相關之家屬、機構及裝備等被害比率的降低謂之。2.對抗恐怖

主義（counterterrorism）：屬於攻擊性的測量方法；即含情報的主動蒐集與威脅狀況的分析等以便主動的對抗恐怖主義。然此二者均過於被動，故必須以機先預警之方式作主動的出擊（Preemption），亦即採主動之方式機先對於可能之恐怕行動予以處理。至其處理之模式又以恐怖份子四種不同之類型而決定宜否以軍事、半軍事或非軍事等三種行動類型加以處置。其中四種不同類型之反抗恐怖主義中所謂之一為恐怖主義之國家（terrorist state）：即他國明示運用國際恐怖份子在國外對付本國人及本國之駐地等，宜採直接及被動反應式（reactive）的軍事反制行動。所謂之二為國家資助之恐怖主義（state-sponsored terrorism）：即它國間接或暗地裡運用國際恐怖份子攻擊我國之謂，宜採直接但有限制的軍事反制行動。所謂之三為非國家資助之恐怖主義（terrorist groups without state sponsorship）：即無法直接證明任何國家所資援之恐怖組織之活動，宜採非傳統的半軍事有限反制行動，或半軍事且秘密的反制行動。所謂之四為恐怖份子（terrorists）：即非任何國家牽涉或參與之單一的恐怖行動，宜採機先（preemptive）、秘密的非軍事之反制行動。（Harold J. Vetter & Gary R. Perlstein, 1991: 233-241）

參、Bolz等反恐學者對抗恐怖份子之各種策略

對於現代多方向發展之恐怖活動，反恐學者Bolz認為很難由單一之單位加以處理，尤其至1991年波斯灣戰爭之後，伊拉克等阿拉伯國家運用生物或化學等毀滅性武器（Weapons of Mass Destruction, WMD）進行之恐怖攻擊，必須以軍、警聯合作戰之方式才足以有效處置。（Frank Bolz, Jr., et al., 2002: 11-14）

至於經濟型恐怖主義Bolz進一步認為，其運用洗錢之非法管道來籌備恐怖活動之經費，或影響或顛覆該國之金融市場與秩序。據聞近來有伊朗及伊拉克之恐怖組織，在大批的偽造美鈔試圖破壞美國或歐洲之金融秩序並期以此經濟的新手法來造成恐慌。（Frank Bolz, Jr., et al., 2002:14）

Bolz更主張對抗恐怖份子應有以下四種策略：1.情報（intelligence），

在情報蒐集方面，必須注意人權與隱私權方面的法律規模。美國中情局至1995年之後對於線民之運用有較嚴格之規範；然在聯邦調查局於蒐集國內恐怖活動之情報方面，可依據「外國情資監測法」（Foreign Intelligence Surveillance Act），對於外國人進行電子通訊的監聽工作，故而當然包含那些與國際恐怖主義有掛鉤的人亦可準用之；2.反抗恐怖主義（antiterrorism），在反抗恐怖主義方面，與私人機構密切的合作，在對有可能被攻擊之個人或場所，加強其保護之措施與機制，以及全力追擊肇事的恐怖份子；3.對抗恐怖主義（counterterrorism），在對抗恐怖主義方面，近來在聯邦及各地方警察機關，積極的成立及訓練專業打擊恐怖份子的專責單位，尤其在中型以上之都市，均有成立對抗恐怖主義之專責單位（Special Weapons and Tactics Teams, SWAT），立即有效的處理恐怖事件。而聯邦之警力也可於數小時內就能予以支援。有必要時，亦可請求軍方位於北卡羅來納州之反恐專則單位（Delta Force at Ford Bragg, North Carolina）予以支援；4.後續情資之運用與管理（consequence management），在後續情資之運用與管理方面，乃將恐怖主義之相關情資，加以整理並分由各相關政府單位或民間團體，供作訓練或執行反恐之重要參考。另外聯邦調查局與地方警察之合作，或治安單位與民間資源之結合等方面，亦整合出甚多成功之合作案例。例如，1970年代聯邦調查局與美國各大都會警察合作之金融銀行反搶之專案小組（Joint Bank Robbery Task Forces），及後來與紐約市警察局合作之紐約市反恐整合專案小組（NYPD/FBI Joint Terrorist Task Force），又如協助地方警察之反恐訓練與成立反恐之機制；及與民間各類資源之整合等，均有不錯之成效，例如與大的鐵路公司、大的超商、大型地標之建築物或大型公司場房之安全單位密切合作等成功之案例是。（Frank Bolz, Jr., et al., 2002: 16-19）

　　至於對抗恐怖主義的實務作為與細部計畫方面，Bolz認為對抗恐怖主義之專責單位，可規劃成下列三種實務推展之策略作為，即事件發生前之策略、事件中之策略及事後之策略。其中事前的策略包含：1.建立對抗恐怖事件的標準作業程序及規範與權責；2.建立一個專業之團隊，及其指揮體系與運作之關係；3.維持一個精壯之組織成員及先進之裝備；4.不斷吸

收及研發新的反恐之技術與策略，並能有效掌控與領先恐怖主義發展之速度；5.不斷的評估與加強訓練其成員之能力與技巧；6.與其他公民營機構保持密切的聯繫與合作關係。

在事件中之策略方面包含：1.恐怖主義相關情報廣泛深入的蒐集分析與運用；2.評估狀況之大小，建立臨時之前進指揮部（Forward Command Post）、行動中心（Mobilization Point）或談判據點（Point of Negotiation），以便調派、指揮與整合各方之人力、資源與裝備，及策略之擬定掌控；3.規劃可能之應變方案，含(1)快速閃電式的進行營救或處置；(2)精準的射擊，來阻止恐怖活動，而非致命式的狙擊；(3)化武的震撼攻擊，例如瓦斯或震撼彈等；(4)包圍與談判：適當的以食物、飲水等之提供與管制及包圍，使其侷限於一定之範圍，並以拖延、消耗其體力與鬥志等等談判之技巧，與其進行談判，便於以雙贏的型態來和平落幕。

在事後之內部之處置策略方面包含：1.立即進行非正式的簡報或心理復健或安撫之活動。若能落實此活動，則成員之心理健康、組織認同與士氣均較高；2.事後的正式簡報與檢討之會議，以便策勵下次之行動能更為圓滿；3.評估與建立更有效之程序或行動方案；4.新聞發布之內涵與效果之規劃與執行等步驟。（Frank Bolz, Jr., et al., 2002: 233-259）

肆、Netanyahu之反恐策略

曾任以色列總理之反恐學者Netanyahu曾謂，西方民主先進國家，往往有其能力且能有效的處理恐怖主義之活動，但過去均因人權之考量而以較保守之態度加以處理。因此更造成恐怖主義之變本加厲與橫行全球（Benjamin Netanyahu, 1995: 27-30）。尤其國際恐怖份子在西方民主國家，很容易得到經濟、社會與活動上之方便性，與裝備交通與經費之支援。同時亦較容易逃脫與重整及東山再起。（Benjamin Netanyahu, 1995: 51-53）因此他建議西方國家必須有下列兩種心態：1.必須深入瞭解認識恐怖主義之威脅狀況；2.必須認知恐怖主義是可以被掌控與擊敗的。故其進一步建議，要採取以下十項策略，來較有效的對抗恐怖主義之橫行：

1.對恐怖主義國家之核武科技與原料必須有禁運與制裁的手段；2.對於有恐怖主義之歷史或記錄之國家，加以外交、經濟與軍事方面之制裁；3.切斷恐怖份子的補給，或間接、直接實物或觀念上接受臨近國家支援之管道；4.凍結恐怖主義在西方世界之經濟資產，5.西方國家情報共享，來打擊共同的敵人─恐怖主義；6.持續的修法以便對於恐怖主義之監測與調查，能更及時而有效，包含刑事偵查、槍彈管制、金融管制法規、及移民法規等；7.主動積極的追擊恐怖份子，從政策面、組織面與行動技術面等，要全面的思考與再設計；8.不要輕易的釋放恐怖份子；9.成立及加強訓練打擊恐怖主義之專責單位；10.教育民眾有關恐怖主義之資訊，並讓民眾能因瞭解 "living with terror"，而較不懼怕並進而支持政府之行動。（Benjamin Netanyahu, 1995:129-148）

伍、各國成立反恐專責單位之策略

成立對抗恐怖主義之單位（counterterrorist units），亦被認為是反恐的有效策略之一。其中例如德國於1972年慕尼黑奧林匹克運動會，黑色9月之恐怖份子（Black September terrorists）殺害了以色列的運動員之後，德國遂成立了Grenzschutzgruppe 9（GSG9）對抗恐怖主義之專業單位。此單位乃由聯邦之國境警察（Federal Border Guard）所組成，其運作之概念即以嚴謹之管理、多元彈性的領導、快速的行動力，精準及有效的解決恐怖事件。故其已成為德國舉世聞名的、陸空武力結合的快速閃電式打擊恐怖份子的組織。至德國之各邦，亦準此原則，各自訓練並成立類似之對抗恐怖主義之單位。

英國亦於第二次世界大戰，即成立特殊空中服務隊（Special Air Service, SAS），但直至1980年5月5日其在倫敦之伊朗大使館成功的解救19名人質，又擊斃了5名恐怖份子之後而聲名大噪。故其成為英國專責打擊恐怖份子之組織。此單位與德國之GSG9之不同處，乃它為軍事之單位，故只有在英國警政單位無法掌控之恐怖事件發生時才能啟動。其成員必須經過心理與身體方面的嚴格訓練，並且在醫療、語言、射擊、通訊科

技之運用上均有相當程度之基礎，以便快而有效的對抗恐怖份子。

　　除此之外，英國亦有下列單位從事對抗恐怖主義之活動：1.皇家海軍（The Royal Marines），保護北海油田設施；2.特殊船舶隊（Special Boat Squadron, SBS），保護船隻及沿岸設施，避免招恐怖攻擊；3.皇家奧斯特警察（Royal Ulster Constabulary），長期的對抗北愛之恐怖活動；4.倫敦首都警察之反恐怖主義小隊（Anti-Terrorist Squad, London Metropolitan Police）；5.各警察單位亦有相對於SAS組織稱為D11，在請求SAS之軍方支援之前，由其處理或狙擊恐怖份子。

　　美國於各地方之警察單位，亦有特殊之技術單位（Special Weapons and Tactics Team, SWAT）來處理恐怖事件，1977年Colonel Charles Beckwith仿效德國之GSG 9，成立反恐之軍事專責單位，稱為SFOD-Delta（Special Forces Operational Detachment-Delta）。其大部分之成員從特戰部隊或騎警選取，並以英國反恐單位SAS之課程加以訓練。而美國本土之反恐行動，原則上由地方警察處理之，除非該單位無法有效掌控才得依法（The Posse Comitatus Act）請求Delta支援。故除大都市之警察局，才有能力或裝備來處理恐怖事件之外，一般之較小的警察單位則較無法有效處置。其中，美國聯邦警長（The U.S. Marshals Service），自2001年911之後，於德州達拉斯近郊成立一個反恐之特戰技術訓練基地（SWAT Team Training Facility- Farmers Branch），並接受國內之情治單位委託，而至今已訓練完成全球70餘治安單位的1,300餘名特戰人員，加入全球對抗恐怖活動之行列。（Taiwan News, April 26, p6）至於聯邦調查局（FBI）之人質反應小組（hostage response team），雖亦較有能力或裝備來處理恐怖事件，惟其並非為專責處理恐怖事件之單位。而國土安全部成立之後，則其統合反恐人力、情報與資源方面，似乎有更進一步的發展空間與可能性，而其發展將於下列論述之。

陸、美國近期之反恐策略

　　如前述各章所述，美國國會曾經於1996年通過一個對抗毀滅性武器

攻擊的反恐法案（The Defense Against Weapons of Mass Destruction Act of 1996, also known as The Nunn-Luger-Domenici Act of 1996），規定各地方警察單位對於生物或化學等重大毀滅性武器之恐怖攻擊（Weapons of Mass Destruction, WMD）必須要有一定程度之對應機制及足夠之訓練。至其訓練，不僅為警政及消防單位，亦包含衛生及醫療之人員。而美國聯邦調查局（FBI）及聯邦緊急救援局（Federal Emergency Management Agency, FEMA, 非馬）之反恐責任，前者要在恐怖事件發生時，整合各單位共同來處置該事件；而後者則負責於恐怖事件發生之後，主導復原的任務。1997年軍事授權法案（the 1997 Defense Authorization Bill），更立法透過前述1996年之法案，提供國防部經費，以便來協助提升各級政府，對抗重大毀滅性武器恐怖攻擊之能力。（Frank Bolz, Jr., et al., 2002: 104-107）

　　美國在2001年911事件之後，極思改進相關反恐弱點，故美國政府在組織上立即成立「國土安全部」為其內閣中之第十六個部會。以綜合性國家安全概念，推動政府改造，重組國內公共安全組織機制，整合與運用所有資源，強化政府危機管理與緊急應變能力。布希總統遂於同年10月8日成立國土安全辦公室（Homeland Security Office），2002年11月19日通過立法，並於25日正式宣布成立「國土安全部」（Department of Homeland Security, DHS）。

　　然而近年來，當全球化為影響世界各國社會發展與國際政治的重要因素時，全球化也往往被許多國家保守派人士視為等同於美國化，遂導致反美主義之蔓延。杭廷頓（Huntington）在分析全球國際局勢變化時指出，後冷戰時期的國際衝突將是以文化為導向；文化相近的國家容易整合利益並形成結盟，而文化差異較大的國家之間發生衝突的機會也大。自從911恐怖攻擊以後，各國紛紛對恐怖活動與恐怖份子有更深入的瞭解，企圖經由組織、領導者、聯絡方式、活動進行方式等，得到恐怖組織的相關訊息。西方國家面對不同回教國家的宗教信仰、文化習俗與發展，常常以自我為中心的認知概念採取對應措施，而輕忽不同的背景與環境。再加上近年發生各地之恐怖事件，大都是由激進的回教徒針對特定西方國家所進行的恐怖攻擊，更造成不同宗教文化國家間的對立。因此如前所述，美國自

911遭受恐怖攻擊後的強力反恐之策略，似乎又到了必須檢討其效果，與隨著全球發展趨勢之轉變而調整其策略的關鍵時刻。

歐巴馬就任成為美國首位非洲裔總統一週後，即對回教世界喊話，表示「美國人不是你們的敵人」。他也呼籲以色列和巴勒斯坦雙方返回談判桌，以及對伊朗領袖伸出外交之手，請他們「鬆開他們的拳頭」。他表示：「我要對回教世界做的是傳播一個觀念：美國人不是你們的敵人。我們有時會犯錯，我們並不完美。不過你們若回顧以往，會發現美國並非天生的殖民強權，而且近在20到30年前，美國還擁有回教世界的尊重與夥伴關係，我們沒有理由不能恢復這一切。」

歐巴馬曾承諾上任初始就將直接處理中東問題，而不會像前任總統布希般等上幾年。但他表示，在最近以色列對加薩的哈瑪斯組織（Hamas）發動戰爭後，他不希望各界對中東和平迅獲進展的期望太高。不過，他表示，他相信「時機已經成熟，雙方都要瞭解，他們目前所走的路不會促進雙方人民的富裕和安全。是時候該返回談判桌了。」歐巴馬也表示，美國將在今後數月訂定對伊朗政策的大致架構。他說：「如同我的就職演說所說，如果像伊朗之類國家願意鬆開他們的拳頭，會發現我方也伸出友誼之手。」（http://n.yam.com/afp/international/200901/20090128194654.html, 2009）故而，美國總統歐巴馬的高級反恐顧問布倫南（Brennan）表示，美國政府將採取全新策略，打擊暴力極端主義。歐巴馬政府不會繼續提「反恐戰爭」了，他說「反恐戰爭、全球戰爭等字眼只會被基地組織所歪曲、利用」。美國政府的反恐政策和語言都已經有了根本轉變。作為證據，布倫南強調了歐巴馬為與穆斯林世界接觸做出的努力。布倫南說，雖然保衛美國人民的安全仍然是總統的首要任務，但是，美國不會繼續僅僅依賴軍事實力和反恐行動（http://www.stnn.cc:82/america/200908/t20090807_1077396.html）。足見美國之反恐策略，已從布希前總統的強烈反制之種種措施，逐漸改採溝通、談判及促進融合與瞭解，而達到雙贏與和平的策略。而此新發展，筆者以為所有人類，不分種族膚色、宗教信仰或文化習俗之不同，都應積極思考與學習的共同課題。

第五節　全球對抗恐怖主義之法制與組織面之發展

隨著跨國（境）犯罪之恐怖威脅活動日益嚴重，人們開始意識到，唯有國際互助合作，方能有效減少恐怖攻擊之威脅。911事件後，國際間希望聯合國能發揮功能，致力反恐、維護世界和平與安全，以防止更大的災難發生。此外，由於區域主義的盛行，分布於全球的國際組織及區域性組織亦將在此扮演著極為重要的角色。本節嘗試針對聯合國、各區域性之重要國際組織及幾個代表性的國家，對防止跨國（境）犯罪之恐怖攻擊行動的法制面提出說明與論述，以便我國在考量與規劃國土安全維護時，如何與全球之防治恐怖攻擊之策略同步發展，且能有效的與國際間作司法上之互助與接軌。

壹、聯合國之因應作為

2001年911事件之後，聯合國安南秘書長就說：「如果國際社會拿出決心，團結起來，結成廣泛的聯盟，就一定能夠擊敗恐怖主義，如若不能，就不能打敗它」；他又說：「聯合國處於特殊的位置，可以成為這一聯盟的論壇以及擬定各國政府現在必須採取之措施之論壇，單獨和共同地在全球一起打擊恐怖主義。」（http://www.un.org/chinese/terrorism/，聯合國網站）當年安理會根據「聯合國憲章」的強制執行規定，通過了一項決議，旨在防止提供資金給恐怖主義，並將此目的籌集資金定為犯罪行為，並立即凍結恐怖份子的金融資產。安理會並要求各國加速交流有關恐怖份子活動的情報，並決定各國在關於恐怖行為的刑事調查或訴訟方面應相互給予最大協助。茲將目前全球國際組織及有關國家之反恐因應作為加以說明如下。

自1960年以來，國際恐怖主義活動猖獗，聯合國為此通過一系列國際恐怖主義的公約、決議與宣言。目前共有12個公約或協定書，及4項宣言在聯合國的架構下產生效力，茲論述之如下。

一、存放聯合國秘書處之協議書（United National Conventions Deposited with the Secretary-General of the United Nations）

　　依據維也納公約第77條，存放的功能一般包括保管協議書的原本，保管所有關於批准該協議的文件，提供協議生效時間的資訊以及登記條約。此處所列之四份公約，便是在聯合國秘書處登記並寄存。（維也納公約第77條）至於其反恐之相關公約，則包含下列數個公約：

（一）1973年「關於防止和懲處侵害應受國際保護人員包括外交代表的罪行公約」（Convention on the Prevention and Punishment of Crimes against Internationally Protected Persons, including Diplomatic Agents）。基於國際保護人員，如元首與外交人員，甚至其眷屬的安全，直接影響國際合作所必須的外交友好關係，故制定本公約。

（二）1979年「反對劫持人質的國際公約」（International Convention against the Taking of Hostages）。公約第1條明訂，任何人如劫持或扣押，並以殺、傷害或繼續挾持人質為威脅，以強迫第三方，包括國家、國際組織、自然人等，以從事或不從事某項行為作為釋放人質的明示或暗示條件，即構成本公約意義範圍內的劫持人質罪行。

（三）1997年「制止恐怖主義爆炸事件的國際公約」（Convention to Suppress Terrorist Bombing）。公約闡明立法背景，在於回應以炸藥或其他致死裝置遂行恐怖攻擊的事件增加，既有公約無法有效進行管制、規範，故制定本公約。凡非法、故意地在公共場所、國家、政府設施、公共交通系統、基礎設施，投擲、放置、發射或引爆爆炸物或其他致死裝置，造成人員死亡或重傷，或使上述場所、設施與系統遭到重大破壞，從而形成重大經濟損失，均屬本法認定的罪行。

（四）1999年「制止向恐怖主義提供資助的國際公約」（International Convention for the Suppression of the Financing of Terrorism）。公約的前言明確說明，恐怖主義猖狂，並考慮到向恐怖主義提供資助是整個國際社會嚴重關注的問題，並考量現有的多邊法律文書並沒有

專門處理這種資助，各國並深信唯有增加各國間的國際合作，制定和採取有效的措施，以防止向恐怖主義提出資助，並通過起訴及懲處恐怖主義行為者來加以制止，因此訂定此公約。

二、存放聯合國及其他相關國際組織之協議規定（如前述維也納公約第77條）（United National Conventions Deposited with the other Depositaries）

（一）1963年「關於在航空器上實施的犯罪或其他行為公約」（Convention on Offences and Certain Other Acts Committed on Board Aircraft，簡稱東京公約）。

（二）1970年「關於制止非法劫持航空器公約」（Convention for the Suppression of Unlawful Seizure Aircraft，簡稱海牙公約）。

（三）1971年「關於制止危害民用航空器安全的非法行為公約」（Convention for the Suppression of Unlawful Acts against the Safety of Civil Aviation，簡稱蒙特婁公約）。該公約大體是構成目前國際社會維護國際民航安全的法律體系。依公約規定，非法劫持航空器與威脅航空器安全的行為屬於犯罪行為，締約國政府必須給予罪犯嚴厲處罰，並根據公約與國內法規定，採取一切可能的措施防止該類罪行發生（聯合國1963年第10106號決議案、聯合國1970年第12325號決議案、聯合國1971年第14118號決議案）。

（四）1980年「關於核材料的實物保護公約」（Convention on the Physical Protection of Nuclear Material）。該公約並未條列恐怖份子或進行攻擊行為，茲公約第7條認定之罪行敘述之：

1. 未經合法授權，而收受、挪用、使用、轉移、變更、處理或散布核材料，引起或可能引起任何人死亡或重傷或重大財產損失。

2. 偷竊或搶劫核材料。

3. 盜取或以欺騙手段取得核材料。

4. 以武力威脅或使用武力以恐嚇手段取得核材料。

5. 威脅使用核材料以造成人員重大死傷或財產損失。

（五）1988年「制止在國際民用航空機場的非法暴力行為及危害民航安全議定書」（Protocol on the Suppression of Unlawful Acts Violence at Airports Serving International Civil Aviation, supplementary to the Convention for the Suppression of Unlawful Acts against the Safety of Civil Aviation）。本議定書旨在補充1971年簡稱蒙特婁公約，將國際民航機場亦納入保護的範圍中。該約第2條規定，如任何人非法使用武器或任何裝備，於任一國際民航機場或飛行器中，傷害人員性命或以暴力威迫機上（機場）人員，毀壞機場或飛行器之設施，即違反本議定書。

（六）1988年「制止危害大陸架固定平臺安全的非法行為議定書」（Protocol for the Suppression of Unlawful Acts against the Safety of Fixed Platforms Located on the Continental Shelf）。公約第2條列本法認定的罪行。因此恐怖主義份子或團體不必然基於政治意圖違害大陸架固定平臺安全，只要滿足規定中各項罪行的構成要件，即屬犯罪。

（七）1988年「制止危害海上航行安全的非法行為公約」（Convention for the Suppression of Unlawful Acts against the Safety of Maritime Navigation）。該公約第3條明確提到，「深切關注各種形式恐怖主義行為的升級，……危害人的基本自由並嚴重損傷人類尊嚴，……並有損人類對海上航行安全的信心，……（制止危害海上航行安全的非法非法行為公約第3條）。」

（八）1991年「關於在可塑性炸藥中添加識別公約」（Convention on the Marking of Plastic Explosives for the Purpose of Detection）。公約主要要求是通過本來難以偵測的可塑性炸藥添加某些化學品來進行「標記」。設立一個技術委員會加以監測今後發展情況，並要求對這類爆炸物採取適當安全措施，並銷毀未加標識的庫存。

三、宣言

（一）1994年「消除國際恐怖主義措施宣言」（Declaration on Measures

to Eliminate International Terrorism）（http://ods-dds-ny.un.org/doc/
UNDOC/GEN/N95/768/19/ PDF/N9576819.pdf?OpenElement）：

近年來，由於世界各地頻頻出現違害國際秩序的恐怖攻擊行為，造
成無辜民眾的生命、財產受到威脅，因此，國際間有必要進行更密
切的合作，以打擊恐怖主義的威脅。「消除國際恐怖主義措施宣
言」列舉數項與恐怖主義相關的罪行，使得國際打擊恐怖主義以不
限於恐怖攻擊行動本身，也包括販賣、軍火走私、洗錢及其他致命
性材料的擴散，以成為國際打擊恐怖主義的目標。恐怖主義份子或
團體從事恐怖行為，不必然具有政治意圖，亦不必對第三者施壓，
造成恐懼為目的，然而這類資源的流動，有助於恐怖攻擊事件的進
行，故納入國際反恐議題的範疇。

（二）1996年補充1994年「消除國際恐怖主義措施宣言」（Declaration
to Supplement the 1994 Declaration on Measures to Eliminate
International Terrorism）（http://ods-dds-ny.un.org/doc/UNDOC/ GEN/
N97/761/65/PDF/N9776165.pdf?OpenElement）：

該宣言強調強調各國應依據本國法律及國際法（國際人權標準）等
相關規定，各國應視須要擬定引渡協定或安排，以便確保對恐怖主
義攻擊行為對負有責任的人繩之以法。

（三）2001年「全球努力打擊恐怖主義宣言」（Declaration on the Global
Effort to Combat Terrorism）（http://ods-dds-ny.un.org/doc/UNDOC/
GEN/N01/633/01/ PDF/N0163301.pdf?OpenElement）：

2001年11月12日聯合國安全理事會第4413次會議通過第1377
（2001）號決議，決定通過「全球努力打擊恐怖主義宣言」。宣言
呼籲所有國家儘早加入有關恐怖主義的國際公約和議定書，並鼓勵
會員國推進這方面的工作，呼籲所有國家緊急採取步驟，全面執行
第1377（2001）號決議，並強調各國有義務對於恐怖份子和支援恐
怖主義的人拒絕給予財政和其他形式的支援，拒絕給予安全庇護，
以顯示決心與聯合國全體會員充分合作，著手執行該決議。

（四）2003年「打擊恐怖主義宣言」（Declaration on the Issue of Combating

Terrorism）（http://ods-dds-ny.un.org/doc/UNDOC/GEN/N03/216/05/
PDF/N0321605.pdf?OpenElement）：

2003年1月20日聯合國安理會會員國舉行外交部級會議，重申：

1. 一切形式的恐怖主義是對國際和平與安全一個最嚴重的威脅。
2. 任何恐怖主義行為都是無可開脫的犯罪行為，不論其動機為何，
   何時發生，由誰發動攻擊，均須加以譴責，尤其是當這種行為以
   平民為目標或傷害平民時。
3. 目前存在恐怖份子取得和使用核子、化學、生物和其他潛在致命
   材料的嚴重威脅，因此有必要加強這些材料的管制。
4. 在日益全球化的世界，恐怖份子更容易利用尖端技術、通訊和資
   源為其罪行的服務。
5. 必須緊急加強措施以偵查和遏止為恐怖主義目的而進行的金融和
   資金流動。
6. 必須防止恐怖份子利用其他犯罪活動，如跨國組織犯罪、非法藥
   物和毒品販賣、洗錢及非法販運軍火等。
7. 安理會決心促進和平解決爭端，並努力創造一個相互容忍和尊重
   的國際社會。
8. 只有按照「聯合國憲章」和國際法，採取持久與全面的辦法，所
   有國家、國際組織和區域組織積極參與和協助，才能打敗恐怖主
   義。

貳、區域性國際反恐之組織或協議

一、東南亞國家協會（The Association of Southeast Asian Nations, ASEAN）

　　東協的前身是馬來西亞、泰國和菲律賓於1961年7月31日在曼谷成立
的「東南亞聯盟」。1963年，馬來西亞和菲律賓因為領土問題斷交。1965
年8月，新加坡、馬來西亞分治，東協由此陷於癱瘓。1967年8月初，印
尼、菲律賓、新加坡、泰國的外交部長及馬來西亞總理在泰國曼谷集會，

並討論成立一個新的東南亞區域性組織事宜。於8月8日簽署一項成立東南亞國協（ASEAN）的宣言（又稱曼谷宣言）；上述國家為此一區域組織的開始會員國，汶萊於1984年獲准加入，而使東協會員國增至六國，1995年7月28日越南加入東協，1997年7月23日緬甸與寮國舉行加入東協加盟儀式，1999年4月30日柬埔寨正式加入東協。1976年，在峇里島舉行的東協第一次首領袖會議簽署「東南亞友好合作條約」和「東協協調一致宣言」，也就是「峇里第一協約」，確定東協的宗旨和原則，成為東協發展的重要里程碑（http://tw.knowledge.yahoo.com/question/ question? qid=1007012500069）。

東南亞國協成立之宗旨在於促進區域間經濟、社會及文化的合作與發展，並希望維持區域間的和平及穩定，為了達到這個目的，所有政策的制定，均以確保這個最高目標為依歸。此外，東協亦係為解決區域內政策分歧之論壇。具體歸納為：（http://tw.knowledge.yahoo.com/question/ question?qid=1008072002580）

（一）以平等與合作精神共同努力促進東南亞地區之經濟成長、社會進步及文化發展。

（二）遵循正義、國際關係準則及聯合國憲章促進東南亞地區之和平與穩定。

（三）促進經濟、社會、文化、技術及科學等問題之相互合作與支援。

（四）在教育、專業、技術及行政訓練和研究設施方面相互支援。

（五）充分利用農業和工業，擴大貿易，改善交通運輸及提高人民生活水準方面進行更有效之合作。

（六）促進對東南亞問題之研究。

（七）與具有相似宗旨和目標之國際或區域組織保持密切和互利之關係，以探尋與其更緊密合作之途徑。

911事件後美國已將反恐視為最優先的戰略目標，由於東南亞具有多元種族、多元宗教與多元文化特性，且在其境內的伊斯蘭激進團體亦多對基地組織採取同情態度，甚至在菲律賓南部尋求建國的「阿布沙耶夫」組織亦與基地組織關係密切，所以美國也將東南亞地區視為其全球反恐的另

一主要戰場（楊潔勉，民91：26）。

2002年7月31日在汶萊首都斯巴加灣市舉行的第9屆東協區域論壇外長會議發表《東協區域論壇關於切斷恐怖份子資金供給措施的聲明》強調，東南亞區域論壇各成員國家決心採取共同行動，切斷恐怖主義的資金供給的通路，防止恐怖份子與其組織進入或利用成員國的財務金融體系，以遏止任何非法活動之進行；2002年8月1日東協10國與美國簽署反恐怖協定。旨在加強區域安全關係，打擊恐怖主義。包括加強邊境管制，並採取聯合步驟，以遏止恐怖主義有關的金錢、物資和人員的流入（孫國祥，民92：115-116）。這也表明美國和本區域國家建立更緊密的關係，同時東協各國分別設立專責機關，負責共同合作以執行其宣言中的反恐措施，包括情報交換，反恐技術的交流，提出便利的通關及遵守聯合國的反恐決議（http://news.sina.com.tw/sinaNews/rtn/glPolitics/2002/0804/10584614.html）；2002年8月28日東南亞國家的交通與科技部長在馬尼拉舉行會議發表聲明，東協將設立一個網路安全協調委員會，為這個地區的「資訊與通信基礎設施提供安全保障」。東協10國安全協調委員會設立國家電腦緊急反應小組，以「方便防範、偵測與解決電腦網路的安全威脅以及加強地區合作。」（http://www.epochtimes.com/b5/2/8/29/n211529.htm）2002年11月5日領導人發表反恐宣言，譴責在印尼、菲律賓發生的一連串恐怖攻擊，並重申反對一切恐怖活動，因此，各國要加強反恐和促進情報交流，同時在吉隆坡成立反恐中心。http://www.the-sun.com.hk/channels/news/20021105/20021105020809_0001_1.html）。

2003年1月25日在印尼召開家警察研討會，各成員國宣布彼此合作打擊恐怖主義的措施，相互提供在鑑定、追蹤與拘捕疑犯、盤問證人、蒐集和獲得證據、評估和處理善後工作以及提供法醫、醫療服務方面的協助，東協並計畫組建一支跨國反恐特別工作小組（孫國祥，民92：115-116）。2003年7月1日一個新的東南亞地區反恐中心在馬來西亞吉隆坡成立，華盛頓當局稱此為東南亞的第二條戰線，並對該中心成員傳授反恐技術。西方外交界均希望該中心能加強部門培訓，加強情報網建立，以對付武裝恐怖份子。（http://www.epochtimes.com/b5/3/7/2/n336967.htm）。

2003年雅加達發生萬豪酒店被炸案後，印尼總統梅嘉娃蒂就再次提出，東南亞防恐行動合作還有待加強，才能打擊恐怖主義，分擔責任以因應區域和諧安全片臨的威脅「梅嘉娃蒂：東南亞防恐安全共同體」（http://www.epochtimes.com/b5/2/3/7/2/n226967.htm）。東帝汶於2006年7月正式提出申請加入東協，另巴布亞紐幾內亞為東協觀察員。2007年1月14日於菲律賓宿霧召開的「東南亞國協會議」中，法國宣布成為第一個與東南亞國協簽署友好合作條約的歐洲國家。

二、八大工業國會議（Group 8, G-8）

八國首腦高峰會議（G8峰會）是指現今世界八大工業領袖國的聯盟，始創於1975年六國首腦高峰會議（G6峰會），始創國有6個，包括法國、美國、英國、西德、日本、義大利，其後加拿大於1976年加入，成為七國首腦高峰會議（G7峰會）。第8個成員國是俄羅斯，該國於1991年起參與G7峰會的部分會議，至1997年，被接納成為成員國。

高峰會的主要目的，是促進每年該8國世界經濟先進國的領袖，與歐洲聯盟官員，在國際貨幣基金世界銀行年會前舉行會談。 自1998年後，高峰會亦成為該八國國家元首的年度高峰會議，由八國輪流擔任主辦國，而主辦國的領袖亦成為該年會議的非正式主席。與會國均在政治、經濟、軍事等各方面議題交換意見（http://tw.knowledge.yahoo.com/question/question?qid=1306020813827）。

2002年2月26日，美國布希總統保證一項G-8架構下的運輸安全資助計畫。6個成員國同意嚴密監控人員及貨物，增加船、飛機、火車的安全維護，並加強機場或港口的安全管理。G-8亦決議透過更好的情報工作，經由各國在對抗威脅上的努力及國際合作以加強運輸安全。2003年6月的G-8艾維昂（Evian）高峰會上，參與的各國領袖同意建立一個反恐怖主義的政治意願，以訓練及幫助有意參與反恐的國家，此並非軍事上得援助，而是專注在加強對恐怖份子資金、海關及移民的管制、非法武器交易及強化警察、法律等措施。（http://usinfo.state.gov/regional/ea/mgck/archive03/0603summit.htm）

三、上海合作組織

上海合作組織（Shanghai Cooperation Organization, SCO）的前身是由中國 、俄羅斯、哈薩克斯坦、吉爾吉斯斯坦和塔吉克斯坦 組成的「上海五國」會晤機制。2001年6月14日，「上海五國」元首在上海舉行第六次會晤，烏茲別克斯坦 以完全平等的身分加入「上海五國」。15日，6國元首舉行了首次會晤，並簽署了《上海合作組織成立宣言》，宣告上海合作組織正式成立。2001年9月，上海合作組織成員國總理在阿拉木圖舉行首次會晤，宣布正式建立上海合作組織框架內的總理定期會晤機制。2002年6月，上海合作組織成員國在聖彼得堡舉行第二次峰會，6國元首簽署了《上海合作組織憲章》。憲章對上海合作組織的宗旨原則、組織結構、運作形式、合作方向及對外交往等原則作了明確闡述，上海合作組織機制架構如圖2-2。（http://big5.xinhuanet.com/gate/big5/news.xinhuanet.com/ziliao/2002-06/01/ content_418824.htm）

2003年5月，上海合作組織成員國在莫斯科舉行第三次峰會，簽署了《上海合作組織成員國元首宣言》，時任中國駐俄羅斯大使張德廣被任命為該組織首任秘書長。2004年1月，上海合作組織秘書處在北京正式成立。上海合作組織成員國總面積3,000多萬平方公裡，約佔歐亞大陸的五分之三；人口約14.9億，約佔世界人口的四分之一；工作語言為漢語和俄語。上海合作組織對內遵循「互信、互利、平等、協商、尊重多樣文明、謀求共同發展」的「上海精神」，對外奉行不結盟、不針對其他國家和地區及開放原則。從2004年開始，上海合作組織啟動了觀察員機制。同年6月在塔什幹舉行的上海合作組織第四次峰會上，蒙古國獲得觀察員地位。2005年7月，在阿斯塔納舉行的上海合作組織第五次峰會決定給予巴基斯坦、伊朗、印度觀察員地位。（http://big5.xinhuanet.com/gate/big5/news.xinhuanet.com/ziliao/2002-06/01/content_418824.htm）

上海合作組織自成立之日起，成員國在安全、經貿、文化、軍事、司法等各領域各層次的合作相繼展開，並不斷加強。2001年成立時簽署了「打擊恐怖主義、分裂主義和極端主義上海公約」。911事件後，上海合

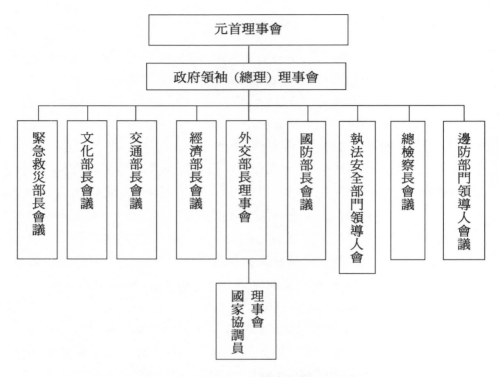

圖2-2　上海合作組織機制架構圖

資料來源：http：//news.xinhuanet.com/ziliao/2004-01/15content_1277262_1.htm

作組織成員國加強了以打擊本地區恐怖主義、極端主義和分裂主義「三股勢力」為中心的反恐合作。2004年6月，上海合作組織地區反恐怖機構在塔什幹正式掛牌運作。在經貿合作方面，已經簽署了「上海合作組織成員國多邊經貿合作綱要」和落實該綱要的措施計劃，成立了質檢、海關、電子商務、投資促進、交通運輸、能源、電信7個專業工作組，負責研究和協調相關領域合作。

　　上海合作組織的最高決策機構是成員國元首理事會。該理事會每年舉行一次會議，輪流在各成員國舉行，就組織所有重大問題做出決定和指示。上海合作組織成員國政府領袖（總理）理事會每年舉行一次例會，重點研究組織框架內多邊合作的戰略與優先方向，解決經濟合作等領域的原

則和迫切問題，並批準組織年度預算。在元首和政府領袖（總理）理事會下面，還分別設有外長、總檢察長、經濟、交通、文化、國防、執法安全、監察、民政、邊防等年度定期會晤機制。上海合作組織的基層協調機制是成員國國家協調員理事會。上海合作組織有兩個常設機構，分別是秘書處（北京）和地區反恐怖機構（烏茲別克斯坦首都塔什幹，其執委會主任由元首理事會任命）。秘書長由各成員國按國名的俄文字母順序輪流擔任，其人選的遴選非常嚴格，要求有15年以上外交工作經歷，精通俄文，由上海合作組織外長會議商討推薦後，由元首理事會討論批準任命，任期三年，不得連任。上海合作組織每年舉行一次成員國元首正式會晤，定期舉行政府首腦會晤，輪流在各成員國舉行。

　　上海合作組織會徽呈圓形，主體是中國、俄羅斯、哈薩克斯坦、吉爾吉斯斯坦、塔吉克斯坦和烏茲別克斯坦六個成員國的版圖、左右環抱的橄欖枝和兩條飄帶，象徵成員國為地區和世界和平與發展所起的積極推動作用，並寓意上海合作組織廣闊的合作領域和巨大的發展前景。會徽上部和下部分別用中文、俄文標注「上海合作組織」字樣。會徽選用綠色和藍色，象徵該組織和平、友誼、進步、發展的宗旨（http://big5.xinhuanet.com/gate/big5/news.xinhuanet.com/ziliao/2002-06/01/content_418824.htm）。

參、各國反恐怖行動法案之概述

　　2001年9月11日美國紐約及華府先後遭受恐怖主義份子的連續毀滅性攻擊，危害無辜生命，並造成無數財產損失。此一空前劫難震驚寰宇，國際社會之安定與經濟之發展面臨嚴峻考驗。隨著科技的進步，恐怖主義之威脅日趨嚴重且跨越國界，合作打擊恐怖主義成為各國之共同議題。1960年代之後，聯合國通過一系列反恐怖主義之相關決議與宣言，希冀能遏止恐怖主義滋長，1963年國際民航組織簽訂「東京公約」，確立處理劫機問題之國際準則；1970年又簽訂制止非法劫持航空器之「海牙公約」；繼之於1971年簽訂防範危害民用航空安全非法行為之「蒙特婁公約」。上述三

公約明定，非法挾持飛機及威脅飛行安全之行為均構成犯罪行為，各締約國應嚴懲此類罪犯。1994年聯合國通過「消滅國際恐怖主義措施宣言」，要求各國採取消除恐怖主義之必要措施。

為遏止恐怖主義份子之爆炸攻擊及杜絕恐怖主義活動，聯合國分別於1997年制定「制止恐怖主義爆炸事件國際公約」、1999年通過「制止對恐怖活動提供資助國際公約」。「911事件」發生後，聯合國嚴詞譴責此恐怖暴行，依據聯合國憲章第七章通過相關決議，要求各國切斷恐怖主義團體之財源及後勤支援，並呼籲各國齊心協力防杜恐怖主義，反對任何形式之恐怖主義，立法制裁恐怖攻擊行動已然是國際社會之共識。打擊恐怖主義是項長期且艱巨的任務，面對恐怖主義及其暴行對國家秩序與公共安全構成之威脅，各國莫不竭智盡力防杜恐怖主義蔓延，美國與俄羅斯即制定專法，俾能有效防制暨規範恐怖暴力組織。但鑑於恐怖活動型態多元化及手段多樣化，某些國家反恐怖措施之法源依據則散見於各法。就反恐怖相關法令而言，我國迄今尚未發生重大的恐怖暴力活動，因此並無類似專門法規。為使人民免於恐怖主義之威脅，維護社會和平與安全，確有必要立法遏阻恐怖份子橫行，謹介紹美國、日本、德國、西班牙、俄羅斯等國反恐怖相關法令，以供立法參考（http://npl.ly.gov.tw/do/www/billIntroductionContent?id=7）。

一、美國國土安全基本計畫及其對策

（一）美國反恐對策之國土安全基本計畫

2005年2月Michael Chertoff擔任國土安全部部長，持續調整政策與組織轉變，包括在2006年5月提出「國家應變計畫」修正版（"National Response Plan" U.S. Department of Homeland Security）。2007年蘭德公司國際暨國土安全研究部主任Brian Michael Jenkins，在眾議院撥款委員會的國土安全小組會議的國會證詞，提出「國土安全基本原則」（Basic Principles for Homeland Security），共有22項（Brian Michael Jenkins, "Basic Principles for Homeland Security", RAND），其詳細內涵，如本書

第一章第三節之911事件後美國土安全的新發展概述中所論述；至其核心發展即欲強化美國在此新的國土安全維護上之全方位的整備與回應之能力。

　　而如前所述，布希總統亦於2007年10月提出「國土安全國家策略」（National Strategy for Homeland Security），提出四項戰略目標，其內容為：1.預防並瓦解恐怖主義攻擊；2.保護美國人民、重要基礎建設及重要資源；3.事故發生時的反應與恢復；以及4.持續地加強防衛基礎（foundation）以確保長遠之勝利。總之，「911事件」恐怖主義攻擊是反對美國的戰爭行為，是對界定美國生活方式的自由、機會與開放原則的戰爭。對美國攻擊的嚴重與廣泛是史無前例，因此，再次促使美國將國土安全界定為：「全國致力於避免恐怖主義在美國國內攻擊，降低美國對恐怖主義的脆弱性，在攻擊發生時減少危害與復原」（National Strategy For Homeland Security, *The White House*, http://www.whitehouse.gov/infocus/homeland/ nshs/2007/index.html）。

（二）美國反恐對策之法制

　　「911事件」恐怖攻擊，此一空前劫難對國際社會安定與和平構成嚴重威脅。聯合國安全理事會強烈譴責該恐怖暴行，呼籲加盟國採取因應措施，共同防杜恐怖主義。恐怖攻擊行動非僅對美國，就人類全體而言亦是極卑劣且不見容之行為，為展現毅然與恐怖主義對抗、徹底瓦解恐怖組織之決心，實有必要基於人道精神制定相關法規，以維護確保國際社會之和平與安定。為使人民免於恐怖主義之威脅，維護社會和平與安全，實可先從數個與恐怖攻擊較有遭遇之國家，例如日本、德國、美國、西班牙、俄羅斯等國之法制研析著手。

　　基本上，早期之美國國內恐怖主義及活動並不嚴重，1960年代初期主要係「白人至上」團體攻擊黑人事件，後期則以激進黑人攻擊白人與警方、反戰偏激抗議活動為主；1970年只有少數，如波多黎各分離份子所進行的恐怖活動；1980年代美國境內恐怖主義活動更加沉寂。當時與反恐怖主義有關之法案包括：美國聯邦法典之公法（US

Code, Public Law）中第100屆國會修正第204號法案之1987年反恐法案（Anti-Terrorism Act of 1987）（Public Law, P.L.100-204）；1989年反恐怖主義之生務物武器管制法案（Biological Weapons Anti-Terrorism Act of 1989）（P.L.101-298），1989年反恐怖主義及武器外銷修正法案（Anti-Terrorism and Arms Export Amendments Act of 1989）（P.L.101-222）；1989年國際毒品控制法案（International Narcotics Control Act of 1989）（P.L.101-231）；1990年反恐怖主義之法案（Antiterrorism Act of 1990）（P.L.101-588）；1992年國際毒品控制法案（International Narcotics Control Act of 1992）（P.L.102-583）；1994年國際毒品控制之修正法案（International Narcotics Control Corrections Act of 1994）（P.L.103-447）；1996年反恐怖主義及有效的死刑法案（Antiterrorism and Effective Death Penalty Act of 1996）（P.L.104-132）；1998年洗錢及經濟犯罪防治策略法案（Money-Laundering and Financial Crimes Strategy Act of 1998 ）（P.L.105-310）。（http://www.ssa.gov/OP_Home/comp2/comp2toc.html）

　　美國歷經「911事件」後，國會迅速通過一系列有關反恐怖主義之法案及決議案（http://Thomas.loc.gov/home/terrorleg.htm），包括：

1. 安全官員福利撫卹法案，Public Safety Officer Benefits bill（US Code, Public Law, P.L.107-37）。

2. 美國遭受恐怖攻擊之復原與緊急救助法案，Emergency Supplemental Appropriations Act for Recovery from and Response to Terrorist Attacks on the United States（P.L.107-38）。

3. 空安暨其系統穩定法案Air Transportation Safety and System Stabilization Act（P.L.107-42）。

4. 美國反恐最為重要之愛國者法，Uniting and Strengthening America by Providing Appropriate Tools Required to Intercept and Obstruct Terrorism（USA Patriot Act）（P.L.107-56）。

5. 透過巴基斯坦2003年9月30日之後或其他國家安全上之目的，授權美國總統可解除援外限制之權限的決議案， A bill to authorize the

President to exercise waivers of foreign assistance restrictions with respect to Pakistan through September 30, 2003, and for other purposes（P.L.107-57）。

6. 參眾兩院國會議員對911攻擊事件的共同決議案，A joint resolution expressing the sense of the Senate and House of Representatives regarding the terrorist attacks launched against the United States on September 11, 2001（P.L.107-39）。

7. 軍事的授權法案，Authorization for Use of Military Force（P.L.107-40）。

此外，美國法典（U.S. Code）中有關反恐怖主義之規範包括：（http://uscode.house.gov/search/criteria.shtml）

1. 第18篇的航空器及機車犯罪法案，Title18,Part I,Chapter2—Aircraft and Motor Vehicle Crimes。

2. 第18篇的生物戰爭法案，Title18,Part I,Chapter10—Biological Weapons。

3. 第18篇的化學武器法案，Title18,Part I,Chapter11B—Chemical Weapons。

4. 第18篇的民眾滋擾法案，Title18,Part I,Chapter12—Civil Disorders。

5. 第18篇的國外情報監測法案，Title 50,Chapter 36—Foreign Intelligence Surveillance。

6. 第18篇的國際緊急經濟處置法案，Title 50,Chapter 35—International Emergency Economic Powers。

7. 第18篇的國家緊急救難法案，Title 50,Chapter 34—National Emergencies。

8. 第18篇的國家緊急狀況法案，Title 42,Chapter 6A—Quarantine and Inspection檢疫及檢查。

9. 第18篇的有關恐怖份子行動及諜報資訊之獎勵法案，Title 18,Part II—Rewards for Information Concerning Terrorist Acts and Espionage。

10. 第18篇的破壞活動防處法案，Title 18,Part I, Chapter 105—Sabotage。

11. 第18篇的電報及電子通訊及交易記錄取得法案，Title 18,Part I, Chapter 121—Stored Wire and Electronic Communications and Transactional Records Access。

12. 12. 第18篇的恐怖主義法案，Title 18,Part I, Chapter 113B—Terrorism。

13. 13. 第18篇的戰爭及國防法案，Title 50—War and National Defense。

14. 第18篇的戰爭權限決議案法案，Title 50, Chapter 33—War Powers Resolution。

15. 第18篇的電報及電子通訊竊聽及口語通訊竊聽法案，Title 18, Part I, Chapter 119—Wire and Electronic Communications Interception and Interception of Oral Communications。

16. 第42篇的災害救助法案，Title 42—Disaster Relief。

17. 第49篇的民航安全法案，Title 49—Air Commerce and Safety-Security。

18. 第50篇的大量毀滅性武器防衛法案，Title 50,Chapter 40—Defense Against Weapons of Mass Destruction。

　　除上述之外，尚有許多相關法案仍在國會審議當中，綜上各類法案訂立之目標，乃為了更為有效的防治恐怖主義者之攻擊與破壞而制定之法制，足堪各國之參酌與援引。

二、日本反恐之對策與法制

　　日本制定「恐怖主義對策特別法」，亦即「為因應平成十三年（2001）9月11日美國發生恐怖主義攻擊事件，已達成聯合國憲章之規範目的，對於其他國家的活動，日本採行之有關措施及依據相關聯合國決議所實施之人道處置特別處理法」，對於遭受恐怖攻擊之地區，進行國際上之協助，就身為聯合國會員國之國際責任而言，實屬正當。然而，日本在第二次世界大戰後制定之「和平憲法」否定了國家交戰權，禁止日本再組織軍隊，但近年來日本不斷的掌握機會積極建立其防衛力量，自上個世紀1950年代的冷戰時期，在美國的支持下，日本突破性的擁有自己軍事力量後，發展至今日本已建立近26萬人，包括陸海空兵種，擁有世界一流裝備

之武裝力量，遠遠超出日本所主張「自身防衛」之需要，尤其本法案是第二次大戰後允許日本自衛隊在戰爭時期派赴外國領土的第一個法律，更意味日本安全戰略突破了戰後形成的體制，故本法案之主要內容及其相關活動，值得我們深入研究暸解。

日本恐怖主義對策特別措施法（平成13年11月2日法律第113號）：日本通過本法，可協助美英軍隊打擊恐怖暴行，就日本積極參與國際社會而言，亦深具意義。其條文綱要如下（http://www.kantei.go.jp/jp/kakugikettei/2001/1102terohou.html）：

第一條　目的
第二條　基本原則
第三條　名詞定義
第四條　基本計畫
第五條　國會認可
第六條　支援活動
第七條　搜索救助活動之實施
第八條　自衛隊進行災民救援活動
第九條　相關行政機關採取因應措施
第十條　物品之無償借貸與轉讓
第十一條　向國會報告
第十二條　武器之使用
第十三條　委任於行政命令
附則　施行日期及自衛隊法部分修正

1. 日本反恐法制之特色

「911事件」恐怖攻擊，此一空前劫難對國際社會安定與和平構成嚴重威脅。日本亦通過反恐法，該法律主要內容並非以規範人民為主，而是對外旨在與日本政府長期欲推展之「有事法制」（蕭淑芬，民95：60-61）連結；對內並圖整合中央、地方政府與民間防衛體系，作為緊急狀態總動員之法制依據。因此日本反恐法制之主要特色在於：一、「恐怖活動對策

特別措置法」為限時法；二、對外與日本國防軍事事之國際政策結合；
三、對內與強化地方與國家及民間防衛、緊急災難體系與其處理等總動員
機制整合；四、再藉由「防止恐怖活動相關行動計畫」強化其入出國管理
業務及情報蒐集與聯繫事項。因此，日本因應反恐所作之相關法制調整，
主要並不在增加對其國民權利限縮或剝奪之增加，而是對外擴權參與國際
事務，對內整合國家緊急狀態時所需之總動員法制規範，並進一步強化其
對外國人入出境及居、停留管理與情報蒐集利用之權力賦予（蔡庭榕，民
95：199）。

2. 反恐行動之人權保障

恐怖攻擊行動非僅對美國，就人類全體而言亦是極卑劣且不見容之行
為，為展現毅然與恐怖主義對抗、徹底瓦解恐怖組織之決心，實有必要基
於人道精神制定相關法規，以維護確保國際社會之和平與安定。日本利用
配合國際反恐時機，將「有事法制」與之連結制定通過，不免被質疑為戰
時法制性質。雖特別強調係保護國民安全之目的，仍以「國家安全」為
由，行限制國民權利之實。因此，就法律本質與實質之層面而言，有違反
日本憲法和平主義與放棄戰爭條款之疑慮（蔡庭榕，民95：200）。

三、德國反恐之對策與法制

德國反國際恐怖主義法（Gesetz zur Bekämpfung der internationalen
Terrorismus）（http://www.bundesregierung.de/frameset/index.jsp）：911事
件之發生，使德國警覺必須立即採取全面性安全手段，才能免於成為國際
恐怖組織之下一個受害者。聯邦政府在短時間內以包裹立法之方式，先後
擬定二套所謂的「反恐怖主義措施」，送交聯邦眾議院審議。第一套反恐
怖主義措施（Erstes Anti-Terror-Paket）於2001年11月9日通過，其內容要
旨包括：1.廢除「團體組織法」（Vereinsgesetz）第2條第2項第3款之宗教
特權，從此宗教團體將和一般社團一樣受到較嚴格規範。2.自2002年起提
高菸草稅和保險稅，菸草稅分兩階段提高，每階段每支菸加收2芬尼之稅
金。生命險以外之稅率則由15%提高至16%。增稅所得之30億馬克（15.2

億歐元）將全數用於反恐怖主義措施，如改善通訊、情報和災害防治機關之設備、強化駐外使館查驗簽證申請人身分之能力、增進洗錢防制及危機預防之功能等。第二套反恐怖主義措施（Zweites Anti-Terror-Paket）於2002年1月9日完成立法，名稱則改為反國際恐怖主義法（Gesetz zur Bekämpfung der international Terrorismus）。本法內容相當廣泛，共涉及修正17個法和5個命令。修法要點如下：

1. 修正聯邦刑事局法（das Bundeskriminalamtsgesetz）、聯邦邊防法（das Bundesgrenz-schutzgesetz）、聯邦憲法保護法（das Bundesverfassungsschutzgesetz）、軍事反間諜局法（das MAD-Gesetz）、聯邦情報局法（das BND-Gesetz）：擴大相關安全單位之職權，強化其危機預防及洗錢防制之功能。

2. 修正外國人法（das Ausländergesetz）：支持恐怖活動者禁止入境及居留。

3. 修正安全檢查法（das Sicherheitsüberprüfungsgesetz）：加強對「安全敏感區域」進出人員之查核。

4. 修正航空法（das Luftverkehrsgesetz）：民航機得配置武裝警察。

5. 修正聯邦中央檔案法（das Bundeszentralregistergesetz）、社會法典第十冊（das Zehnte Buch Sozialgesetzbuch）：放寬資料提供之限制。

6. 修正護照法（das Passgesetz）、身分證法（das Gesetz über Personalausweise）：除照片及簽名外，將增錄持證人之指紋、掌紋或面貌等「個人生物特徵」，以提高證件之防偽和辨識能力。

7. 修正團體組織法（das Vereinsgesetz）：以財務支持國外恐怖組織之外國團體或外國人社團將被強制解散。

8. 修正能源安全法（das Energiesicherungsgesetz）：保護能源供應，避免遭受破壞。

9. 增訂刑法第129b條（§ 129b Strafgesetz）：將聯邦政府打擊對象擴大至國外之犯罪集團和恐怖組織。

10. 增訂難民程序法（Asylverfahrensgesetz）：難民申請者之指紋、語言別及其他識別資料將保留十年，並與聯邦刑事局資料互作比對。

11. **增訂外國人中央檔案法（das Ausländerzentralregistergesetz）：除了保留外國人之簽證申請文件，主管機關之批准或駁回文件亦予保留，並將檔案作自動化處理，供全國警方連線調閱。**

四、西班牙反恐之對策與法制

西班牙其境內的巴斯克分離主義游擊隊組織「埃塔」（ETA），為爭取巴斯克獨立而進行恐怖暴力活動，二十多年來不僅在全國造成眾多人員傷亡和巨額財產損失，更影響國家與社會穩定。有鑑於此，西班牙政府制頒了一系列防制及懲處恐怖罪行之措施，並立法給予被害人應有之救助。西班牙不似英美等國，並未針對打擊恐怖主義制定專法，而是散見於各種法律規章中。以下謹就西班牙憲法及法律中與恐怖主義相關之條文簡介如後：

1. 憲法（Constitución Española）第55條之2：許可中止武裝集團和恐怖份子活動調查中特定人士之基本權利。

2. 1988年5月25日第3號刑法修正基本法（Ley Orgánica 3/1988, de 25 de mayo, de Reforma del Código Penal）第10條之15：外國法院針對恐怖主義罪行之判決等同西班牙法院第57條附加條文：加重恐怖罪行之刑罰；第57條附加條文b：減輕悔悟的恐怖份子之刑罰；第98條附加條文：獎勵告發；第174條：武裝集團和恐怖組織策劃者、領導人及成員之刑責；第174條附加條文a和b：協助恐怖活動之罪行；第233條：加害特定公務員之刑罰。

3. 1988年5月25日第四號刑事審判法修正基本法（Ley Orgánica 4/1988, de25 de mayo, de Reforma de La Ley de Enjuiciamiento Criminal）：

    第384條附加條文：因恐怖罪行被起訴者如任公職自動停職。

    第504條附加條文：延長恐怖主義嫌犯臨時監禁之期限。

    第520條附加條文：延長恐怖主義嫌犯保護性拘留之期限；隔離嫌犯。

    第553條：授權警察進入住所搜查恐怖主義嫌犯並立即予以逮捕。

    第579條：為調查恐怖活動司法得干預通訊。

第779條：適用緊急訴訟程序。

4. 1995年11月23日第10號刑法基本法，本法第22編第5章第2節專門規範恐怖主義罪行，共計10條：第571條：恐怖主義犯罪之一般定義及刑罰。第572條：視被害對象及傷害程度不同之刑罰。第573條：恐怖份子持有、製造、販賣、運輸或供應槍砲彈藥之刑罰。第574條：恐怖份子本於第571條所述目的而為之其他違法情事之刑罰。第575條：資助恐怖組織之刑罰。第576條：協助恐怖組織之刑罰。第577條：非恐怖組織成員犯恐怖主義罪行之刑罰。第578條：散播、讚揚恐怖主義罪行或詆毀被害人之刑罰。第579條：減刑之要件。第580條：外國法院針對恐怖主義罪行之判決等同西班牙法院。

5. 2000年12月22日第7號基本法，修正1995年11月23日第10號刑法基本法及2000年1月12日第5號未成年人刑事責任基本法中有關恐怖主義罪行之部分條文（Ley Orgánica 7/2000, de 22 de diciembre, de modificación de la Ley Orgánica10/1995, de 23 de noviembre, del Código Penal, y de la Ley Orgánica 5/2000, de 12 de enero, reguladora de la Responsabilidad Penal de los Menores, en relación con los delitos de terrorismo）。

6. 1993年12月28日第19號洗錢防制措施法（Ley 19/1993, de 28 dediciembre, sobre determinadas medidas de Prevención del Blanqueo de Capitales）為切斷恐怖份子金脈，西班牙訂有防制洗錢措施法。本法第1條明定：來自武裝集團及恐怖主義組織有關之犯罪活動資金適用本法之相關規定。

7. 1999年10月8日第32號恐怖主義被害人聲援法（Ley 32/1999, de 8 de octubre, de solidaridad con las víctimas del terrorismo）為向恐怖主義活動之被害人致意且代位賠償其損害，西班牙政府訂有恐怖主義被害人聲援法，給予被害人及其家屬精神與物質上之救助。

8. 2001年9月28日第14號王室諭令法，制定由國家負擔因戰爭及恐怖主義可能對飛航安全造成危險再保險制度（Real Decreto-ley 14/2001, de 28 de septiembre, porel que se establece el régimen del reaseguro por cuenta del Estado de los riesgos de guerra y terrorismo que puedan afectar a

la navegación aérea）為因應911恐怖事件後，保險公司調漲航空公司第三責任兵險之保費及大幅下降理賠金，西班牙政府緊急制頒王室諭令法，規定由國家負擔因戰爭及恐怖主義可能對飛航安全造成危險再保險制度之差額。本法自2001年9月25日格林威治時間零時生效，再保險制度之有效期限30天。

9. 2003年5月21日第12號預防與斷絕恐怖主義資金法（LEY 12/2003, de 21 de mayo, de prevención y bloqueo de la financiación del terrorismo）本法共計9條，其綱要如下：第1條：斷絕交易和資金流動以及禁止在金融單位開戶。第2條：接受恐怖主義資助活動監督委員會之決定。第3條：裁判權。第4條：義務人與單位。第5條：免除責任。第6條：罰則。第7條：與恐怖團體或組織有關連之人士與單位。第8條：提供資訊之義務。第9條：恐怖主義資助活動監督委員會。附加條例、廢除條例、最後條例。

五、俄羅斯反恐之對策與法制

俄羅斯聯邦於1998年制定「俄羅斯聯邦反恐怖主義法」（ФЕДЕРАЛЬНЫЙ ЗАКОН О БОРЬБЕ С ТЕРРОРИЗМОМ），並於2002年11月21日增訂部分內容。該法主要規範俄羅斯聯邦反恐怖主義之法律與組織基礎，協調俄羅斯聯邦行政機關、俄羅斯聯邦主體行政機關、社會團體與任何所有權形式之機關、法人與個人間進行對抗恐怖主義活動之程序，同時規範進行打擊恐怖主義者之權利、義務與保障（http://www.hro.org/docs/rlex/terrorism/index_1.php）：

第一章　總則
第一條　反恐怖主義的法律基礎。
第二條　反恐怖主義的基本原則。
第三條　基本概念。
第四條　俄羅斯聯邦在反恐怖主義方面的國際合作。

第二章　反恐怖主義的組織原則

第五條　反恐怖主義的目的。

第六條　進行反恐怖主義的主體。

第七條　進行反恐怖主義主體之職權。

第八條　參與反恐怖主義主體之基本任務。

第九條　協助進行反恐怖主義的機關。

第三章　進行反恐怖主義作戰

第十條　反恐怖主義作戰的指揮。

第十一條　進行反恐怖主義作戰的軍事力量與資源。

第十二條　反恐怖主義作戰的領導。

第十三條　進行反恐怖主義作戰區的法律制度。

第十四條　與恐怖份子談判。

第十五條　關於恐怖行動的社會通報。

第十六條　結束反恐怖作戰。

第四章　因恐怖行動而遭受損害者之補償與因恐怖活動而蒙難者之社會平反

第十七條　因恐怖行動而遭受損害者之補償。

第十八條　因恐怖行動而蒙難者之社會平反。

第五章　參與打擊恐怖主義者之法律與社會保護

第十九條　參與打擊恐怖主義者所應享有之法律與社會保護。

第二十條　參與打擊恐怖主義者之損害補償。

第二十一條　免除損害責任。

第二十二條　年資的優惠計算。

第六章　參與恐怖活動的責任

第二十三條　參與恐怖活動的責任。

第二十四條　恐怖活動案件之特殊刑事與民事訴訟程序。

第二十五條　恐怖活動組織之責任。

第七章　進行打擊恐怖主義合法性之監督
第二十六條　監督打擊恐怖主義之進行。
第二十七條　檢視打擊恐怖主義之合法性。

第八章　附則
第二十八條　依據本聯邦法而援引之規範性法令。
第二十九條　本聯邦法之生效。

第六節　我國反恐策略與法制之發展方向

綜上所述，我國在反恐之作為與革新策略與法制之發展，似乎可以在組織結構與執行功能上、在反恐法制的配套措施方面、及反恐策略實務之作為等方面，做以下之定位與強化。

壹、在反恐策略方面之發展

一、組織結構與反恐功能的整合方面

從前述美國國土安全部成立之經驗得知，成立一個專責之反恐或統籌國境安全管理之組織，並非萬靈丹。因為其中牽涉到甚多之自由、人權、隱私權等之政治之基本價值定位，同時各次級單位之整併、配合，與是否真能發揮反恐之預期效果，都甚待進一步的觀察與評估。筆者之研究與觀察認為，反恐最便捷而有效之方法，似乎宜從反恐策略之提升及就現有組織與法制方面的整合，與密切的聯合作戰，即可達成我國現階段反恐之目的與效益。至若在行政院層級或國安會之下，成立一臨時之編組或委員會，並嚴謹的訂定此跨部會或跨單位之功能啟動、開設的規模與其標準作業程序，應即可讓我國反恐之機制與其功能達到水準以上之設計與定位，同時亦應是副作用最小之作法。而在反恐行動法草案中亦有此項之考量與設計，唯其優劣及其效果將於下一項中論述之。

二、反恐策略方面的行政作為

（一）蒐集恐怖主義活動情報，建立知識庫

在情資整合方面，我國在反恐上之經驗較少，且平時在國安或犯罪方面情資之整合與分享上，亦較少有機構間的橫向整合。如前所述，我國國境安全管理分屬於數個不同的機關，故未能如美國之國土安全部，有較強之情報管理與約束整合之正式系統。而即使成立跨部會之反恐小組，其情資之有效整合與運用亦必須有突破性之革新，才足以有效的掌控可能之反恐情報。而國際警察首長協會（International Association of Chief of Police, IACP）於2000年4月，曾發表一篇美國治安體系，情報資源整合的實徵研究報告，對我國治安或反恐情報之整合甚有參考之價值。（IACP-An Information Integration Planning Model, April, 2000, http://www.theiacp.org/documents/pdfs/Publications/cjinfosharing%2Epdf）其將警政、檢察處、法院、監所、公民營矯治機構等單位之情資及犯罪紀錄，加以分級、定位、歸納、整理，並設計聯線之使用軟體與使用規範。故其已自成一對抗犯罪之資料庫。並更進一步訂定嚴謹之使用規則，且汲取加州、科羅拉多、路易斯安那、密西根及北卡羅來納等五州成功之經驗，而嘗試建立此一全國性之情資分享系統。我國在對抗犯罪與反恐作為方面，因為單位甚多且各自有其情資系統，造成無法有效整合與運用的窘境。故亦似乎宜在情資品質之有效掌握與運用，及科技的巧妙結合上更加著力，以便能更有效率的維護社會之安全。故建議，在恐怖主義之組織、類型、活動方式等應於平時，充分的蒐集相關的資訊，以便使相關單位能對恐怖主義有充分之瞭解認識，進而能更精準的評估與規劃對抗之作為。其次，宜召集各相關情治單位，就可能招致攻擊或破壞之目標，進行普查與事前之整備。另外，宜由各相關治安單位，就情資之整合與運用研發、設計出應用之軟體，與實際運作的機制，使得反恐甚或一般犯罪行為或犯罪組織之掌控能更具效率。換句話說，在知識經濟（Knowledge based Economy）影響深遠的21世紀，必須掌握或領先對知識之認知與運用程度，才能超越對手，也才能更有效的推展諸般行政。而對抗有組織與秘密型態之恐怖活動，則更應如是。

（二）各層級相關政府建立反恐危機管理之機制

　　依據危機管理之動態三種模式，及本文前述之反恐學者Frank Bolz Jr. 等人認為，對抗恐怖主義之專責單位，可規劃成三種實務推展之策略作為，即事件發生之前的策略、事件中之策略及事後之策略。（Frank Bolz, Jr., et al., 2002: 233-259）由各級單位建立反恐之危機處理機制，至於其基本模式可如下列所示部署之：（馬心韻，民91：162-169）

1. 恐怖危機爆發前之作為：(1)設置恐怖主義危機知識庫，(2)釐訂相關之對應劇本與措施，(3)建立恐怖主義危機處理計劃、訓練、感應等系統。

2. 恐怖危機爆發時之作為：(1)成立恐怖危機指揮中心，(2)建立恐怖危機資源管理系統，(3)建立恐怖危機情境監測系統。

3. 恐怖危機解除後之作為：(1)評估檢討恐怖危機發生之原因，(2)加速恐怖攻擊復原之工作並管制其進度，(3)評估、檢討處理恐怖危機之結論，作為修正本土型恐怖危機管理之改進參考。

　　至其實際推展恐怖危機管理之細部作為，可規劃為下列五點行動方案：

1. 訂定恐怖危機管理應變計畫並定期實地演練；

2. 加強幕僚人員及各級人員之恐怖危機管理教育、訓練，持續援引反恐新的觀念與方法並不斷精進新作為；

3. 建立轄區可能產生之各類恐怖危機的資料或知識庫，以便預作準備，並拉大知識之領先差距；而當恐怖危機發生時才能知所進退且宣導時不致失據；

4. 創建轄內偵測潛在恐怖危機之感應機制與功能；

5. 整合及動員政府各情治機關間及民間之資源，平時建立起合作、溝通之機制與管道，待啟動恐怖危機管理功能時，能在第一時間，順利取得相關資源與協助。

　　如果能依據上述之危機管理之模式與細部作為之原則與步驟，來整合

我國反恐之人力與資源，則我國國境安全之維護。將更能發揮其應有之效果與功能。

（三）成立對抗恐怖份子之專責小組（Counterterrorism Special Team）

　　從前述各國對抗恐怖主義之經驗中，能制敵機先、掌握情報而直接以迅雷不及掩耳的予以處置（counterterrorism or preemption action），往往比較保守、消極的間接之反恐行動（anti-terrorism）來得有效。美國、德國、英國均有此專責單位之設置，並創立專業之訓練基地，長期的加以培訓，以備不時之需。同時從各國反恐的實戰經驗中得知，各地方警政、第一線之安檢人員或基層之情治人員，往往是最先能趕赴現場的人；故其培訓計劃，亦應分層級而作不同程度的組訓，使得反恐或對抗重大犯罪之行動，能有足夠之能耐與充實的專業人員，與貫徹到各情治層級的厚實專業人力縱身，以便能作立即、專業且有效全方位的反恐情資的蒐集、反應與處置。我國之警政署為因應反恐之策略，亦曾於90年9月12日以（九十）警署保字第184359號函頒「內政部警政署因應美國遭受恐怖份子攻擊事件治安應變計畫」（警政署，民90），並由各相關警政機關訂定子計劃。觀其計畫，雖從教育、訓練、整備與執行各個層面均甚為周詳，惟大都僅止於紙上作業階段，故推行上仍需加以細部的規劃與推展及落實。且根據筆者之訪查，該案之執行狀況，仍不如預期的落實而有效。

（四）提升國境安全管理人員之安檢能力與反恐相關機構人員的情蒐、整備等能力

　　國境安全管理人員之執勤能力包括外語、法律規定熟悉度、工作經驗累積，證照真偽辨識能力及行政處理反應能力等多方面。各該單位應經常辦理訓練講習，必要時延聘外國專家授課，或薦送至國外進修。亦可協調相關單位邀請國外專家訪問講授，以增進學能，提升執勤能力。再者，執法人員應充分運用高科技鑑識及偵測儀器，以彌補人工鑑識能力之不足。並為避免不同安全檢查人員，有不同標準之作為，或為防因人為疏忽，造成失誤，故宜推行ISO國際品質保證制度之安檢流程管控。如此可以確立

安檢品質標準化，以便減少疏漏並免恐怖份子有可乘之機，確保把關安全。（莊金海，民91：76-77）至於未來依相關法令建構而成的各個反恐相關機構的人員，必須加強前述危機管理的反恐之事前、事中與事後反恐橫向機構的整合平台之建立，多元情蒐資源連線系統的建制，以及相關反恐之整備、與落實執行及檢討等諸項作為，才能真正達成反恐之效益。

（五）參與國際警政或安全的相關組織，加強反恐情報與技術之交流

　　我國國情特殊，正式邦交國有限，復有中共阻撓之因素，使我國在國際社會較無法正常運作，諸多國際會議未能正式參與，致對國際關係運作之發展顯有不足。然國人亦宜不斷加強對國際社會之互動，以利參與國際相關之活動。國際性之警政或安全的相關組織，尤應積極參與。其中，亦可用個人或非正式之模式，例如觀察會員等身分，參與國際活動。如此一方面可以建立起反恐的非正式溝通聯繫管道，另一方面亦可從中得到甚多之訊息，與獲得更先進的對抗恐怖主義之新觀念與新作法。其中國際刑警組織（International Criminal Police Organization, INTETRPOL or ICPO），我雖非為會員國，但仍有一定之聯繫機制存在。至國際警察首長協會（International Association of Chief of Police, IACP）、國際警察幹部會議（International Police Executive Symposium, IPES）及國際空港海港警察協會（International Association of Airport and Seaport Police, IAASP）等國際組織，我國均有甚多人員為其組織之會員，並長期的參與其活動。預期在反恐的合作、協調、聯繫上應有甚多開發、成長與努力的空間。

貳、在反恐法制方面之發展

一、我國反恐怖行動之法律問題分析

（一）「反恐怖行動法草案」制定緣由與內容

　　行政院於96年3月21日通過本法草案，送請立法院審議。我國目前雖非聯合國會員國，但對於共同維護國際和平之努力向不遺餘力，身為地球

村之一份子，尤不能置身於世界反恐怖行動之外，自應積極配合建構相關反恐怖作為及完備法律制度，以與世界各國建立反恐怖合作關係。經檢討我國目前相關刑事處罰及行政管制法律，對於恐怖行動雖有若干處罰及管制規定可資適用，但為強化對於反恐怖行動之法制、統一處理事權、統合全國相關情報及執法機構，對外負責與國際間之動態合作，仍有賴制定專法，始克有效達成，爰擬具本法草案計二十條。其要點逐條簡述如下：

1. **立法宗旨。（草案第1條）** 　揭櫫為建立完備法制，以有效防制恐怖行動，維護國家安全，促進國際反恐怖合作，共維世界和平為本法之立法目的。

2. **本法所稱恐怖行動、恐怖組織及恐怖份子之定義（草案第2條）** 　參考相關國際反恐怖公約及法令對於恐怖行動之定義，明定有關恐怖行動、恐怖組織及恐怖份子之定義，以為執法依據。

3. **反恐怖行動專責單位（草案第3條）** 　各國為因應國際反恐怖行動，大都成立因應單位，我國亦明定由行政院召集政府相關部門組成行政院反恐怖行動政策會報。另為有效統合執行反恐怖行動，並在災害發生時有所因應，明定恐怖行動發生或有發生之虞時，執行治安查緝、防護及金融監理等措施之各級政府相關部門，應受行政院指揮。如涉及刑事犯罪，由最高法院檢察署檢察總長統一指揮偵查。如已造成災害或可能造成災害時，各級政府應依災害防救相關規定啟動災害防救機制，並受行政院之指揮。

4. **反恐怖行動情報之統合（草案第4條）** 　反恐怖行動重在事先情報研析，依國家安全局組織法第2條及第17條規定，國家安全局綜理及統合協調國家安全情報工作，爰明定由國家安全局負責統合反恐怖行動有關情資，研判及提供行政院、情治機關及相關權責單位。另為避免恐怖行動危害國家及全體人民生命財產，除情治機關應有主動蒐集報送國家安全局之義務外，各級政府機關如業務上蒐獲恐怖行動情報資料，亦應即時主動報送國家安全局，以利情報統合研判及研擬對策，有效防制恐怖行動。

5. **國軍部隊應支援反恐怖行動，並賦予編裝整備之依據（草案第5條）**

6. **通訊監察之執行（草案第6條）**　反恐怖行動，事先預防重於事後制裁，通訊監察為必要手段，參考通訊保障及監察法第7條明定通訊監察之依據；另在恐怖攻擊事件中，除實施通訊監察外，於急迫情形有阻斷限制恐怖份子通信之必要，爰賦予國家安全局局長在處理重大恐怖攻擊事件之需要時，為避免人民遭受緊急危難，得命阻斷或限制相關通信。

7. **網際網路跨境連線通信紀錄之保存及提供（草案第7條）**　為防範恐怖份子對我國網路之攻擊、破壞、干擾及入侵等作為，及利用本國網路作為攻擊他國網路之跳板，有保存相關網路跨境資料以供相關單位調查防範之必要，爰規定電信事業應使其通信系統之軟、硬體設備具有保存及提供網際網路跨境連線通信紀錄之功能與義務。

8. **對疑為恐怖份子之身分查證（草案第8條）**　反恐怖行動，事先預防重於事後制裁，對於有事實疑為恐怖份子者，應賦予治安機關查證身分之權限，爰參考警察職權行使法第7條第2項規定明定本條，以應付反恐怖行動之需要。

9. **對疑為恐怖份子交通工具之檢查（草案第9條）**　反恐怖行動，事先預防重於事後制裁，對有事實疑為恐怖份子置放供從事恐怖行動器物之處所，或供恐怖份子搭乘、使用之車、船、航空器或其他交通工具，治安機關於必要時得為檢查；對於有事實疑為恐怖份子所在之住宅、建築物或其他處所，得進入檢查，爰參考行政執行法第四章即時強制第36條、第40條之規定賦予治安機關檢查之權限，以應付反恐怖行動之需要。

10. **對疑為恐怖份子財產之扣留及禁止處分（草案第10條）**　反恐怖行動，事先預防應重於事後制裁，爰參考行政執行法第四章即時強制第38條規定，對有事實疑為恐怖份子所使用作為從事恐怖行動之動產、不動產或其他財產（如有價證券等），行政院海岸巡防署署長、法務部調查局局長、內政部警政署署長得為扣留或禁止處分之命令，以應付反恐怖行動之需要。

11. **對疑為恐怖份子資金流動之凍結（草案第11條）**　參考1999年之「制

止向恐怖主義提供資助之國際公約」及92年2月6日修正公布之洗錢防制法第8條之1規定，對於有事實疑為恐怖份子所使用作為從事恐怖行動之資產，得加以凍結，以有效防杜恐怖行動之發生。

12. **恐怖行動罪名及沒收之特別規定（草案第12條）**　為有效及從嚴追訴恐怖行動，參考國際相關反恐怖主義公約、聯合國安全理事會第1373號決議及相關國家法制，明定恐怖行動罪名及刑度；另為澈底防制恐怖行動，對供犯罪所用或犯罪預備之物及因犯罪所生或所得之物，除應發還被害人或第三人外，不問屬於犯人與否均沒收之。

13. **參加及資助恐怖組織罪（草案第13條）**　參考組織犯罪防制條例第3條及第6條規定，明定參加或資助恐怖組織之罪名。

14. **本法地之效力（草案第14條）**　參考聯合國安全理事會第1373號決議及相關國家法制規定，明定我國人民在我國領域外犯本法之罪為我國刑法效力所及，以排除刑法第7條之適用。

15. **與洗錢防制法、通訊保障及監察法銜接規定（草案第15條）**　恐怖行動犯罪之偵辦，常需涉及對於洗錢防制及通訊監察，然本法第12條第3項及第13條第2項之罪名及刑度不符洗錢防制法、通訊保障及監察法所列之罪名範圍，特明定其得適用洗錢防制法、通訊保障及監察法之規定 以免發生執法漏洞。

16. **犯本法之罪自首及自白減輕刑責之規定（草案第16條）**　為鼓勵恐怖份子勇於自首、自白，協助緝獲恐怖組織，爰參考槍砲彈藥刀械管制條例第18條、組織犯罪防制條例第八條規定，明定免除其刑或減輕其刑之規定。

17. **違反保存及提供通信紀錄義務之處罰（草案第17條）**　對於違反執行保存及提供通信紀錄義務之電信事業應予處罰，以達規範效果，爰參考通訊保障及監察法第31條之規定明定其罰則。

18. **舉報及獎勵（草案第18條）**　恐怖行動之犯罪特性之一，即在造成被害人以外之政府及民眾恐慌，與一般犯罪主要針對被害人個人不同，因此任何人皆有可能為恐怖行動之被害人，爰明訂檢舉而破獲者之保密及獎勵，其獎勵辦法，由內政部擬訂，報請行政院核定。

19. **簽訂國際合作條約或協定（草案第19條）**　各國反恐怖行動之法律規範或宣言，僅是防杜或制裁恐怖行動之基礎，並不足以建立完整之適用體系，國家間之動態合作才能真正形成防制恐怖行動之嚴密法網，爰參考組織犯罪防制條例第15條、洗錢防制法第14條，明定政府或其委任或委託機構依互惠原則簽訂國際合作條約或協定之規定。

（二）我國制定反恐怖行動法之必要性分析

　　我國制定反恐怖行動專法，除達到向國際社會宣示我國重視恐怖主義活動之效果外，究竟有無立法之急迫性，各界看法可能不盡相同。反恐立法之必要性，在我國逐步強調人權保障與美國各界對其愛國者法案中違反人權保護之諸多抨擊情況下，實應重新檢視世界人權宣言與我現行刑法、特別刑法、行政執行法等相關規定，並就採取制定反恐專法或僅以配套修正相關法律兩者之間，究竟何者較為適當？再作深入評估與考量。茲對我國制定反恐怖行動專法必要性之贊成與反對意見歸納如下：

1. 贊成意見

（1）基於國際合作關係：我國目前雖非聯合國會員國，但對於共同維護國際和平之努力，一向不遺餘力，身為地球村之一員，尤不能置身於世界反恐怖行動之外，自應積極配合建構相關反恐怖作為及完備法律制度，以與世界各國建立反恐怖合作關係。就國際因素來說，台灣選擇與主流國家同步，加入反恐陣營，理應善盡其中一份子的責任。

（2）基於統合事權需要：我國目前相關刑事處罰及行政管制法律，對於恐怖行動雖有若干處罰及管制規定可資適用，但事權分散、統合不易，故為強化對於反恐怖行動之法制、統一處理事權、統合相關情報及執法機構，對內可以統合事權、積極防制恐怖主義可能的侵害；對外負責與國際間之動態合作，以呼應國際情報交流與司法互助之潮流，彰顯我國政府打擊恐怖主義與願意參與國際共同反恐之決心，基此仍有賴制定專法，始克有效達成。

（3）因應國際組織實務運作之需要：民國96年「亞太防制洗錢組織」
（APG）對我國進行評鑑，以及「打擊清洗黑錢財務行動特別組
織」（FATF）等國際組織對我國提出要求，建議增訂出入國境攜
帶外幣現鈔或有價證券達一定金額以上者，應向海關申報及海關
之通報義務。又為符合電腦處理個人資料保護法之規定，並兼顧
國際刑事司法互助之宗旨，有增訂對於外國政府、機構或國際組
織請求我國協助調查者，得基於互惠原則，提供所受理申報、通
報資料或調查結果，避免形成防制洗錢犯罪之重大漏洞，實有制
定反恐專法之必要性。

（4）因應恐怖攻擊嚴重化之需要：從恐怖主義的發展趨勢及其攻擊對
象不確定性之角度而言，恐怖組織除了傳統的自殺型炸彈攻擊
外，已開始設法擁有更具殺傷力的武器來進行攻擊行動；加上近
年來國際恐怖主義在組織、教條、武器技術方面的調整，使國際
恐怖主義不僅活動範圍較以前為廣，攻擊行動所造成的傷亡也越
來越大。因此，恐怖組織或份子應被定位為非一般性之刑事犯
罪，有必要在一般刑法之外另訂特別專法來加以適用（蘇顯星，
民96）。

2. 反對意見

（1）可能有違人權保障：制定單一反恐專法對於涉及層面廣泛且複雜
之反恐作為，就本法草案第20條條文觀之，大致著眼於行政及司
法作為上，其周全性不無疑慮；難以避免人民因政府以非常時期
之非常立法，最後成為政府以維護安全為藉口，限制人民自由，
甚至於作為整肅異己的手段，反成為「恐怖政府」，致民主法治
成為反恐的祭品，與人權之關注與保障有違。「911事件」改變
了許多民主先進國家，尤其是美國的人權觀，「愛國者法案」採
取限時法之原則，顯示其並非常態立法。故仍有人擔憂會不會贏
得了反恐戰爭？卻喪失了自由人權？我國若只是為配合國際反
恐，而任意侵犯人民財產權、隱私權，在無立即受害之壓迫感

下，恐不易為民眾所接受（謝立功，民92，http://old.npf.org.tw/PUBLICATION/CL/092/CL-R-092-053.htm）。

（2）立法時機不對：誠如部分委員以民國96年底及民國97年初之立法委員及總統兩項全國大選將屆，質疑行政院提本法草案動機目的不單純，意圖製造恐怖氣氛。而2001年「911事件」發生迄今時隔六年，行政院重新提案反恐立法，明顯行政怠惰。

（3）現行相關法律已有規範：我國過去少有屬於國際恐怖主義份子之活動，加以本法草案對於防止恐怖份子洗錢、監控恐怖份子、情治單位的聯繫協調等各項規範，現行洗錢防制法、通訊保障及監察法與國家安全法都有載明相關規定，僅須修正各該法律條文即可，無須另立新法。我國已經因應聯合國安理會第1373號決議及「制止資助恐怖主義的國際公約」，將資助恐怖活動行為罪刑化；並遵循FATF對各國之建議，已完成洗錢防制法之修正，修訂重點包括有關重大犯罪之內容，將刑法之詐欺罪、重利罪及銀行法、證券交易法等金融七法所指定各該法律中特定重大犯罪適用本法為洗錢罪之前置犯罪等各規定，納入第3條重大犯罪範圍之列；增訂得基於互惠原則，進行國際合作；出入國境攜帶外幣現鈔或有價證券達一定金額以上者，應向海關申報及海關之通報義務；及對於外國政府、機構或國際組織請求我國協助調查者，得基於互惠原則，提供所受理申報、通報資料或調查結果。本次修正已符合FATF對我國之建議，避免形成防制洗錢犯罪之重大漏洞。

（4）避免成為恐怖攻擊報復目標：台灣在加入反恐陣營的同時，必須先思考自身的實力、地理位置與安全保障若何？才能定位本身反恐的角色為何。就以往經驗來看，台灣在國際之間聯手打擊犯罪、洗錢防治及引渡罪犯作為上，都有不錯的合作經驗與評價，似應由此入手，將政府的反恐政策定位在行政層級的提升。但是，政府對於反恐作為所可面臨的風險與國際壓力，相對的是政府必須謹慎評估。台灣的國際處境畢竟與其他各國有異，所處的

國內環境也不同於已經面臨恐怖攻擊陰影籠罩的國家，制定反恐專法實未有迫切性。

(5) 本法草案條文內容稍嫌粗略：恐怖行動牽涉範圍廣泛，欲以一部僅20條條文之新法加以規範，而欲與原有相關犯罪的法律條文有所區別，實非易事亦顯不足；況本法草案兼具有組織法、作用法及刑事特別法之性質，並未明確規範主管機關為何，未來可能形成爭功諉過現象；且草案雖參考若干國家之反恐法律內容及國內現行法律規範，但其中顯有諸多令人不解之不當類比模式，恐有不周全且侵犯人權之虞。

　　總之，就國內環境來看，因恐怖主義及份子在我國少有活動紀錄，並無造成急迫危害及潛在危險性，故而政府尚無整體之國家戰略與防制政策。在缺乏整體周詳的政策目標下，選擇參加世界反恐陣營，是因體察台灣生存環境，不願率而成為國際一片反恐潮流的「逆流」。所以政府對國際發聲說「台灣不只參加反恐而已，事實上已捐助巨額捐款」云云！然而，反恐專法的制定，在國內各大政黨及意見團體尚未取得共識，又缺乏國家整體戰略與防制政策之前，更應該審慎評估並納入主要團體的意見，以代表政府與人民實質上的反恐。否則，未來在執行反恐的實際作為，例如監聽、扣押、凍結財產時，難保不產生風險，而落入政府與民間社會對抗與對立的窠臼當中。雖然反恐立法尚未有共識，但政府基於國際壓力與反恐行動措施之運作需要，認為有制定反恐專法之必要，爰行政院曾於民國91年11月12日擬具本法草案，又於96年3月21日重新函請立法院審議。依據行政院所提出之本法草案要點，立法院法制局曾經評估該法案，其檢討之意見歸納如下：（蘇顯星，民96，http://www.ly.gov.tw/ly/ 04_library/ 0401_orglaw/ orglaw_search/orglaw_search_04.jsp?ItemNO=04020200&f91_ number=7060）

1. 本法究係反恐之基本法或刑法之特別法，法律定位不明

　　我國為建構反恐作為之法律制度，以配合世界反恐合作關係，並為強化對於反恐怖行動之法制、成立統一事權之指揮以統合全國相關情報及執

法效率，採行英、美兩國制定反恐專法的方式，擬具本法草案。然若以本法草案20條條文觀之，尚難以定位為反恐基本法；似宜定位為刑事特別法，即如通訊保障及監察法、洗錢防制法或組織犯罪防制條例之刑事特別法性質，且本法名稱似採用英文直譯而來，與本土習慣用法不同，建議依我國慣用法律名稱用法，修改為「恐怖行動防制法」。

2. 就制定專法之涵蓋面檢討，尚有諸多要項未納入

本法草案計有20條，其立法要點已如前述，但除了上述範圍外，對於行政院反恐怖行動政策會報之組成及權責；恐怖組織、團體及份子之認定與撤銷程序；反恐人員訓練及人力整編；緊急搜索及災害救助措施；大眾運輸、能源、電信系統安全維護、建置及權限劃分；禁止資助恐怖組織之資金管制措施、沒入恐怖組織之資產處分及協力管制義務、入出境管制及外國人管理措施、加重結果犯等不同程度犯罪之罪責、反恐公務人員撫卹及被害人救濟措施、編列預算專款支應反恐事項及成果報告義務等事項，尚無條文明確規範。

3. 就整體內容檢討，應多參考國外立法例與國際反恐公約內容

本法擬訂有關之條文時，應擷取引用前揭各國反恐行動相關立法之內容及重點，對於執法程序、主導與配合機關之權責區隔及人權保障等部分，應有更明確規定；對涉及犯罪行為之認定與訴追，亦應定出更具體而明確的標準，儘量避免造成反恐而致執法擴權之現象，並減少因執法之需求而對人權造成侵害。特別是本法因反恐之作為授權執法者行使職權較一般犯罪偵查更權宜寬鬆，故須要嚴格的司法審查及國會監督機制，否則，執政者可能以反恐藉口進行整肅異己，形成更嚴重之恐怖政府。

另外建議參考國外立法體例，應仿傚美國成立特別法庭的可行性；仿傚日本增訂國會認可之機制；仿傚德國增訂擴大相關安全單位之職權，強化其危機預防及洗錢防制之功能，及對外國人支持恐怖活動者禁止入境及居留之規定，以及民航機得配置武裝警察，與保留外國人之簽證申請文件，主管機關之批准或駁回文件亦予保留，並將檔案作自動化處理，供全國警方連線調閱；仿傚西班牙增訂立法給予被害人應有之救助，及許可中

止武裝集團和恐怖份子活動調查中特定人士之基本權利,以及加害特定公務員之刑罰,與為調查恐怖活動司法得干預通訊並適用緊急訴訟程序。

4. 本法應從有效執法與先期預防之角度為思考主軸

本法草案主要基於如何能「更有效之防制與打擊恐怖主義組織與其犯罪行為」為思考主軸,因此宜從檢調與情治執法之角度切入,基於檢調、情報與執法單位原有法定之功能而賦予更主動之權責,並反映先期預防之特色,增強情報與執法能力部分。然而,基此原則顯然與以「行政管理主導與非常措施執法防弊」之思考主軸有違,故而對於防止緊急執法可能偏差及落實保障人權方面,應多方思考如何避免受到傷害。

5. 就本法草案逐條內容檢討

(1) 第2條對恐怖行動、組織、團體及份子之定義不夠明確,因所謂「恐怖行動、組織、團體及份子」係不確定的概念,其定義難以界定清楚,對其認定與撤銷程序如不夠嚴謹,易致認定浮濫、滋生爭議。

(2) 第3條反恐專責單位權責不清,本條第1項規定,行政院召集成立行政院反恐怖行動政策會報,總說明稱之為反恐怖行動專責單位。草案第4條第1項前段規定,國家安全局統合協調反恐怖情報資訊之蒐集與處理,同項後段規定該局將情資提供行政院反恐怖行動政策會報、情治機關及相關權責單位;第4條第2項規定,各情治機關將反恐情資送交國家安全局,其他政府機關亦須將反恐情資送交該局。該條說明二指出,五院各級政府機關均應將業務上獲悉恐怖行動情資,報送國家安全局,總說明稱之為反恐怖行動情報之統合。換言之,全國各政府機關均應將反恐情資送交國家安全局,該局也可能將相關情資提供各相關權責單位,此種情形是否會造成國家安全局與行政院反恐怖行動政策會報甚至所謂各相關權責單位間權責不清,且各政府機關並非情治機關,如何將反恐情資送交國家安全局,是否應增列制定協調聯繫、情資交送辦法之法源,頗值得探究。又本條明定行政院召集組成反恐怖

行動政策會報，並賦予行政院指揮權，冀可收統一事權之效。但究其組織編制，基本上乃是由部會專案組成之臨時編制，屬於任務編組，並非如美國成立獨立的專責部門「國土安全部」，具有獨立預算、專業幕僚，官僚結構層級分明、指揮權力統一，則此一任務編組可能發揮之效果有限。

（3）第4條國家安全局負責統合協調反恐怖情報資訊之蒐集及處理，並應將國際間已認定之恐怖組織、恐怖份子，或疑為恐怖組織或恐怖份子之資訊，及其他必要之情報資訊，適時提供行政院。因國安局非屬行政院指揮體系，依照國家安全局的定位，情治單位本就屬於國安局指揮節制，由其來統合所有情資蒐集與國家安全相關措施尚屬必要。但其如何由行政院來指揮，將是行政層級整合的盲點。政府應在全般的反恐構思與行動上，擘畫台灣的前進位置與安全處所。既然政府初始由國家領導人出面宣示反恐，即應將台灣的反恐作為定位於國家層級的反恐（廖天威，法務部「反恐怖行動法」草案評析）。有關反恐行動之指揮體系，可否提升應由總統府來主導，確可深入研究。

（4）第5條國防軍隊的組編及使用於反恐，必須有嚴格規範及前提。恐怖攻擊等突發危機事項，並非常態；且在台灣發生之可能性相當低，當然平常即須有警覺、且要先期設計可能之情節來進行危機管理之模擬、演訓等作為來預為防範。然而畢竟其非必然發生，且動用軍隊是非常嚴重的狀態，因此在國家財源有限之情況下，是否有必要為此再另編經費預算與擴大人員編組，卻執行有限任務，實值得再深思；而可取代之方案，應是在現有經費與資源下，強化維安警力之演訓，並進行機動編組之操作，應已足敷使用。

（5）第6條及第7條通訊監察及網際網路跨境連線通信紀錄建置計畫宜加強並清楚予以界定權責；第7條第3項規定，電信事業應依法務部調查局所提網際網路跨境連線通信紀錄之需求，擬訂相關建置計畫，同條第6項規定，調查局應編列預算支應。其實，內政部

警政署在偵查網際網路跨境犯罪之能力非常值得肯定，而在反恐行動中，毫無疑問地亦扮演著關鍵性角色，且通訊保障及監察法施行細則第21條，將調查局、警政署併列為擬定相關建置計畫之協商單位，因此本法草案第7條第3項、第6項建議應增列警政署。最後，有關本項業務執行之經費及實施計畫，應有更明確的劃分。

（6）草案第8條對於有事實疑為恐怖份子者，治安機關為查證其身分，有24小時的查證時間。本條說明欄，提及係參考警察職權行使法第7條第2項與行政執行法第37條第2項規定，然前者雖有查證身分之規定，但僅3小時 ，後者雖有24小時的規定，但係指管束之時間，若本條僅「查證身分」需要24小時，以台灣警政資訊建置與查詢現況，一般民眾恐難以想像，故本條查證身分24小時是否檢討並修正為留置。

（7）草案第9條第2項規定，對於有事實疑為恐怖份子所在之住宅、建築物或其他處所，只要對於人民生命、身體、財產有「迫切危害之虞」，非進入不能救護或防阻者，即得進入檢查。相較於本條說明欄，所參考之行政執行法第40條規定，對於住宅、建築物或其他處所之進入，以人民生命、身體、財產有「迫切之危害」，非進入不能救護者為限。若欲採「迫切危害之虞」之事先預防觀點，將較採「迫切之危害」更為擴張行政檢查之發動要件，其與行政執行法第40條看似相同，內容實則不同，本條檢查處所之要件是否過寬，亦有檢討必要。

（8）草案第10條規定，有事實疑為恐怖份子所使用作為從事恐怖行動之動產、不動產或其他財產，海巡署署長、調查局局長、警政署署長，得為扣留或禁止處分之命令。然本條說明欄，所參考之行政執行法第38條，得扣留者為軍器、凶器及其他危險物，其屬危險物之概念，與本條之扣留動產、不動產或其他財產並不相同，此種參考方式，亦非妥適。若無本條規定，亦可依本法草案第11條凍結規定與刑事訴訟法扣押相關規定，達到相同之目的。

（9）草案第18條第2項後段規定獎勵辦法，由內政部擬訂檢舉舉報恐怖份子之辦法，報請行政院核定。由於本法主管機關究屬法務部或其他機關？尚不明確。類似定義之專責或統合單位則為反恐怖行動會報或國家安全局，然該草案全文對於內政部之定位並未提及，因此授權由該部單獨擬訂檢舉辦法恐非妥適。

6. 立法院法制局評析反恐行動法後之建議

（1）在本法之法律名稱方面，建議將本法定位為反恐之刑事特別法，參照我國立法用語慣例，如組織犯罪防制條例、洗錢防制法、性侵害犯罪防制法等之法律名稱，建議修改為「恐怖行動防制法」。

（2）本法定位為恐怖行動防制特別法，故應嚴格規定適用於政治目的與意象信念之計畫性「重大侵害」為規範對象，對於恐怖組織、團體及份子之定義，應採最嚴格的標準，與一般營利性或個人因素之暴力或組織犯罪，應有清楚而明確的區隔。故而本法草案第二條列舉項目及適用範圍稍嫌粗略，建議應分門別類詳細列舉規定，以資明確、便於適用。又反恐之處罰性質應該處罰「行為」而非處罰「個人」，且為因應恐怖組織開始朝扁平化架構發展趨勢，形成一種不易被察覺之不特定結盟團體，建議增列恐怖團體，以涵蓋非屬組織架構之臨時結合團體；最後基於恐怖主義已屬不確定之概念，則其構成要件不宜再有概括規定「其他特定之信念」之意象性條款，建議修正為具體的「信仰」。

（3）行政院應召集政府相關部門組成任務編組，明定於恐怖行動發生或有發生之虞時，統一指揮，執行社會維安、犯罪查緝、災害救護、通訊及金融監理等措施，因該任務編組既屬政策指導並兼指揮執行雙重角色，故建議刪除「政策」兩字，修正為行政院反恐怖行動會報。又因反恐行動應尋求整合全面的外交、軍事、法律、情報、資訊與金融能力構成「保護縱深防禦」，以防範因應恐怖主義威脅。故宜將政府各相關部門依權責納入，防止國內重

要基礎設施如水力、電力、運輸、能源、交通運輸設施遭受恐怖攻擊。基此，應明定中央反恐怖行動會報成員包括國家安全、國防軍事、治安防救、司法檢調、交通通訊、經濟能源、財政金融及衛生檢疫等相關部會。最後建議行政院反恐怖行動會報應與中央災害防救會報結合。

(4) 國家安全局負責反恐行動前置防範之重大任務，其權責宜統一合併規定，建議將其主管權責、項目及限制，合併於單一條文規定。

(5) 為避免造成軍人干政或軍事統治的疑慮，明確限制並規定動用軍隊僅能用以支援防制大規模武裝攻擊之恐怖行動。此一特種任務部隊平時即應適度編組、訓練及整備。派遣部隊打擊恐怖行動應明定限於國內，以避免引起國際恐怖組織之敵視或列為報復目標。

(6) 有關恐怖行動之刑事犯罪偵查主體，明定由最高法院檢察總長統一指揮，得指派特別偵查組檢察官負責偵查；且規定行政院海巡署、內政部警政署、法務部調查局及憲兵司令部等司法警察機關首長接受其指揮，執行反恐怖行動之偵查工作。

(7) 有關交通電信主管機關配合防制恐怖行動之任務，明定先行規定電信事業機構應擬訂建置計畫；再次規定應具備之功能及限制。執行本項業務所需建置及維護費用，修正為電信事業機構自行依權責編列預算支應，因電信事業機構有公、民營之分，本法草案明定由法務部調查局或內政部警政署編列預算支應，顯然有滯礙難行之處。爰建議修正為由業者自行編列預算支應；再依使用者付費原則，向使用機關收費。

(8) 有關檢舉恐怖組織、團體及份子之獎勵辦法，明定應由國家安局會同內政部擬訂，以符權責。

(9) 為強化與維持打擊恐怖主義之國際努力，因此明定與有意願與有能力之國家合作機制，藉以談判「引渡暨相互法律協助條約」與擴大國際合作反恐之聯盟。

（10）有關各條條文建議修正意見或部分文字修正，一併於下節「本法草案條文建議修正對照表」中，逐條提出建議條文並附說明於後。

（三）美國與我國反恐法制之概略比較

如前所述，恐怖主義如今已是各國所公認最大的安全威脅，各國在法制與策略上亦均有發展出一定之對策，茲因美國在此方面之經歷較多，故擬以美、台反恐之措施進行比較如表2-2，以提供我國研究者對反恐措施評估與法制規範時之參酌。

因為我國雖非聯合國的會員國，但身為全球地球村一員的我國，作法上仍須小心謹慎參與國際反恐行動，以避免成為國際反恐的缺口。

（四）兩岸反恐立法模式之評析與我國反恐法制方面可行之發展

我國雖非聯合國會員國，惟美國亦透過法務部，希望我國配合聯合國安理會第1373號決議。法務部乃將此案轉請國家安全會議研議。91年10月18日國家安全局建仿傚美國，針對反恐怖行動研訂符合我國國情之「反恐怖行動法」，建力協調、指揮、調查、情報研析及案件偵處等安全工作機制。積極配合建構相關反恐怖作為及完備法律制度，以與世界各國建立反恐怖合作關係。

表2-2　美台兩國反恐法制之概略比較

項目	美國反恐法制	我國反恐法制
美台兩國反恐措施之比較	美國分別通過「反恐怖主義與有效死刑法」、修訂「移民與國籍法」、「愛國者法案」、「2001年打擊恐怖主義法案」、修改「外國人情報監視法」、「第二愛國者法」等法案，以防止恐怖攻擊事件再度重演，並強化執法機關權限之法律存在。	我國行政院在94年6月28日已將反恐政策之法源之「反恐怖行動法」草案送請立法院審查。但迄今尚未完成三讀程序之審查。

資料來源：筆者自行整理

　　中國大陸則至今尚未通過專門的反恐法，而是由一系列法律、法規、行政規章共同規範反恐職能，部分立法還存在特別調款。中國早在1950年就由中央人民政府法制委員會訂定「中華人民共和國刑法大綱草案」第四章反革命罪中，就曾於第41條設置「恐怖行為」具體罪名（高銘暄、趙秉志，1998：147）；1988年12月25日全國人大常委會法制工作委員會訂定「中華人民共和國刑法（修定稿）」，除了將「反革命罪」更改為「危害國家安全罪」，並考慮在第98條增設「恐怖活動罪」的具體罪名（高銘暄、趙秉志，1998：919）。1997年刑法法典修訂增設第120條組織、領導、參加恐怖組織罪，為打擊「東突」等恐怖勢力，首次在刑法中納入反恐條款。1998年11月16日中國最高人民法院、最高人民檢察院、公安部、國家安全部、司法部、全國人大常委會法制委員會「關於刑事訴訟法實施中若干問題的規定」第11條對涉及恐怖組織的案件也設置了特別程式（劉志偉，2008：96）。「911」恐怖事件後，美國迅速通過了新的反恐法後，中國於2001年12月29日通過「刑法修正案」，不僅增訂第120條之一資助恐怖活動罪、第291條之一投放虛危險物質罪和編造、故意傳播虛假恐怖資料罪，也對1997年刑法法典修訂增設第120條組織、領導、參加恐怖組織罪等相關罪名、罪狀，加強預防和打擊恐怖主義。除了刑事法之外，中國大陸相關反恐條款包括「外國人入境出境管理法實施細則」、「國家安全法實施細則」、「反洗錢法」、「金融機構報告涉及恐怖融資的可疑交易管理辦法」、「武裝員警法」等立法（趙秉志，民98：50）。

　　恐怖主義已成為危害世界和平與安全的重要因素。中國政府堅持加強預防、主動出擊，高效處置，加強國際反恐合作的原則，從政治、經濟、立法、執法、行政等各個方面採取了一係列行之有效的措施，有效預防和打擊了恐怖主義。這些措施包括：構建和諧社會從根本上消除恐怖主義滋生的土壤；加強反恐怖立法，相關部門正在加強起草並執行正確的民族宗教政策；大力加強反恐能力建設，特別是應急體係建設；加強對危險物品的管理，努力切斷恐怖份子的資金來源等（http://big5.xinhuanet.com/gate/big5/news.xinhuanet.com/legal/2005-09/07/ content_3454089.htm）。

　　兩岸迄今均未頒布完整的反恐法，而是經由其他普通條款或特別條款

訂定。我國除了個別行政法條之外，並未設置專門的反恐法條，以普通法律手段防制恐怖主義；中國大陸由刑法集中訂定反恐條款，在行政法、軍事法亦有規定（趙秉志，民98：51）。

　　2001年9月11日恐怖攻擊對美國及全球產生巨大、即時性影響，全球各地在事件後都有各種悼念活動，美國政府對此次事件的譴責。911事件後，海峽兩岸都著手制定反恐法，這和國際反恐的觀念是一致。當前我國已經向社會公布了「反恐怖行動法草案」，整體而言，相關恐怖主義犯罪之態樣及其相關配套措施臚列其中。行政院送立法院審議之反恐怖行動法草案，僅第5條：「國防部應就部隊能力，適度編組整備，支援反恐怖行動。」內容相當粗略，對於相關授權均無明文規定，軍職人員除憲兵具有司法警察身分外，其他部隊因不具司法警察身分，而無法執行反恐任務。似宜於於該草案中增訂「國家領土主權遭恐怖組織威脅或危害時，可命令三軍採取必要防衛措施與行動」，以及「國防部應就部隊能力，適度編組兵力與戰備準備，依命令打擊或支援反恐怖行動。」我國所公布的「反恐怖行動法草案」在形式上獨立規定權利、義務關係、無須依附、參照其他法律，屬於獨立式的反恐法；明確規定反恐怖專門機構和部門職責，同時規定綜合性預防措施，包括少數犯罪和刑罰條款，兼備組織、預防和制裁多重內容，屬於立體防禦型的反恐法（趙秉志，民94：141-142）。

　　中國大陸目前對於反恐法尚處於研議階段，刑法中亦未就恐怖主義犯罪完整規範，致未能因應具高度複雜性及組織性之恐怖主義犯罪及其組織。刑法修正案（三）雖將恐怖組織等犯罪修正，但恐怖主義的定義仍未界定，產生與其他有組織犯罪無法區別之現象，適用上恐生爭議。就其於刑法中補充修改，雖利於統一刑法之規範與適用，然自有效懲治恐怖主義犯罪而論，不若依國際公約等內容，逕就恐怖主義犯罪之基本原則及犯罪態樣單獨立法，因而其與一般之刑事犯區隔較為明確（http://blog.yam.com/hjleelaw/article/1880872）。今就兩岸之反恐立法作一初步之比較如表2-3所示（趙秉志，民98：50-51，本書筆者根據該文自行重新整理），以便讀者能較方便且明確的掌握其差異處。

　　經前述反恐行動法草案及其相關策略之論述與評析，我國在反恐法制

表2-3　兩岸反恐立法內容之比較

項目	台灣	中國大陸
基礎概念	恐怖行動 恐怖組織 恐怖份子	恐怖活動犯罪 恐怖活動 恐怖襲擊事件 恐怖主義 恐怖份子 恐怖組織
工作體制	行政院召集政府相關部門組成行政院反恐怖行動政策會報； 通過「反恐怖行動法草案」作為執行工作依據。	中央：國家反恐怖工作小組、公安部成立反恐怖局 地方：反恐怖工作協調小組及其辦公室。 「國家安全法實行細則」作為國家安全部門從事反恐工作提供法律依據。
預防措施	2003年通過「洗錢防治法」修正案，增設動結不法資金與沒收分享特別條款； 2003年「入出國及移民法」規定無戶籍國民或僑居國外之國民，具有外國籍，未曾於臺灣地區設有戶籍者，凡有參加暴力或恐怖組織者禁止入境。 「反恐怖行動法草案」反恐措施： 截聽、阻斷或限制通訊 保存與提供電訊資料 扣留與凍結涉案財物 凍結涉恐交易	出入境管理： 　1994年「外國人入出境管理實施細則」； 　2007年「普通護照和出入境通行證簽證管理辦法」。 反洗錢： 　2006年「反洗錢法」、 　2007年「金融機構報告涉嫌恐怖融資的可疑交易管理辦法」。
應變處置	「反恐怖行動法草案」授予相關部門應變處置權： 通訊管制權 強制調查權	中國大陸應變處置相關立法：「中華人民共和國戒嚴法」、「突發事件應對法」。
刑事制裁	「組織犯罪懲罰條例」、 「反恐怖行動法草案」。	刑法修正案或司法解釋增設專門規定 引入基礎概念 嚴密罪名體系 增強處罰刑期 設置特別程序

資料來源：本書筆者自行整理

的配套方面，我國之反恐法制發展似可從下列行政的層面著手，擬定出較具體且適合本土之反恐法制。

　　因為如前所述，我國法務部針對反恐作為曾於民國91年擬定完成了「反恐怖行動法」草案，研議由政府部門設立專責反恐機構，以因應重大恐怖攻擊事件。草案規定，反恐專責小組將由行政院召集，負責規劃政府整體的反恐指揮體系、情報蒐集與防護措施。有關反恐的情資蒐集與統合皆由國家安全局負責，政府的各情治單位和各級機關必須主動蒐集恐怖活動的情報呈報給國安局，國安局再呈給反恐專責小組過濾，將疑為恐怖活動的情資交由政府執法機關依權責來妥處因應作為。同時，國安局可以針對相關嫌疑人士進行通訊阻斷或限制，而調查局及警政署對於可疑的資產及帳戶可予逕行凍結。這部法律草案顯示了政府為加強反恐作為的決心與具體行動。（廖天威，民91）

　　然而我國過去少有屬於國際恐怖主義份子之活動，唯必須有未雨綢繆之心態，事先擬定政策，完備法律規範，以資因應。特別是在美國911恐怖攻擊事件之後，國際恐怖份子對於與美國交往密切之國家，均視為可能攻擊之對象，若屆時有進行偵查之必要，則反恐行動牽涉之職權措施運用非常廣泛，基於依法行政原則，必須有法律予以明確規範之。若突然有遭受國家緊急危機之暴力攻擊之虞時，若相關法律規範不足以規範時，則可參考前節Gross所提出之「非法律支配措施模式」（Extra-Legal Measures Model）因應之。至於是否另行制定特別反恐專法來因應我國之反恐事務，則需思慮我國之國家安全、社會秩序之特性及現有法制是否足以規範，然後考量特別刑法之沈澱成本，是否將造成反恐而致執法擴權之憂慮。又由於反恐行動所涉及層面廣泛，若有制定專法之必要，則在立法技術上，美、英兩國之包裹立法方式，以達到反恐任務制定專法，將涉及之各個相關法規一併予以修正，值得參考。（蔡庭榕，民92：25）

　　就整體而言，如前所述我國制定反恐怖行動法，除達到向國際社會宣示我國重視恐怖主義活動之效果外，究竟有無立法之急迫性，各界看法可能不盡相同。我國反恐怖行動法草案，並未明確規範主管機關為何，未來可能形成爭功諉過現象，該草案雖參考若干現行法規範，但其中顯有諸多

令人不解之不當類比模式，恐有侵犯人權之虞。911事件改變了許多民主先進國家，尤其是美國的人權觀，「愛國者法案」採取限時法之原則，顯示其並非常態立法。但仍有人擔憂會不會贏得了戰爭，喪失了自由？我國若只是為配合國際反恐，而任意侵犯人民財產權、隱私權，在無立即受害之壓迫感下，恐不易為民眾所接受。因此宜再深入分析探討國外相關反恐法制之得失，以作為我國制定專法或配套修法之參考。（謝立功，民92）

　　行政院版本之反恐行動法草案（政府提案第9462號）之特點乃僅針對國際恐怖主義之危害行動，作20條特別法之條列式之防處規範。至於立法委員版本（委員提案第5623號）之特點乃以美國愛國者法為主要參考依據並分列成四章，作41條之更詳盡、廣泛之規範，並將人權之保障（例如比例原則、法律保留原則、目的原則、最小侵害原則等），立法院監督、審查及接受報告反恐成果之權，及增列公務員撫卹、被害人救濟、獎勵措施等條款列入附則之中。唯其仍未如美國之愛國者法之立法規範，因其乃以補充相關之一般刑法之條文為其立法之模式，而作千餘條（1016條）之周詳規範。（HR 3162 RDS,107th CONGRESS,1st Session, H. R. 3162, IN THE SENATE OF THE UNITED STATES, October 24, 2001）（http://www.epic.org/privacy/terrorism/hr3162.html）

　　故就我國現階段而言，筆者曾於恐怖主義研究中心的「我國反恐行動法草案」座談會中，從法制與人權保障面、實務與執行面、法制之效益面、及各國反恐法制等四個層面作評析，最後筆者之結論為：「釐定一個反恐之專法，在整個國內政治與社會環境的發展進程，及國際社會中吾國之地位與反恐的角色定位上，似乎未達到有其急迫性與必要性的階段。然立法院版似乎在人權保障、公務員撫卹、被害人救濟、立法院之監督及反恐之法條規範上較為全面與深入。不過，在過去兩年中，政府與相關之學術社群，針對此專法之立法基礎與其內涵，進行了優劣利弊及跨國性之比較研究，對我國反恐法制的準備與其法理基礎之釐清，確實作了最充實的準備與事前規劃。故而，目前僅要在現有之法制基礎之下，及在恐怖事件達到一定程度時，運用前述跨部會之臨時組織，以個案危機處理之模式加以處置，應屬最適宜之措施。故筆者建議，似從行政之執行層面，援用現

行之相關法規，即可從前一項各種行政作為與反恐策略之強化作為中，遂行或研析反恐之任務，並達到一定之效果。（陳明傳，民94）

　　綜上所述，就我國現階段而言，釐定一個反恐之專法，在整個國內政治與社會環境的發展進程，及國際社會中吾國之地位與反恐的角色定位上，似乎未達到有其急迫性與必要性的階段。不過，在過去數年中，政府與相關之學術社群，針對此專法之立法基礎與其內涵，進行了優劣利弊及跨國性之比較研究，對我國反恐法制的準備與其法理基礎之釐清，確實作了最充實的準備與事前規劃。故而，目前僅要在現有之法制基礎之下，及在恐怖事件達到一定程度時，運用前述跨單位或跨部會之臨時組織或委員會，以個案危機處理之模式加以處置，應屬最適宜之措施。

第三章 美國國土安全之演進

第一節 前言

根據美國「911事件」委員會所公布的調查顯示，對恐怖份子襲擊美國，北美防空司令部、航管單位都毫無準備，且從公布的錄音過程中，看出美國政府的應變措施手足無措、指揮系統紊亂。「911事件」委員會的調查結果，徹底暴露美國脆弱、易受攻擊和官僚體系無能、缺乏有效因應突發事件的能力，印證美國雖為舉世超級強權，但應變能力卻遠非想像中優良。除了揭露缺點並謀求改善，以面對愈來愈險惡的恐怖勢力。脆弱和意外往往是攣生子，只要遭遇未預料到的境況，往往都會產生嚴重的危機。（http://big5.huaxia.com/xw/hwwz/00217410.html）。攻擊紐約世貿大樓能得逞，主因是從來沒有人想過劫持裝滿油料的民航機撞進全球著名的地標之一，所以事發之初可看出聯邦航管當局手足無措；未來誰能保證，恐怖組織不會再祭出我們還沒有想到的新花樣，讓美國再次手足無措。含放射物質的炸彈、炭疽或天花病毒、人肉自殺炸彈、汽油或化學油罐車等等，每一種情況皆可能發生。

911恐怖攻擊是1882年美英戰爭以來，美國本土第一次遭到攻擊，毫無疑問此次攻擊造成美國極大之損害（王春生，民90：12）。全世界對本事件的普遍反應，均反對恐怖暴行，應予譴責打擊；並探討恐怖主義的形成因素；分析恐怖活動問題癥結與對策；批評美國外交政策偏差；質疑恐怖活動與反恐怖活動之分際。凡此種種，多數屬於靜態資料分析，惟少有探討實務上如何有效防制恐怖活動之論著，似乎忽略了恐怖活動在世界各地流竄肇事無力控制之事實及各國國境管理機制亦可扮演重要防制角色等問題。由於911恐怖攻擊事件的19名恐怖份子均來自域外，如能成功阻止渠等之入境，美國即可能免除此次慘劇之發生。易言之，美國發生911恐怖攻擊事件後，業已引起各國對恐怖活動的重視，並提高境管工作對國際

恐怖活動之防制功能，以防止外來之恐怖攻擊。

第二節　恐怖主義與國土安全之演進

　　古今中外的歷史發展中，當人類進入了階級社會後，即會產生階級、國家和宗教，並形成不同文明所伴隨的理想、信仰、道德和意識形態。隨後，產生團體利益與個人利益間之仇恨與衝突，被壓迫的個體便產生組織，恐怖主義也就自然而然產生。

　　恐怖主義的起源與國際社會的發展狀況有密切之關係，國際間的各種衝突與矛盾對立，造成恐怖主義之事件不斷發生。根據歷史記載，最早的恐怖活動發生在西元第1世紀時期（66-73年），由巴勒斯坦激進份子所組成的猶太團體「短劍人」（Sicarii, or Daggerman），他們藉著破壞房舍、教堂與希律王朝（Herodian dynasts）的宮殿，燒燬公家檔案資料，以逃避債務賞還責任，反抗羅馬帝國的政治統治與宗教迫害（李莉，民92：105）。西元第11世紀結合宗教救世主期望（messianic hope）與政治恐怖主義的兩者，由伊斯蘭的狂熱教徒所組成的「刺客」（Hashashim, or Assassin），他們以波斯為主要根據地，藉以暗殺的手段來對抗宗教與政治的反對者。該組織在阿拉伯世界中維繫約200年，最後被蒙古帝國所消滅，但其組織技巧與嚴守組織秘密兩者在民眾間傳播著，隨著十字軍東征的歸去，遂成為當代恐怖主義的鼻祖（Singh, 1977: 6）。

　　依據Laqueur的考證，早在1793年3月與1794年6月之間出現了恐怖主義的概念，是「恐怖統治」的同義語（Laqueur, 1987: 11）。「恐怖主義」這個名詞，始於法國大革命與雅各賓恐怖王朝（Jacabin Reign of Terror）時期，只不過當初被視為國家貫徹政治壓制與社會控制的一個工具。1794年7月27日發生的「熱月政變」（Chute de Robespierre），結束了雅各賓專政之後，當時被賦予「濫用權力」的概念，就在英語中流行起來，並開始被用於一個貶義詞。英國學者Burke就把恐怖主義者稱為「惡魔」（Hell hounds）（李少軍，2002：15-17）。大約在1879年恐怖主義這

個概念正式進入西方的政治辭彙表中，第一個為實現激進的社會改革，而大規模反政府性質的恐怖主義運動──「民意黨」，在俄國境內長達40年之久。該組織成員認為有必要利用短暫恐怖方式，來「喚醒民眾和提高民眾的政治覺悟」。民意黨以不擇手段、不加區別、不作選擇的方式作為擴大自己政治影響與政府折衝過程中的政治籌碼。雖然對當時俄國影響有限，但其恐怖暴力中所採取的策略和手段方式，卻成為後世反政府、反威權的恐怖主義組織所繼承和效法（楊潔勉，2002：42）。

　　美國黑豹黨（Black Panther Party）是設立於1966年的奧克蘭（Oakland），並使用「未爆力」來促進黑人的自由。這團體深受伊斯蘭教激進革命者Malcolm X的影響，屬於勞工階程和聯合白人改革團體。該團體的核心目標有10項計畫，包括就業率升高、提供住宿、結束警察暴行及對黑人的屠殺和不合理的審判。在1970年代有些加入黑人解放軍，而並非為了追求自由採用更棒的方法；（美國）學生爭取民主社會組織是在1960年於美國密西根州安娜堡市（Ann Arbor City）創立的，它是一個稱為工業民主聯盟的分支。學生爭取民主社會組織的政治宣言就是大家所知道的Port Huron的一段聲明，批評美國不能達到國際和平，並忽略了許多社會的禍害，包括種族主義、軍事主義以及貧困。雖然這個團體一開始是為了抗議許多議題而成立，但他們把重點放在抗議越戰，並促成了一個被稱為新左派運動的成立。這個團體一開始採用非暴力的方法，但是學生爭取民主社會組織後來變得極端、好戰，且內部有些派系變得極端暴力並具對抗性；1960年，「氣象預報員」，也被稱作「地下預報員」，是由學生爭取民主社會組織演化而成。氣象預報員一開始被認為是青年改革運動，後來這個團體脫離了溫和的成員轉而成為一個從事炸彈客、越獄、製造暴動的團體。「氣象預報員」提倡推翻政府及資本主義的制度。「氣象預報員」所主導的第一次事件是1969年10月發生，300個氣象預報員的成員炸燬了獻給1886年死於Haymarket暴動的警察雕像。在三個「氣象預報員」成員在準備炸彈的過程中意外死亡後，「氣象預報員」採用了較不致命的方法。放棄了無預警攻擊並承擔傷害或殺害人民的風險，「氣象預報員」開始對要攻擊的建築物發出警告。「氣象預報員」所發動的攻擊

包括美國首都、五角大廈、警察局、監獄以及重建的Haymarket之紀念雕像。在1970年代中後期，這個團體開始解散，有些向警方自首，有些加入其他的革命團體。聯邦調查局的COINTELPRO（an acronym for Counter Intelligence Program，英文「情報蒐集專案」之縮寫）行動，就把其工作重點放在氣象預報員之偵辦之上，雖然只有極少數成員因為這些調查而遭起訴。而聯邦調查局該行動的內容，是調查和阻斷與美國民主、自由之核心價值，有不同之政見與看法的組織之行動；這些組織包括軍事組織、非暴力組織和激進的民權運動組織。（Ward, et al., 2006: 9-12）

　　儘管曾對警察廣泛的騷亂及抗議，但這些活動並不被視為是對國家安全的重大危害。然而卻促使許多州及聯邦調查委員會，包括國家內亂諮詢委員會（National Advisory on Civil Disorders）以及總統的法律執行與司法管理委員會（The President's Commission on Law Enforcement and the Administration of Justice）等都提出重大的執法之改革建議。這些改革雖然絕大部分對聯邦部門只有少許衝擊，除了跟監策略與電子監聽有一些限制外，其中例如對於竊聽和通訊監聽，則必須加以限制是（Ward, et al., 2006: 9-10）。

　　自19世紀以來，全球共歷經四次的重大恐怖主義浪潮，每一次浪潮都有其各自的特點、目的和特點（Raport, 1999: 501-503）。其過程則如下所述：

　　第一波恐怖主義浪潮發生在19世紀末到20世紀初，它主要發源地在俄國和巴爾幹地區。19世紀中葉之後，基於民族主義、民主政治或左翼政治意識之恐怖主義主義及其活動方才成為有系統之政治行為。這一時期，恐怖主義主要與無政府主義和某些民族主義結合在一起，其中最著名的當屬巴枯寧的無政府主義理論，即被列寧指責為工人運動中的另一個極端─恐怖主義。恐怖主義在這個時期十分活躍，行動也跨越了國界，具有一定的國際性，但受地域和規模的限制，仍處於現代國際恐怖主義的萌芽狀態（中國現代國際關係研究所，民91：230）。

　　第二波恐怖主義浪潮興起於20世紀20年代，並在60年代達到了頂峰。在這段時期的恐怖主義是以殖民地和宗主國之間的對抗衝突為主，以類似

游擊戰的策略為行為特徵，這一波恐怖主義浪潮所針的主要的是警察和政府執法機關。但隨著西方殖民勢力的土崩瓦解和新興國家（如愛爾蘭、以色列）的誕生，這些國家中主要矛盾已由民族矛盾逐漸過渡到種族矛盾。在這階段的恐怖主義中，其動機和表現形式上更具典型性和不可預見性。恐怖份子的攻擊對象也由外國的殖民者及其代理人逐步擴大到國內異族異見的普通平民。此一階段政治暴力行為已開始演變成為恐怖主義（李少軍，2002：16-17）。

第三波恐怖主義浪潮是在60年代末，在東西冷戰的背景下醞釀而成，因為此一時代具有深刻的時代特徵和濃厚的意識形態色彩（陳曦，民90：64）；蘇聯和東歐共黨國家訓練與援助左派恐怖組織，並利用其進行代理戰爭，企圖達到顛覆當地政府，打擊西方勢力與推動共產革命之目標（楊潔勉，2002：43-44）。在這波熱潮中，恐怖主義的行為動機呈現出多元化的發展趨勢，除了意識形態的原因外，還夾雜著大量的種族、宗教、領土和資源紛爭的因素。

恐怖主義國際化是第三波浪潮的另一個顯著特點，除了暗殺、爆炸等傳統的恐怖主義手段之外，並以劫持航空器、外國機構和外交人員方式實施恐怖攻擊更是層出不窮，其中例如1972年慕尼黑奧運會發生恐怖份子攻擊事件（http://www.discoverychannel.com.tw26/03/08），以及之後陸陸續續發生之恐怖攻擊。由於恐怖份子殘忍、冷酷的面目，加深世人對恐怖份子的瞭解，因此也促成國際社會在遏止和打擊國際恐怖主義問題上達成最大的共識。

冷戰結束以來，在全球經濟化浪潮的衝擊下，出於宗教動機的國際恐怖主義迅速取代原先的東西方對抗，成為第四波恐怖主義最顯著的特點。宗教極端主義思潮不僅是現代恐怖主義產生的誘因，更是其提供了思想基礎和倫理依據。「蘭德—聖安德魯斯國際恐怖主義年表」宣稱，從中東到南亞，從中亞到北非，在當今恐怖主義盛行和氾濫地區幾乎都有著深刻的宗教衝突和宗教對抗的背景，從甘地等政要一一遇刺，到東京地鐵毒氣案和以巴衝突，無一不是宗教爭端不可調和的產物，而911事件更將以宗教為動機的恐怖主義推向了極致。隨著「新恐怖主義」的發展，恐怖組織分

布在全球各地。從美國國會的資料中顯示，當前各國恐怖團體活動量，以伊斯蘭團體的活動量普遍偏高，民族主義團體次之，而右翼與左翼激進團體的活動量相對偏低，這也顯示90年代後期以來，激進宗教狂熱份子與恐怖主義結合所進行的恐怖活動，已經取代純粹民族主義份子，變成當前恐怖活動的主流，也是維護國際安全最需克服的議題（王崑義，民91：150-151）。

從「國家安全」走向對「國土防衛」之強調，乃後冷戰時期美國國家安全政策的第一個顯著變化。1997年美國「國防小組報告」所提出的「轉變防衛：21世紀的國家安全」，其中對國土防衛的界定是：「整合運用主動與被動的必要作為，來嚇阻及反擊大規模殺傷性武器的使用，這些作為涉及相關的聯邦部門，並且必須把中央與地方政府都協調納入計劃之中」。

2001年在「二十一世紀美國國家安全全國委員會──國家安全的路徑圖：勢必改變」之報告中，正式提出國土安全一詞，其界定國土安全為「統合協調全國作為，以防範美國境內之恐怖攻擊，降低美國對恐怖攻擊的脆弱性，減少恐怖攻擊的損害，以及在攻擊後儘速復原」，並指出過去將國家安全，區分為「國內」與「國外」已經不再適用。故而在美國國防委員會的建議下，白宮相繼成立「國土安全辦公室」與「國家國土安全局」。

我國雖無恐怖攻擊的立即危險，然因台灣海峽兩岸對峙之局面，加上未雨綢繆全球國土安全防衛之趨勢所使然，故而實宜及早思索我國國土安全功能應如何定位才最適合我國之現狀。筆者擬從現況之分析及美國發展之經驗，論述我國國土安全之定位與發展策略。

另外，安全管理（Security Management）之學術與實務之發展，亦為各先進民主國家之新課題與新學術研究範疇。復以全球刑事司法系統民間化（Privatization of Criminal Justice System）的推波助瀾之下，安全管理成為社會安全維護的重要關鍵與議題之一，而其與國家之整體國土安全亦有連帶之關聯性。筆者亦擬嘗試歸納出其二者之相關性，並嘗試規納二者之互補性及應如何在其學術發展與實務運作上找出推展之軌道。

壹、國土安全概念之緣起與演進

一、國土安全概念之形成與911之影響

2001年9月11日星期二，安靜而晴朗的一天，早上8點46分一架波音767撞上紐約世貿中心北塔93至99層樓，在之後，第二架波音767撞上世貿中心南塔77至85層樓。在華盛頓特區，一架波音757撞上五角大廈的西側。數分鐘之間，廣播和電視報導美國遭到一連串的攻擊，並且一架飛往舊金山國際機場客機的乘客，發現他們自己亦成為劫機的受害者，部分乘客試著擊敗劫機者而致使飛機在賓夕法尼亞碰撞墜毀。

在這重大傷亡的一天，總共造成2,972人死亡。其中包括8名飛行員，25名空服員，213名乘客和19名劫機者在飛機上失去他們的生命。在紐約則超過2,000名民眾，343名紐約消防隊成員，37名港務警察局成員和23名紐約警察局成員死亡。在華盛頓特區的五角大廈，70名民眾和55名軍人死亡。根據2002年2月的報告指出，世貿中心的受難者國籍超過25個國家，包括：美國、加拿大、中國、哥倫比亞、古巴、多明尼加共合國、厄瓜多爾、德國、圭亞那、海地、印度、愛爾蘭、義大利、牙買加、韓國、巴基斯坦、菲律賓、波蘭、俄國、台灣、特立尼達和多巴哥、烏克蘭、英國和南斯拉夫等。

這次由賓拉登和一個知名的恐怖份子組織——阿爾蓋達所發起的攻擊，引起美國法律執行和情報機構完全地震驚。許多關於這次攻擊的報導，最準確和全面的報導是在2004年公布的「911事件」委員會報告。這份報告將情報機構的重要性提高，尤其是中央情報局（CIA）和聯邦調查局（FBI），最後導致政府大範圍的改革，包括國土安全部的建立，而且將它提升到與內閣同等級的位置。國土安全的觀念對政府所有層級的部門造成衝擊，從地方到聯邦都努力對未來的攻擊加以預防。在此之前，鮮少美國人知道或瞭解國土安全這個概念。第二次世界大戰以來對於美國的任何威脅也從未激起如此巨大的回應。政府開始大規模改組中央到地方各層級單位，大幅度修改司法制度、私營部門，包含到百姓日常生活的一切。國土安全對我們來說是一個全新的概念，涵蓋了包括個體安全、執法、司

法制度、律法、糧食及農產、衛生保健、旅遊、移民及民主社會生活品質等，皆受國土安全概念的影響。（Ward et al., 2006: 3-26）而已有數以百計的書本和數以千計的文章針對911恐怖攻擊作報導，多數將政治、情報和政府部會的重要性提高，而對911恐怖攻擊的分析引導出對國土安全概念更深的瞭解。（Ward et al., 2006: 27-55）

　　而在白宮2002年7月發表之「國土安全政策」中（National Strategy for Homeland Security）（White House, July 2002），國土安全被定義為：「透過國家整體協同的共同努力，預防美國發生恐怖攻擊、減低美國被恐怖攻擊的弱點，以及使已發生之恐怖攻擊所造成的損害降到最低並能恢復原狀。」然而值得注意的是，不同的部門對於恐怖主義有不同的定義，這些定義彼此之間是可以互相參酌的。2002年通過的「國土安全法」將恐怖主義定義為：「任何涉及對人類生命安全產生危險或可能破壞重要公共建設或資源行為之活動；並違反美國聯邦刑法、州刑法，或其細則；並顯然企圖威嚇或脅迫平民；以威嚇或脅迫的方式影響政府政策；或以大屠殺、暗殺，或綁架等方式影響政府行政。」此定義有別於以往，範圍包含了國外與國內。（Ward et al., 2006: 58）

　　如前所述，美國反恐學者Schmid亦曾蒐集自1936年至1983年間，100餘位學者對於恐怖主義所下之定義，其結論甚難將恐怖主義予以明確之定義。且從1983至今，恐怖主義之發展更是多元與複雜。同時根據Wardlaw之看法，謂恐怖主義牽涉道德之判斷，因為某些人認定之恐怖份子，可能為他人之自由鬥士（One man's terrorist is another man's freedom fighter.）因而Wardlaw將恐怖主義之定義限縮至政治性的恐怖主義，而將心理與犯罪性質之恐怖主義暫擱置一邊不論。（Vetter & Perlstein, 1991: 3-4）

　　至於Kupperman則認為現代年輕之恐怖份子，大都為熟悉電腦科技且有完整教育之知識份子，因此恐怖之活動將更為複雜，且多元發展的進行恐怖破壞及攻擊之活動。另外冷戰時期之恐怖份子大都有政治之動機而從事恐怖活動，但現代之恐怖份子則大都帶有宗教信仰的色彩，而此特色使其更具危險與難以掌控。（Bolz, Jr., et al., 2002: Forward xiii-xv）從上述各家之論述及恐怖主義變遷演進之過程中，可以清晰的認知恐怖活動的多

變與其類型的複雜多元性。

　　然而，回溯美國在冷戰時期的安全心理是一種簡單的邏輯，即國家安全等同於海外可能發生之危害，而於海外可能發生之危害亦等同於軍事防衛。如本書第一章第二節所述在後冷戰時期，此種觀念可分為兩種「原型」版本：其一是民主黨版本，雖討論了人道干預、婦女與兒童販賣及AIDS等問題，但是，軍事力量仍是國家安全重要支柱，另一種則是共和黨版本，對國家安全強調的是贏的軍事勝利，與此相應的就是建構迅速及精準的壓倒性軍事力量。這種冷戰邏輯思考下的國家安全觀念特徵，就是軍事力量本身變成政策目標，而且以國界為主軸來規劃安全政策與策略（Seiple, 2002: 259-273）。

　　從國家安全走向對國土防衛的強調，是後冷戰時期美國國家安全政策的第一個顯著變化。美國在1996年亞特蘭大奧運會之時，才開始對國土防衛之改變提出建言，1997年美國「國防小組報告」（Report of the National Defense Panel, Dec.1997）所提出的「轉變防衛：二十一世紀的國家安全」，才真正成為關切的焦點，其中對國土防衛的界定是：「整合運用主動與被動的必要作為，來嚇阻及反擊大規模殺傷性武器的使用，這些作為涉及相關範圍的聯邦部門，並且必須把中央與地方政府都協調進計劃當中」。可惜這份報告未獲國會承認及撥款（Seiple, 2002: 226）。

　　如前各章所述，911攻擊事件以前美國傳統之「國家安全」係偏重於運用軍事、外交、經濟、情報等政策手段以有效防範外來侵略、擴展海外利益與壓制內部顛覆；911攻擊事件後，將「國土安全」任務著重於保衛本土以免遭恐怖襲擊、強化國境與運輸安全、有效緊急防衛及應變、預防生化與核子襲擊。情報蒐集仍由聯邦調查局及中央情報局負責，但由國土安全部（DHS）進行分析與運用。因為國土安全部具有統合協調全國作為，以防範美國國內遭到恐怖攻擊，降低恐怖攻擊之損害，並儘速完成遭受攻擊後的復原。因此，「國土安全」以預防恐怖活動與攻擊為考量，整合聯邦機構、結合各州、地方、民間之力量，以提升情資預警、強化邊境以及交通安全、增強反恐準備、防衛毀滅性恐怖攻擊，維護國家重要基礎建設、緊急應變與因應等方向為主（http://www.dhs.gov/xlibrary/assets/

nat_strat_hls.pdf）。

　　在911事件撼動美國之後的第三天，當時之副總統錢尼建議白宮成立一個新的部位來處理及協調所有的機關，包括如何預防未來的攻擊。9月11日布希宣布成立一個跨部會的會議相當於內閣等級地位的國家安全辦公室。在這次演說中，布希總統宣布所有蓋達組織，及在奧薩馬‧賓拉登統治下的組織，要為911的恐怖攻擊負責。這個國家安全部門依2002年1月23日通過的國家安全法案成立。三個最主要的成立任務是：（1）避免恐怖攻擊攻擊美國；（2）改善美國對恐怖攻擊的疏於防備；（3）使潛在的攻擊和大自然的災害損害降到最低。（Ward et al., 2006: 16）

　　911事件過後預估對紐約的經濟損失高達830億美金。甚至在保險償付後，預估仍高達160億美金。光是紐約，2001年第四季有125,000個工作機會喪失。南曼哈敦地區損失了三成的辦公室空間而危及在這地區的270,000個工作。這份研究顯示損失最慘重的是旅遊業、零售業和金融業，而其他的影響也很大。恐怖主義對經濟的傷害及其後為修復與防禦的付出相當巨大，包括如下：（Ward et al., 2006: 52-53）1.個人和家庭喪失負擔家庭生計者；2.保費支出和保費提高；3.旅遊相關產業衰退，特別是航空業；4.觀光業流失；5.商業經營衰退；6.必須提升防禦之措施；7.貨物運輸花費提高；8.必須替換遭毀損的設備；9.必須修復之基礎建設；以及10.燃料花費的增加等。

　　911的悲劇或許能為全球經濟損失做一個最好的說明，因為它攻佔了全球的媒體版面。其他國家的恐怖攻擊事件並沒有引起那麼大的國際注意力。航空業的國際航線也岌岌可危。在加拿大，3,000名任職於航空業的人遭解雇；加拿大、瑞士及比利時的航空公司也瀕臨破產。一位航空公司主管預估，在911攻擊之後的12個月，大概損失了20億元的收入以及增加了10億元安全維護的額外花費。

　　在美國，失業率達到20年來的新高。另一項報導指出，大概有900萬的旅館及旅遊業者丟了飯碗。世界勞工組織預估，全世界約有2,400萬人在該年被炒魷魚。世界銀行總裁James D. Wolfensohn說：因為這次的攻擊，預估會有數以千計的孩童因此喪生，以及上千萬人會過著一天幾乎只

有一美元的貧困生活。這次的攻擊也造成全球通訊網路巨大的花費。「美國及其他國家對於資訊攻擊的擔心持續升高，他們擔心關鍵的情報系統會被攻擊，所以要結合過去的經驗及現在的情勢提出因應的觀點」。

二、國土安全概念在情資方面之發展與演進

對情報網（intelligence community）來說，911恐怖攻擊事件為出其不意且讓人訝異的事件，但事後觀之，賓拉登和其共謀核心集團的意圖，其實是有跡可循的。值得注意的是，早在1992年，賓拉登做了一系列的聲明，譴責美國和西方國家對中東的影響，他開始覺得切斷西方國家的「蛇頭」（the head of the snake）是必要的，特別是對美國。2000年1月5日至8日，蓋達組織在馬來西亞首都吉隆坡舉行會議，討論未來的恐怖攻擊及實行的方式，當時討論的內容，就包括了911恐怖攻擊以及2000年10月發生的葉門炸彈攻擊事件，美國中央情報局還有要求馬來西亞秘密警察監視該會議。911恐怖攻擊者中，各有不同的角色，有些人指揮恐怖攻擊活動，是計劃過程中不可或缺的，有些人是幾乎不知道恐怖攻擊的規模，但卻是負責飛機上任務的人，而至今我們仍然不知道，是否所有的恐怖攻擊者都明瞭，他們正在做的，是對世界貿易中心和五角大廈的自殺攻擊。（Ward et al., 2006: 28-29）雖然於911恐怖攻擊前，幾位蓋達組織間諜已經被FBI（聯邦調查局）知曉，但是很多警告徵兆卻被忽略，例如幾位攻擊者曾經參加飛機駕駛員訓練課程之情資。因之部門間資訊交流的隔閡被詳實地記錄於「911報告」之中，並成為整頓法制與組織改革的基礎。

美國的情報體系（Intelligence Community, IC）係依1947年國家安全法而建立。為了維護美國國家安全，情報體系被指派處理外國情報為主。在法律和政策層面，情報體系曾被嚴密地管控其在國內活動所扮演的角色。自2001年以來，情報體系由於對911事件未能事先察覺而受到強烈的批判。全面的組織改革包含改組情報體系、重新調整其傳統優先事項，和要求擴張其調查對象以涵蓋聯邦、州、地方及部落執法、官員之懲治和民營機構。為了建造和維持能夠保護美國國家安全利益且健全的公共建設，在國內的活動場所使用情報資源被破天荒地承認是必要的。（Ward et al., 2006:

85）

　　國土安全部依2002年國土安全法（Homeland Security Act, HSA）成為情報體系的新成員，並於2002年11月25日經布希總統簽字生效。另外司法部緝毒署（DEA）亦於2006年4月成為情報體系的一員。結合現有之14個情報機構而構成下列的16個情報體系：空軍情報處（AFI）、陸軍情報處（AI）、中央情報局（CIA）、海岸防衛隊情報處（CGI）、國防部情報局（DIA）、能源部（DOE）、國土安全部（DHS）、國務院（DOS）、財政部（DOTT）、司法部緝毒署（DEA）、聯邦調查局（FBI）、海軍陸戰隊情報處（MCI）、國家勘測局（NGA）、國家勘察局（NRO）、國家安全局（NSA）、海軍情報處（NI）。2004年情報改革及防恐法案於2004年12月17日由總統簽署通過，並創立國家情報總監辦公室（Office of the Director of National Intelligence, ODNI），形成了史無前例的情報系統與權責的整合，其主任由總統提名並經國會同意任命，並統轄各情治系統且成為總統及立法與行政部門領導人之主要情報諮詢顧問。（Ward et al., 2006: 86-88）

三、國土安全概念在國防方面之發展與演進

　　在國土安全教科書中看到美國軍隊的概述似乎是不太合適，然而，它卻是非常重要的。美國軍隊在歷史上扮演著確保國家安全不被外國侵略的角色，另外在國內，透過立法授權，也扮演著重要的支持角色。軍隊人員在幫忙現今美國國防部的任務時，心態應該要有所改變，因為它不再是任務中的主要力量，而是以輔助者的角色為國家服務。不論從法律層面觀之，或從組織層面觀之，「國土安全」與「國土防衛」的任務和權責有著截然不同的差異。美國國土安全策略中，將國土安全一詞定義為「國家為預防恐怖攻擊、降低美國受恐怖攻擊的傷害、將傷害減到最小、並從已發生的恐怖攻擊中回復過來，在美國境內所做的努力。」無可避免地，此任務與國家安全、國土防衛相關的國家特權有所連結，並致力於捍衛自由和主權。美國國防部的國土防衛暨民防支援戰略將該區別做了以下的定義：國土防衛是「為對抗外來威脅和侵略，對美國主權、領土、國民和重要防

禦公共建設所為的保護。」

　　無論其中的差異如何，都有同樣清楚的明文規範，讓軍隊在收到美國總統或國防部長的指令後，支援民間機構（civilian authority），支援的項目包括：災害、化學、生物、輻射意外、傳染病和民眾暴動。在該規範範圍內，軍隊還有額外的責任，包括對打擊毒品行動的支援和國防工業基地的重點防禦。2002年4月25日，簽署並立法通過統一國防部門司令部計畫後，創立北方司令部，負責美國國防（包括領土、領空和領海防衛）、並提供軍事協助給民間機構（包括立即危機處理和事後管理作業）。其創立是第二次世界大戰以來，最大規模的司令部改組。2002年10月1日，北方司令部開始正式運作，總部在美國科羅拉多州科泉市的彼德森空軍基地。到2005年11月為止，北方司令部約有1,200個人員，包括現役人員、預備軍隊和文職官員（civilian personnel）。據2005年國會研究部門的報告指出，北方司令部年預算略估有7億美金。值得一提的是，北方司令部並非突然成立的軍事國防機構，它控制著本來就存在的三個國防機構。這三個國防機構在北方司令部成立之前，便已有各自的國防任務：1.聯合司令國土安全部（Joint Forces Headquarters- Homeland Security）；2.公民協助聯合特遣部隊（Joint Task Force for Civil Support）；3.北方聯合特遣部隊（Joint Task Force North）。（Ward et al., 2006:103-116）

　　在美國本國的國土防衛之外，北方司令部亦對協調加拿大和墨西哥的國土防衛有國際責任。因為反恐在美國領土內是主要的執法活動，所以在民間機關的要求和國防部長的批准下，美國軍隊的支援角色受到限制。在所有調查恐怖主義的機關中，聯邦調查局是帶頭的聯邦機構。除非經軍方指揮部具體要求、國防部長事先授權且經現場指揮官同意，否則通常情況下，軍事單位不會武裝協助聯邦執法機關。聯邦調查局會提供軍隊成員適當的、符合憲法的及符合程序的保護措施，且視情況需要，會聘請軍事辯護人。聯邦調查局也會在法律容許的範圍內，保護參與軍事行動人員的身分，並保護作戰時使用的任何機密戰術、手段與程序。決定雇用現役軍隊對抗在美國境內的攻擊目標，仍是個有許多政治與法律分歧、敏感且複雜的議題，尤其是當它又牽涉到美國公民時。爭議之處仍在於探討派遣聯邦

軍的適當性，以及在美國應該如何來運用軍隊。

四、國土安全概念在公私協力方面之發展與演進

在1940年代，美國企業建立了「民主的兵工廠」（Arsenal of Democracy）進而贏得戰爭。今日他們正建立起「安全的兵工廠」（Arsenal of security）——令人興奮、反應敏銳、設計先進的產品能縮短反應時間及挽救人命。國土安全需要創新及想像力。而商業則需要機會——藉由做得更好所帶來的更多機會。它不只能帶給我們一個更加安全及無慮的美國，還是個充滿競爭力且繁榮富足的美國。

將公民一同考量在內並不是什麼新奇的想法，而是民主社會的基礎，其已條列於美國憲法中並藉人權法案加以闡明。因此必須強化其合作之相關知識及落實此方面之教育與推廣，以建立起互信、承諾及相互激勵的效用。公私部門雙方都需要調整其策略，以降低因為過度的規範與隔離而產生相互之恐懼、對於其各自獨有情資的過度保護、或更造成利益的競爭，甚至因安全管理系統的妥協及不當濫用資訊而造成的傷害。在早期，當國家面臨到不同形式的危機時，林肯總統曾發表以下之感言：「我堅信民眾是善良愛國的。若能給予真實誠懇的說明，民眾是可以被信賴來共同合作對抗任何國家危難的。然其重點乃在於給予他們真誠的事實說明。」

根據一些案例，可得知私部門越來越頻繁地介入國土安全部及中情局雙方提出的法案，而現在此類現象已漸次成為常態。不可諱言地，對於建立安全基礎建設的需求已不限於政府的情報活動，甚至進一步擴展到法人、研究實驗及學術領域，以上四者都擁有各自獨特的發展潛力以鑑別各領域內的風險和弱點，其並擁有足夠的知識及技術潛能可做為其優勢發展區位。（Ward et al., 2006:123）

國土安全部最重要的通訊單位就是情報分享與分析中心（Information Sharing and Analysis Center, ISAC），該中心是許多公共及私人企業的資訊樞紐。目前有需多情報分享與分析中心，都各別在不同單位或集中一起。目前有14個中心正在運作中，而其他的則處於發展中階段。這些中心致力與其他單位分享重要資訊及知識，也努力研究恐怖攻擊或其他災難。

情報分享與分析中心的通訊聯絡，包括與其他情報分享與分析中心、政府部門，及受威脅的私人部門等。

　　政府與私人部門合作，負責通知重要公共建設之組織、政府部門及人民團體，其可能遭遇到安全之危害，或其他可能造成社會、身體、經濟受創的緊急狀況。情報分享與分析中心每天24小時運作，確保警報系統及威脅處理在準備狀態之中。

　　資訊分享與分析中心群組乃源自於1998年63號總統決議指令（Presidential Decision Derictive, PDD-63），其要求公眾和私人部分，以整合形成一個可能遭受實體的或網路的威脅、破壞的情資合作與交換平台。進而保護由布希總統於2003年之國土安全總統新的指令（Homeland Security Presidential Derisive HSPD-7）中所指涉升級的重要公共建設。除了國防工業基地、郵政以及運輸業之外，ISAC建置成對所有重要公共建設完成資訊分享與分析之功能平台。這12個ISAC資訊建置之標的包含如下：化學領域、食品工業、水力、緊急火災服務、州政府之間的溝通聯繫功能、資訊科技、視訊基礎建設、研究與教育機構、電力、能源、交通建設、金融服務機構、房地建築物等等。

五、國土安全概念在重要基礎設施（Infrastructure）的防禦方面之發展與演進

　　任何國土安全策略必須有能力保護重要而脆弱的機構、電腦網路，及使社會順利運作的系統。此任務對肩負國土安全的決策者和領導人而言，是艱鉅的挑戰。這些被認為有價值且有其弱點和被破壞可能性的基礎設施，則應被確認出並標示為重要基礎設施及成為保護之對象。為了保護這些領域免於被恐怖主義、間諜、蓄意破壞和外國政府攻擊，國土安全必須預擬因應之策略。

　　基礎設施的觀念在1990年代中期，國際恐怖主義威脅的興起，開始有了改變。海外對美國的攻擊及1995年奧克拉荷馬市的聯邦大樓爆炸案讓政策制定者重新考慮，在國土安全議題中基礎建設的定義。（Ward et al., 2006: 139-142）

在1996年7月15日，柯林頓總統簽定行政命令第13010號，籌組了國家關鍵基礎建設防護委員會（the President's Commission on Critical Infrastructure Protection, PCCIP）這個調查委員會的行政命令（Executive order, E.O.）定義基礎設施為：相互依存的網路及系統的結構，其包含經確認之工業、公共設施（包括人員及程序）、對美國的防禦及經濟的安全，提供一個可靠且必要的物資及服務的分配之物流與設施，以及可為政府各層級及整體社會促進流暢營運的機能等基礎建設。因此基礎建設的定義，從1980年以來就是一直被更廣義的定義著。

至於對911攻擊事件的回應，國會通過了2001年「愛國者法案」（USA Patriot Act of 2001）。在此法案之定義中說明：私人企業、政府和國土安全機關均增加其依賴於一個相互依存的關鍵之基礎實體設施與資訊網絡（critical infrastructure）之中，其包括視訊、能源、金融服務、水力及運輸部門。同時，2002年通過之國土安全法（Homeland security Act）也同時採用了「關鍵資源」（key resources）的類似觀念，其意乃指經濟和政府最底程度運作狀態下，公、私部門掌控的重要資源。故而，有些基礎設施是非常重要的，一旦被攻擊將會造成很多生命傷害以及安全上之危害。這些建設包括了核能發電廠、水壩與儲存著危險材料的建築物等。還有一些事物象徵著美國傳統價值、習俗與政經的特性，例如國家自由女神雕像、歷史博物館、其他可顯現出國家的尊榮的物件。這些物件代表著美國的精神與生活方式，容易成為恐怖攻擊的目標。成功的恐怖攻擊正是要摧毀這些足以代表美國的物件，藉此摧毀美國的公眾信心。此外，這些紀念館與雕像容易聚集人潮，特別是在有慶典或活動時，這些人潮更是促使恐怖攻擊的原因之一。

因此重要的基礎設施在國土安全部被分類為13類，且國土安全部根據這個分類創設了一個對策來保護美國的重要公共建設，這13類的公共建設在國土安全的國家對策中有詳細的敘述，其中包含：農業與食物、水、公共衛生機構、緊急應變機構、國防工業基地、能源、電力、石油及瓦斯、銀行和財經、化學與危險的材料、郵局和運輸、交通、資訊與通訊等13項。

六、國土安全概念在運輸基礎設施方面之發展與演進

運輸基礎設施是一個巨大的實體之網絡，包括國定空域系統、航線、飛行器及機場；道路及高速公路、卡車及私人汽車；碼頭、水路及在上面操作的船；大眾運輸、鐵路及公車；輸油管，包括天然氣、石油及其他危險物品；貨物運輸及長程鐵路；快遞服務。

其中，移民及海關執法局（U.S. Immigration and Customs Enforcement, ICE）和海關與國境保護局（U.S. Customs and Border Protection, CBP）主要是負責管理美國運輸及國境的安全管理，亦是在國土安全部之下最重要的新國境安全管理之機關。這兩個機構相當於以下機構的結合：美國海關（之前是在財政部之下）、移民歸化及國境巡邏署（之前是隸屬於司法部）、動植物健康管理服務署（之前是隸屬於農業局）、運輸安全管理署（之前是隸屬於交通局），至於聯邦保護服務署（之前是隸屬於一般服務管理署，General Services Administration）也被加至國土安全部的國境及運輸處之下，來保護政府之機構。

移民及海關執法局是美國國土安全部最大的調查部門，負責發現並處理國家邊境、經濟、運輸和基礎建設安全的弱點，該局有1,500名人員，負責依據移民及海關法保護特定聯邦機構；移民及海關執法局局長（assistant secretary）負責向國土安全部副部長報告有關國境以及運輸的安全。

海關與國境保護局負責遏止恐怖份子及他們的武器進入美國，另外也負責遏止非法移民、違禁毒品和其他走私、保護美國農業及經濟利益免於受到害蟲及疾病危害、保護美國的智慧財產不被竊取、控制並促進國際貿易、課進口稅、執行美國貿易法等。

而在國境安檢與證照查驗方面，亦有甚多新的機制與相關之流程與軟、硬體的研發與創新，以求其安全檢查之周延及檢查品質與效率的提升。其中例如，旅行者快檢安全電子網路系統（Secure Electronic Network for Treveler's Rapid Inspection, SENTRI），其乃是海關國境保護局所執行的一項計畫，目的是為了要增加檢查通過美國南端國境的個人以及交通

工具的速度和正確性。旅行者快檢安全電子網路是在加速低風險檢查時，使通過邊境者在入口港處即可被快速有效的登入姓名。這個系統可檢驗出國境安全有低風險的旅行者，其乃透過大量的紀錄驗證，以及申請者其交通工具每次進入美國的時間，來確認其為低風險之通關者或車輛。旅行者快檢安全電子網路系統就像進入美國低風險旅行者的自動專用通勤路線一般，使用先進的自動車輛識別科技（Automatic Vehicle Identification, AVI），以符合嚴謹的邊境安全執法之需求，同時也提供了更有效率的交通管制措施，也減少了交通擁擠。（Ward et al., 2006: 171-172）

又例如，美加快速通關卡（NEXUS），其亦如同SENTRI一般是個選擇性的國境安全審查程序與系統。這個程式針對來往於美加之間的、得到預先批准的低風險旅客，其目的乃在減少甚而消除其因通關而延滯之時間。旅客可向美國海關與國境保護局（U.S. Customs and Border Protection）或加拿大邊境服務局（Canada Border Services Agency）提出申請。申請時，他們必須以其美加公民身分作為擔保，提出居留證明和財力證明（或雇用證明）。而後，其車輛再經檢查後，美國海關及邊境保衛局（CPB）或加拿大邊境服務局之人員將會進一步審查並發給一張美加快速通關卡。一張經審查的美加快速通關卡允許旅客利用NEXUS通道通關，並可免除一般通關者須歷經之全套檢查及詢問流程。

貳、美國國土安全維護相關策略與法制規範之產生及其影響

一、美國在國土安全維護的對應策略及其影響

美國近期在反恐的實際策略發展上，在1996年美國國會通過一法案——The Nunn-Luger-Domenici Act of 1996，規定各地方警察單位對於生物或化學等重大毀滅性武器之恐怖攻擊（Weapons of Mass Destruction, WMD）必須要有一定程度之對應機制及足夠之訓練。至其訓練，不僅為警政及消防單位，更應包含衛生及醫療之人員。而美國聯邦調查局（FBI）及聯邦緊急救援局（Federal Emergency Management Agency, FEMA, 非馬）之反恐責任分別為，前者要在恐怖事件發生時，整合各單

位共同來處置該事件；而後者則負責於恐怖事件發生之後，主導復原的任務。1997年軍事授權法案（the 1997 Defense Authorization Bill），更立法透過前述1996年之法案，提供國防部經費，以便來協助提升各級政府，對抗重大毀滅性武器恐怖攻擊之能力。（Bolz, Jr., et al., 2002: 104-107）

　　另因應2001年9月11日之恐怖攻擊事件，美國在911事件之後，亟思改進相關反恐弱點，故美國政府在組織上立即成立「國土安全部」為其內閣中之第十六個部會。以綜合性國家安全概念，推動政府改造，重組國內公共安全組織機制，整合與運用所有資源，強化政府危機管理與緊急應變能力。布希總統遂於同年10月8日成立國土安全辦公室（Homeland Security Office），2002年11月19日通過立法，並於25日正式宣布成立「國土安全部」（Department of Homeland Security, DHS），更任命其20年來的好友里奇（Tom Ridge）為第一任部長。該部整併了原有22個單位之整體或部分之功能，例如海關（Customs）、交通安全（The Transportation Security Administration）、移民歸化署（the Immigration and Naturalization Service, INS）、海岸巡邏隊（Coast Guard）、邊境巡邏隊（The Border Patrol）等部門的179,000名員工，及370餘億美金之預算，後國會追加至400億。（http://www.dhs.gov/dhspublic/theme_home1.jsp, April, 2004）

　　而當國會以絕對多數通過此法案時，佛蒙特州參議員Sen. Jim Jeffords（Vermont）評此案，僅會將反恐之資源轉向此新的機關而已，同時給美國民眾一個錯誤的安全概念與保障。而某些市長亦表達了相左之看法，例如，該案忽略了一個關鍵性之反恐要素，即對都市反恐作為，並無任何規劃或補助。（http://www.cnn.com/2002/ALLPOLITICS/11/25/homeland.security/, April 15, 2004）美國CBS之電視評論，亦評其機構太過龐雜，且恐會因執法過當，而妨害到民主國家所最珍貴之人權、隱私權與自由。院民主黨領袖皮羅西女士（House Democratic Leader Nancy Pelosi），更評論此一機構過於龐大，不是一、兩年可以完成整併並順利運作，而是需要五或七年才能建置完成。故其呼籲應以較小規模之組織重整，及較多科技取向的研發與運用，才應該是反恐的正確方向。（Ann Notarangelo, http://cbs5.com/ news/local/ 2002/11/25/Bush_Signs_Homeland_ Security_Bill.html,

Nov. 25, 2002）

　　至美國華府霍金斯研究中心的8位研究員，對此一大型組織整併之效能之評估，亦提出較保守之建議；例如其認為應將組織之功能，聚焦在反恐相關之事物上，而不要執行一般性的業務。至一般性之業務，宜規劃由相關之單位來配合執行。又，如此龐大的組織，必須要設計出一套有效的管理與溝通協調的機制，否則不但情資不易整合，更有相互牽絆的可能等等建議事項。（The Brookings Institution, Washing D.C., July, 2002, http://www.brook.edu/dybdocroot/fp/projects /homeland/assessdhs.pdf）

　　美國國家安全顧問萊斯女士（Condoleezza Rice, National Security Adviser）於2004年4月9日對911事件調查委員會（National Commission）之聽證會中，亦多次強調布希總統在911之前，已瞭解恐怖主義對美國之威脅，唯因情報機構之組織結構與運作功能方面的問題，故總統並未被確切的報告該事件，將發生於美國本土的可能時段與可能之攻擊目標。（Taiwan News, April 10, 2004, p4）雖然多位參議員質疑其證詞之可信度，並暗指其錯估情資，並應負未及時向總統報告，而無法做事前之防犯措施至造成重大傷亡之責。然從聽證會的激辯中，亦可認知反恐之情資蒐集與運作功能之重要性，故其誠為反恐作為不可輕忽的一環。

　　綜上所論，國土安全部將有兩個工作重點，一是把美國許多薄弱之安全方面之環節都保護起來，建立起安全制度，另一是把恐怖主義之情報集中、分析與整合運用。雖然中央情報局（CIA）和聯邦調查局（FBI）不屬於此新的部，卻會與它保持密切聯系。而此新部本身也會建立起自己的情報機制。過去美國情報工作中，有嚴重的山頭主義現象。比方說，有14個不同機構獨自對恐怖份子進行監視，而彼此缺乏交流。聯邦調查局分析情報只從單一案件出發，而較不積極聯結到全國之國家安全情報網，這些都將因此新創立之國土安全部，而期能達到情報整合之效果。

　　在美國安全戰略上，國家安全是從全球的角度把工作重心擺在國外的。以前沒有國土安全問題，但自911之後就有了此觀念。但它和國家安全之間仍然有段距離。布希總統過去在國外，在國家安全上可以放手工作，可是在國內，在國土安全上卻受到束縛。因為過去白宮在執行國土安

全任務上有兩個競爭對手，一個是聯邦的立法、司法機構，另一個是各州政府。例如，若保證國土安全之遂行，則必然會和一些現有的政府制度和作法發生衝突與糾葛。其中例如，中央政府加強對機場人員之審查，而芝加哥市長卻曾拼命抵制它在美國最大的芝加哥國際機場執行此工作。

二、美國國土安全維護相關法制規範之產生及其影響

在職權作用法上，為國家安全利益著眼，立即草擬「美國愛國者法」（Uniting and Strengthening American by Providing Appropriate Tools Required to Intercept and Obstruct Terrorism Act of 2001，簡稱USA Patriot Act），送請國會之參眾兩院審查通過，而於2001年10月26日由布希總統即簽署該法，成為打擊恐怖活動之法律授權基礎。該法之主要目的在於剷平情治機構間情報分享之障礙，希望在外國情報監聽法（Foreign Intelligence Surveillance Act, FISA）下能較寬鬆地取得令狀來進行偵查恐怖活動，擴張監聽法來運用移動式及電子通訊，授權扣押恐怖份子之財產，強迫對於涉及恐怖組織或活動之外國人予以拘禁或遣返。該法以迅雷不及掩耳之速度通過，然而，有些法學者或人權倡導者認為該法「除了為國家服務的權利沒有變，其他所有憲法賦予我們的權利都被以打擊恐怖主義的名義削弱。」儘管一些立法者、民權活動家爭執這樣立法可能危及私人與國會的權利。布希政府仍以「安全措施應該為更大限度的自由而存在。沒有秩序，沒有安全保障的自由是不存在的」的思考基礎，而迅速簽署新法以付諸施行。該法給予聯邦執法人員更大之監聽、監察權，也去除了情治之間的障礙，增加了金融資訊之公開與報告之要求來抗制恐怖基金的調度，進而給予司法部長更大授權以拘禁或遣返設有可疑與恐怖份子有關聯之外國人。美國愛國者法確實擴大了聯邦執法機構之監聽及電子監察權力，增加了偵查機構資訊情報之分享權力；強化了國家對於洗錢及非法移民之控制等措施。又因該法藉由反恐情緒高漲，倉促立法通過，因而受到許多訾議。（蔡庭榕，民92：16-22）

美國參議院2005年7月29日投票，再度通過愛國者法案，獲得延長效力，不過聯邦法院法官卻同時裁決，用來打擊恐怖主義的愛國者法案當

中，部分條文有違憲之虞。雖然愛國者法案日前在眾議院修正通過，不過聯邦法官柯林斯認為，當中關於經援海外恐怖組織的條文字眼過於模糊，因此裁定違憲。他指出，即使法案已經修正過了，不過當中「訓練」一詞不夠明確，無法讓一般人合理瞭解，憲法禁止的行為到底為何。愛國者法案是美國國會在911事件之後，為了加強反恐，賦予美國執法部門調查權力所制定的法案，針對美國民眾經援海外恐怖組織的行為予以痛擊。（許瑜菁，民94）

　　美國學者Oren Gross在其「混亂與規則：回應暴力攻擊危機應經常需要合憲嗎？」一文指出：我們急需一種嶄新的憲法概念來保障人權。否則，將有惡性循環之威脅，每次有成功的恐怖攻擊之後，政府即頒布較嚴格之鎮壓法律及承諾更高的安全，但在每次災難之後隨即產生一個更嚴苛的法律，造成了惡性循環，最後可能為了反恐怖主義，卻成為恐怖政府，而對人權具有危害威脅。Gross認為緊急之憲法型態可區分為「經常事務性模式」（The Business as Usual Model）、「調整適應性模式」（Models of Accommodation）及「非法律支配措施模式」（Extra-Legal Measures Model）三種，而第三種是由其所自行提出，並可適用於因應911攻擊事件之緊急處理模式。第一種之「經常事務性模式」是基於憲法的絕對與完美主義之想法，基於此原則，在國家緊急與危機時，一般之法律與規範原則繼續嚴格地被遵守，而未加以改變，亦即戰時法相同於平時法；第二種「調整適應性模式」是指由其他各變化性模式統合稱之，係於現在之法律架構下來適應國家安全與需求考量，亦即現行制度仍然保留，而作部分調整來適應緊急狀況；第三種「非法律支配措施模式」讓公務人員知道，若他們認為此行為有必要用來保護國家及公眾，當他們面臨大災難時，如他們公開地宣稱他們的公權力行為之公益本質，即可不受法律支配地運作。爾後，再由人們直接或間接地（透過他們選出之立法代表）來決定如何回應此作為。Gross所提出之對於恐怖暴力攻擊之因應之「非法律支配措施模式」應非屬憲法之層次，而是屬於法律層次，亦即恐怖主義及其活動在平時各個專業或一般性法律已經予以多面性規範，若有重大恐怖暴力活動發生，而導致國家安全或利益受到嚴重威脅時，除可由平時已經實行中之

法制來因應，不足之處，即可由Gross所提出之「非法律支配措施模式」來運用，事後再由全體人民或人民代表加以檢驗，以度過臨時性之重大危機。亦即類似於法諺之「緊急不識規範」之緊急危機之處理機制，或稱「緊急權原則」來處理國家之緊急且重大之危機。（蔡庭榕，民92）

　　研究政治學者均瞭解，美國把「制約與平衡」（Check and Balance）作為治國基本原則，就是怕總統權力太大。現在此一顧慮已活生生地，擺在世人之前了。911以後，美國立法、司法的獨立性，在全國一邊倒支援總統的氣氛中變得軟弱。議員怕背上「不愛國」的罪名而不敢堅持原則，法官不想得罪社會輿論而不保衛人權。國會中期改選以後，布希把參議院也裝進了自己的口袋。

　　高喊「不自由，吾寧死」是美國的一貫驕傲，如開放政策、憲法保障的公民或非公民之權利、隱私保障、非種族歧視等等，現在都受到考驗。而咸認為911恐怖攻擊事件幕後主使之一的賓拉登，其攻擊之目的就是要把資本主義之民主制度和自由社會的優點變成包袱。如果加強國土安全後，美國變成一個變相的「警察國」，或是對某個人種（例如阿拉伯人）、某種宗教（例如伊斯蘭教）的社群或少數人失去信任，那不就是促使得賓拉登大獲全勝。（譚中，2002.11.30.聯合早報）因此，立一個專法或成立一個龐大的反恐之專責組織，及訂定一個反恐的嚴苛專法，可能並非對抗恐怖主義之萬靈丹。必須以更有效之提升反恐技術層面、反恐情報系統的運用整合層面及人權、自由與法律效果均能照護的層面，得到一個最適宜之均衡，才應是民主國家反恐作為的最佳策略與選擇。

第三節　911事件前美國國家安全觀──傳統之國土防衛觀

　　所謂冷戰邏輯，就是指面對蘇聯威脅，國家安全開始軍事化，在喬治‧肯楠（George Kennan）的戰略規劃下，美國在冷戰時期的安全心理是一種簡單的邏輯，即國家安全等同於海外，海外又等同於軍事。如前第二節所述，在後冷戰時期，這種想法則分為兩種「原型」，其一是民主黨版本，柯林頓政府時代的「1999年美國國家安全戰略」報告，雖討論了人道干預、婦女與兒童販賣及AIDS等問題，但是，軍事力量仍是國家安全重要支柱。另一種則是共和黨版本，2000年總統競選期間，布希對國家安全強調的是贏的軍事勝利，與此相應的就是建構迅速及精準的壓倒性軍事力量。這種冷戰邏輯思考下的國家安全觀念特徵，就是軍事力量本身變成政策目標，而且以國界為主軸來規劃安全政策與策略（Seiple, 2002: 259-273）。

　　從國家安全走向對國土防衛的強調，是後冷戰時期美國國家安全政策的第一個顯著變化。美國在1996年亞特蘭大奧運會之時，才開始對國土防衛之改變提出建言，1997年美國「國防小組報告」（Report of the National Defense Panel, Dec.1997）所提出的「轉變防衛：二十一世紀的國家安全」，才真正成為關切的焦點，其中對國土防衛的界定是：「整合運用主動與被動的必要作為，來嚇阻及反擊大規模殺傷性武器的使用，這些作為涉及相關範圍的聯邦部門，並且必須把中央與地方政府都協調進計劃當中」。可惜這份報告未獲國會承認及撥款（Seiple, 2002: 226）。

　　如前第一章所述，美國在「911事件」之前如何評估與因應安全態勢，有四個代表性政策報告：

一、2000年「恐怖主義全國委員會」（National Commission on Terrorism）所提出的「反制轉變中的國際恐怖主義威脅」報告（Countering the Change Threat of International Terrorism）：該報告關注在蒐集與分享恐怖主義情資時，美國中央情報局、國家安全局、聯邦調查局發生科技差距的現象，並建議國會與政府檢討種種不同反恐資料，整合

出一個全般性計畫（董立文，2007：5; also see http://www.fas.org/irp/threat/commission.html）。

二、2000年「政府諮詢小組第二次年度報告」（Second Annual Report to the Advisory Panel）所提出「對恐怖主義使用大規模殺傷性武器之國內反應能力的評估──對恐怖主義戰鬥的國家戰略」（Assess Domestic Response Capabilities for Terrorism Involving Weapons of Mass Destruction-Toward a National Strategy for Combating Terrorism. (2000)）：該報告注意到美國並沒有關於如何避免或是因應國內恐怖攻擊（尤其是大規模殺傷性武器及網路）的全般性戰略，報告中建議行政部門應該任命一個專人負責這個戰略。（http://www3.sourcewatch.org/index.php?titleGilmore_Commussion）

三、2000年美國國際暨戰略研究中心（CSIS）之「國土防衛：戰略途徑」政策報告（Homeland Defense: A Strategic Approach, (2000)）──這個報告就國土防衛問題，呼應了先前的所提出的質疑與政策建言，並建議由副總統來負責啟動國土防衛。（http://www.csis.org/component/option,com_ progj/tasj,viw/id,675/）

四、2001年「二十一世紀美國國家安全全國委員會──國家安全的路徑圖：勢必改變」報告（The Report of U.S.National Commission on National Secuity in the 21st Century─Roadmap for National Security: Imperative for Change, Feb. 2001 ）：在這個報告中正式提出國土安全一詞，界定為「統合協調全國作為，以防範美國境內之恐怖攻擊，降低美國對恐怖攻擊的脆弱性，減少恐怖攻擊的損害，以及在攻擊後儘速復原」，並指出在國家安全的名義下，區分「國內」與「國外」已經不在適用。（http://www.nssg.gov）遂在美國國防委員會的建議下，白宮相繼成立「國土安全辦公室」（Office of Homeland Security）與「國家國土安全局」（National Homeland Security Agency），最後則更經立法而成立國土安全部（Homeland Security Department, DHS）。

綜合上述四個報告的結論，可以發現「911事件」前美國國家安全觀念是以國土防衛為核心。茲將其共同優缺點敘述之：（董立文，民96；6）

（一）優點

1. 必須對國家安全最高機構做系統及制度的轉變。
2. 必須提出整體國土安全戰略，協調政府各部門及中央與地方的全盤計劃。
3. 必須建立資訊與情報的分享系統。

（二）缺點

1. 都是在華盛頓的水平思考，缺乏對地方政府的規劃。
2. 缺乏把聯邦、地方政府及非政府部門結合的跨組織思考。
3. 在全球化及分散化世界中，缺乏創造共同的安全文化觀的提議。

第四節　911事件後美國國土安全觀之新轉型與演進

如本章前節所述，911恐怖攻擊事件以前美國傳統之「國家安全」係偏重於運用軍事、外交、經濟、情報等政策手段以有效防範外來侵略、擴展海外利益與壓制內部巔覆；911攻擊事件後，將「國土安全」任務轉而著重於保衛本土免遭恐怖襲擊、強化國境與運輸安全、有效緊急防衛及應變、預防生化與核子襲擊等。因之，新的「國土安全」之新觀念，是以預防恐怖活動與攻擊為考量，整合聯邦機構、結合各州、地方、民間之力量，以提升情資預警、強化邊境以及交通安全、增強反恐準備、防衛毀滅性恐怖攻擊，維護國家重要基礎設施、緊急應變與因應等方向為主。「國土安全」（homeland security）這個名詞定義在以往並未有明確的界定。筆者綜合前述文章認為其具體內容應可包括法治、基本人權、基礎設施、民眾健康、自然災害救助、反恐怖主義等等。簡言之，「國土安全」是「國

家安全」此一概念的具體內容；然其爾來之演變，如本書其他篇章之論述，國土安全已較偏重於司法之執行層面與整體社會之防護層面，其觀念顯然與國家安全在國家之政權、軍事、外交、經濟、情報等層面之關注，略有其分野及其不同之策略與處置方式。

亦即其二者之異同如本書第一章第一節之所論，「國家安全」（National Security）與「國土安全」（Homeland Security）在其界線與權限範圍上是有所區別的。國家安全，是攸關國家整體政權之存續，故較從國家整體政治與政權安危之角度為出發點，來執行較高層次、較全方位的國家安全維護的工作。故其可能牽涉或包含國防安全與國土安全的範疇，及整合所有此類資源以維繫國家的永續經營為其核心之工作。至於國土安全此新興的領域及其概念，則是以公共行政、社會安全維護與司法事件處置之角度為主要關注點與手法，來維護國土之安全。其二者在維護國家整體之安全與永續發展之目標相同，但在處理事件的性質上及所運用之方法與權限上則有所相異，雖然其二者之間經常需要有合作與聯繫協調，及資源整合的必須性與時機。故而爾來國土安全新觀念之形成、轉型與演變，確實有其時代的必要與需求性，不可不察。

911事件對美國而言其所造成之傷害不可謂不大，無論是物質的、人員的或心靈的，其傷害均屬空前。美國為鞏固其在國際社會之政、經、軍及形象地位，在受攻擊後立刻作出許多有效的維護措施。茲僅就與國境安全管理有關之相關作為部分加以論述，至其他國土安全維護的演進與發展之較完整、全面之闡述，則將於其他相關篇章與第十章之結論中分別論述之。至於，國境安全管理可概分為人員出入境管理（尤其是入境）及飛安管理兩大面向。另就國家土安在公、私部門之資源整合上，以及緊急救難之新國土安全之維護作為上，亦略論其演進於後。

壹、有關人員入出境管理方面之發展

911事件讓美國人對國土安全有了新的體認與重視，2001年9月25日美國眾議院通過了一項國防授權法修正案，要求運用軍事人員巡邏美國與加

拿大和墨西哥之間的邊界。雖然加強反恐怖主義法案可能進一步削減非公民的權利，也顯著擴大執法單位侵犯美國人隱私的職權，惟參、眾兩院仍然迅速通過此一法案，並擴大執法單位監聽涉嫌恐怖份子之電話，並允許執法單位起訴恐怖份子嫌犯或將嫌犯驅逐出境之前拘押7天。911驚爆之後，美國不單自行管制入境事宜，亦要求加、墨兩鄰國協助管理邊界。加拿大已對包括中華民國護照持有人過境入美國必須申請加拿大過境簽證；墨西哥應美國政府之請對某些國家，國民申請入境簽證加以限制（受墨西哥政府限制申請簽證程序之國家，包括阿富汗、巴基斯坦、錫蘭、印度、亞塞拜然、烏茲別克、土庫曼、土耳其、波士尼亞）。此等國家國民申請入境以往僅由墨西哥外交部批發簽證，惟受限之後申請案均需經過墨西哥中央移民部（Secretaría de Gobernación, Secretary of Government）的背景調查後才能發出，時程至少30天，確定無問題始發出簽證。我國外交部對此極度不滿，除要求恢復舊制外，後來亦對墨西哥旅客提相對之報復措施。

2001年10月5日美國國務院反恐怖主義協調辦公室公布「外國恐怖主義組織報告」，認定外國二十八團體為恐怖組織，其中包括賓拉登之「基地組織」（al-Qaeda）。在美國或受美國司法管轄之任何人，提供該等組織金錢或實質贊助均屬非法。所屬組織代表與若干成員若為外國人，則美國得拒發簽證或將之逐出美國。美國得對認定之組織及其代理人資金凍結（美國國務院反恐怖主義協調辦公室2001年10月5日公布之「外國恐怖主義組織報告」之認定效力內容）。這是美國對付恐怖組人員出入境及凍結恐怖活動資金之政策性宣示。

911事件發生後，美國緊收移民政策，外來移民事務受到影響而暫停的類別很多，惟以難民受到影響最大。911之前的年度尚有2萬難民未進入美國，驚爆之後美國對入境程序採取較嚴格的檢驗，難民資格的審定亦較為慎密，在新的年度雖允許入境之難民配額有7萬人，然新的入境規則增列複雜的背景調查及安全審核措施，預料實際獲准入境的人數與進度均將受到影響。

美國國務院要求駐外使領館對申請非移民簽證的15歲至16歲男子均需填寫背景安全調查，以避免恐怖份子或同情恐怖組織的人士入境。原持入

境簽證一次可停留6個月，911後改為入境一次可停留1至6個月，停留時間長短由入境查驗時移民官員依狀況現場決定。持用觀光簽證（B1, B2）入境者，不得改為學生簽證（F1）。持用學生簽證入境者，其就學狀況如有改變（如休學、退學、轉學等），原就讀學校需向移民局報告。學生本人對就學狀況改變或搬家，亦需個別向移民局報告。由以上之改變顯示美國對核發非移民簽證趨嚴，對以學生身分作較長時間之停留者，除條件轉嚴外，且負以學校及學生本人負有告知移民局異動訊息之責任與義務。

　　加強與各國合作，請求協助防止不法份子持用假證照偷渡美國，以期防制不法份子於國境之外。美國為達此項「拒敵境外」之預期目的，除主動提供不法份子情報資訊予各國外，並派遣證照辨識專家至合作國入出境查驗單位作實務教學訓練，此乃雙贏之合作模式（我國國際機場入出境查驗單位（航空警察局）與美國AIT等相關駐台單位互動極為良好，合作成效極佳，堪稱國際合作模式之典範）。

　　美國布希總統鑑於情治單位的失敗，為保護美國國土及人民安全，於2002年6月6日提議成立「國土安全部」，專責打擊恐怖主義（參見聯合報91年6月8日第13版）。此案若成真，除顯示美國政府對打擊恐怖主義的決心外，亦凸顯美國改變對國境安全管理的重視。國土安全部將吸收特勤局、海岸防衛部、移民署及海關等單位，此為半世紀以來美國最大規模的政府組織調整。

貳、有關飛航安全管制方面之發展

　　美國為免恐怖份子再度利用民航客機劫機犯案，特要求所有飛往美國之外國航空公司，均需依照美國聯邦航空總署（FAA）所定標準作飛航安全檢查，並派員臨場訪視。如認不符規定，除要求改進外，嚴重者有可能被禁飛美國。2001年11月中旬美國FAA即派員來台訪視我國國際機場美籍航空公司及飛美航空公司班機之安檢工作，對訪視結果均表示滿意（航空警察局內部參考資料）。

　　美國慘遭911恐怖攻擊後，美國政府非常重視交通運輸及機場之安

全檢查工作，為便於執法單位之執行及事權之明確，美國國會於2001年11月19日通過新法「航空暨運輸安全法」（Aviation and Transportation Security Act），並依該法規定成立「運輸安全署」（Transportation Security Administration, TSA），專責美國國內有關機場及飛行器的安全維護等相關工作（柯雨瑞，民91：41~67）。

美國聯邦航空總署（FAA）開始招募更多的空安人員以維飛行器在空中飛行之安全。美國大量增加駐疆界、機場和港口之警備巡查、檢查人員、調查人員等，充實人力，以利周延執行任務。2001年12月22日美國航空一架由法國巴黎飛往美國佛羅里達州邁阿密市編號63之波音767客機，驚傳一名嫌犯企圖在機艙內點燃從他一隻運動鞋裡伸出來的引線。從此，各國飛往美國航線班機之安檢工作加強，所有旅客均需脫鞋檢查。任何尖銳形物品均不得隨身搭機。

美國前總統布希於2002年7月16日公布美國史上首份「全國國土安全戰略」，倡議美國採行廣泛的變革措施，以防範並因應美國本土可能遭核生化及傳統武器之攻擊，這項國土安全目標是為防止恐怖主義、降低美國遭受恐怖攻擊的危險，並在遇到襲擊時儘可能將損失減到最低限度。此項戰略計畫重點包括：擴大總統處置恐怖攻擊之權限，運用高科技輔助人員身分辨識，與各國議定擴大引渡權限的協約，制定全國各州通用的駕駛執照核發法規，強化國際貨櫃輪自國外港埠出發前及航越美國領海時的相關偵檢措施，更廣泛地於邊界各地、港口及各交通要道運用探測器偵查危害性的核子裝置，製作詳盡臚列全國重要基礎設施之清單，並進行相應保護計畫（自由時報91年7月17日第10版；中國時報91年7月17日第10版）。此國土安全戰略與成立國土安全部有相輔相成，相得益彰之呼應構圖。

根據美國國土安全部網站說明，第一任部長Ridge的成就是「結合各部門的約18萬工作人員共同強化邊界，提供情報分析及保護基礎社施、改善科技以反制大規模毀滅性武器、創造了全般性區別反應與復原計畫」（Tom Ridge 2003-2005）。其中，最引人注意的就是2004年「國家應變計畫」（The National Response Plan）：以國土安全部為核心，將美國聯邦各方面協調機構，職能機構和資源整合成統一的、多部門的，針對國內一切

突發事件的災害管理體系（National Response Plan, Homeland Security）。

其後在戰略發展的部分。則有2004年國家安全總統指令第51號（NSPD 51）與國土安全部總統指令20號（HSPD-20）：主題為「國家的連續性政策」（National Continuity Policy），強調國家基本職能（National Essential Functions）的連續性要件，並為國家、地方、地區、原住民部落和私人部門提供指導，以確保全面和綜合性的全國延續性計畫，強化國家的安全態勢的可信，並在國家危難時，能更加迅速有效的應變和復原。並且重新界定，「緊急災難」（Catastrophic Emergency）是指不論在什麼地方所發生的任何事件，造成大規模傷亡、損壞或失靈的結果，嚴重影響了美國的人命、基礎設施、環境，經濟與政府職能（http://www.whitehouse.gov/news/releases/2007/05/20070509-12.htm）。

國土安全部在2004年提出新的戰略報告名為：「戰略計劃——守護我們的國土」（Strategic Plan—Securing Our Homeland）：重新規劃願景，使命，6項指導原則（保護公民權利與自由、整合行動、建立聯盟與伙伴、發展人力資本、創新、負責任）；7個戰略目的（覺醒、預防、保護、應變、重建、服務、卓越），及33項具體目標（Strategic Plan—Securing Our Homeland, *U.S. Department of Homeland Security.*）。

無論在哪一個國家，重整政府官僚體系都是一項艱鉅的任務，而美國政府組織這一次的重整任務尤其艱鉅。國土安全部即便做了這些戰略修正。由於辦公室不足，所以無法把22個部門、179,000萬人合併在一個新的部門，而且缺乏通訊設備及電腦系統支援，加上人員分散在全國各地，特別是邊境地區，因此除了部長之外，所有領導高層幾乎沒有領導成效可言，也使得許多人才拒絕擔任國土安全部主管。這些挫折使Tom Ridge在職2年即黯然下台。整體觀之，美國國土安全部在TomRidge時代所面對的困難有三大項，分別是：

（一）面臨協調內部機構，容許不同組織的文化、平息官僚機構內部紛爭的重大挑戰。

（二）原獨立機構快速應對突發事件的能力有所削弱。

（三）急需對一連串新生事物在觀念上反省、釐清與定義。

　　2002年美國政府正式把國土安全列為國家安全戰略，從此開始在安全研究學也同時開闢出國土安全研究這個新領域。回顧這段時間中可以發現，從1996年亞特蘭大奧林匹克運動會開始觸及國土防衛概念，一直發展到2002年正式提出國土安全概念為止，這兩個名詞與概念界定只存在於政府的相關文件中，2002年後才開始大量出現在學術論文中。由此可知，並不是安全研究引領安全政策，而是安全政策引領安全研究。

參、有關安全管理之發展及其在國土安全上之整合與演進

　　如本書前述第二章所述，其實「現代警察」從1829年在英國倫敦由皮爾爵士之倡導而誕生之後，即一直強調先期預防之理念（crime prevention）。（Thibault, 1985: 4）而後之所以偏重於事後犯罪偵查被動的行政取向（reactive），乃受環境之變化（即強調效率與科技）及決策者思考方向之轉變所致。故如前所述，皮爾爵士之偵查與預防並重、警力與民力結合的經典之哲學與思想，乃又再次主導全球治安治理的發展方向。而後者警力與民力的結合，遂成為第二個當代全球治安治理的重要發展趨勢。而此理念恰與美國911遭受恐怖攻擊後，國土安全檢討與改革的重要關鍵之一，亦及公私部門資源與情報之整合與伙伴關係的建立等觀念，不謀而合。如此深信，可更有效的維護國土之安全，免再遭受恐怖份子的突擊與破壞。

　　另外，美國在民間安全資源的發展上，亦受到經濟與社會的快速發展，而在近期展現其無比的安全管理之潛力。其中例如，安全管理的保全行業在北美，於早期即已非常發達，然而直到1970年才首次有正式的分析研究，即藍德公司之報告面市，而其研究即由美國司法部資助。10年之後則由Hallcrest公司發起第一屆大規模的保全學術研討會。但真正針對私人保全有系統性的研究則由Stenning和Shearing氏在多倫多大學犯罪學研究中心所發起的。這些北美的研究真正開始對保全的組織，包含人員訓練、人事制度、法規、功能與服務等議題累積文獻。相對來說，英國的實證研究在初期已經非常豐富。

　　然而在概念和理論層面，保全的研究或可分為兩個派別：一派認為保全之存在是為了補充或輔助警察的功能。Kakalik和Wildhorn解釋私人保全的擴張是符合公部門警察的公益目的，乃因警察無法完全滿足日益嚴峻的治安需求；儘管填補了治安的真空狀態，保全仍然需要和警察維持一個功能上的區別，就是擔任警方「小伙伴」（junior partner）的角色。另一派，則是激進的評論者對保全擴張抱持著懷疑態度。Flavel把保全的發展視為公私部門警力民力間強力的連結，有可能會成為一支強大並可運用的警力。然而，911美國遭受恐怖攻擊之後，此類民間安全管理資源的運用與整合卻亦成為值得且必須結合的力量。

　　另外，在《警政轉型──北美、英國與其他國家》一書中指出，未來將有新的警政制度將有兩項新發展方向。其一是，警察似乎不能成功的為自己界定角色，成為社區服務、執法者或是秩序維護者。而保全則是將這些以前免費的服務加以收費，僱用更多百姓來輔佐警察的職務。第二，這樣的非政府的社會安全管理力量也打破了警察壟斷治安的現象。（Johnston, 2007: 25-49）

　　例如，在日本1985年就有4,029家保全公司，170,023名安全警衛，至1987年成長為4,586家保全公司，202,611名人員，經費成長至83億日圓（National Police Agency, 1989）。又如美國司法部1991年公布之資料顯示，私人警衛之經費超出全國警察的73％，人員則為正式警察的2.5倍。私人警衛之花費為520,000,000萬美元，並僱用150萬私人警衛，正式警察則僅花3億美元及擁有60萬人力而已（Cunningham, 1991）。故而，保全與民間警衛之發展，已然成為治安維護的重要機制，尤其美國911遭受恐怖攻擊之後更必須整合此種民間之力量。我國民間警衛在此方面之發展，亦隨著全球之趨勢而逐漸成長，其中除了保全之外，社區守望相助或私立機構之警衛安全等民間資源都值得結合與運用。唯在其成員之品質管制、民力的管理與運用等方面，如何更有效的規劃與設計，乃屬整體治安功能規劃之重要課題，必須再深入的詳加研究與規劃。

　　至2005年美國保全業則約有390億美元的市場規模，其花費之分布狀況如圖3-1所示。足可見此保全業之人力資源，若能更有效的整合在國土

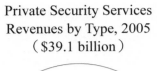

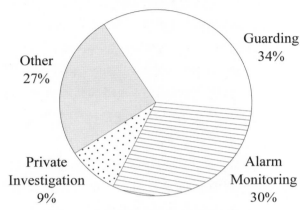

圖3-1 美國保全業花費之分布狀況

資料來源：http://www.lib.uwo.ca/business/pp.html

安全的同一平台之上，則對於國土安全之維護將有加成之效果。

肆、有關國土安全之緊急應變機制方面之發展

2002年國土安全法通過立法（The Homeland Security Act of 2002, P.L. 107-296, 116 Stat. 2135）。並於2003正式成立該部（Department of Homeland Security, DHS），而於其下設有聯邦緊急整備與反應處（Emergency Preparedness and Response Directorate, EPR）。2005年7月13日由國土安全部部長提出該部的第二期程的改革計畫（the Second Stage Review, 2SR），並向美國109屆國會提修訂國土安全法，在緊急整備與反應的作法上之修正法案，建議籌組更為專業的救難整備單位，以便整備或回應更大之人為或自然災害之發生。（http://www.au.af.mil/au/awc/awcgate/crs/rl33064.pdf）

如前第一章第三節中曾論述，2006年10月4日美國前總統布希簽署卡翠娜颶風後之緊急應變管理改革法（Post-Katrina Emergency Management Reform Act）。該法在國土安全部內，建立新的救難之整合機構，賦予聯邦緊急應變與整備時更多的機能，並強化國土安全部在應對災害威脅，以及防範、預作準備、維護、反變及復原等能力上之加強。根據卡翠娜颶風後緊急應變管理改革法，及其自2007年3月31日起生效之規定，遂於2007年4月1日將前述之緊急整備與反應處（EPR）整併政府機構中救難整備的相關機制，而成立另一新的組織，此整合後之組織稱為國家整備處（National Preparedness Directorate, NPD），並隸屬於國土安全部之下的聯邦緊急救難署（Federal Emergency management Agency, FEMA）。國家整備處包括1個幕僚單位，其名稱為整備之政策、計畫與分析室（Preparedness Policy, Planning and Analysis），其之任務乃增強國家防災之整備及其策略之分析與規劃。

國家整備處（NPD）並同時包含4個執行單位即：1.技術暨風險處（Technological Hazards Division）：協調全國在防災方面之努力，以及加強被商業用核能廠房與化武儲備廠圍繞之社區的災害反應能力；2.國家資源整備中心（National Integration Center）：建制、管理與協調所有國土安全相關之外部的教育與訓練，以及內部人員必修之演習與學習計畫，以便對於人為或自然之災害能有效的預防、保護、回應、復原或減輕其損害；3.社區整備處（Community Preparedness Division）：接觸、教育與訓練美國公民具備對抗災難所有之準備能耐，透過本單位之社區團隊方案，結合社區、政府與民眾一起來作整備與防災的各類工作；4.整備協調處（Preparedness Coordination Division）：以實地推行之各類災害整備計畫，整合聯邦、州、地方機構、及私部門團體之資源，來有效防災、防止恐怖攻擊、或者重大災難事件之協調、合作與支援等事項。（http://www.fema.gov/pdf/about/ divisions /npd/npd_brief.pdf）

有鑒於911事件之衝擊與挑戰，導致美國國家安全戰略思維的轉向，國土安全成為其國家安全政策之優先議題。該事件後促使美國強化邊境安全檢查、入出境旅客的安全檢查。但是，面對卡翠娜颶風的天然災害之衝

擊，喚起美國天然災害的預防與處置同樣會對國土安全形成嚴峻之挑戰，故而國土安全防護之範疇遂進而擴展至災害的防救之上。

第四章　美國國土安全關鍵基礎設施與相關之防衛措施

第一節　前言

　　自美、蘇冷戰結束後，恐怖主義被許多國家列入目前最嚴重的全球性威脅。恐怖組織自1960年代晚期開始發展，而其行動的共通點，在於他們都痛恨現有之強勢「歐美文明」所建構的價值與秩序。到了20世紀後期，恐怖行動已成為回教聖戰所採用的作戰手段（方淑惠譯，民96：34-77）。在過去數十年中，重大恐怖主義攻擊事件的發生次數及死傷人數均與日俱增。當美國紐約在2001年9月11日遭受恐怖份子以劫機自殺式攻擊雙子星大廈及美國國防部五角大廈之「911事件」發生，其慘烈手段震撼整個世界，不但癱瘓美國的金融秩序，更重創全球的經濟，此慘烈手段透過資訊的傳遞，從電視、網路、收音機讓全世界於同時領略了心理的震撼及對未知的恐懼。正如恐怖份子所圖謀，造成駭人聽聞的重大傷亡人數，「911事件」成為全世界認真對待恐怖主義的分水嶺，自此恐怖主義已成為全球愛好和平者共同之敵人。

　　西元2001年9月11日的上午，恐怖份子對美國本土的政治和經濟中心雙子星大樓發動前所未有的突擊行動，兩座大樓瞬間夷為平地，美國國防部大樓也部分坍塌。美國布希總統曾說：「數以千計生命突遭到邪念和卑鄙的恐怖活動殺害。」它強調，這些攻擊不會損害美國的根基，也無法摧毀他們的決心。布希誓死，美國將會全力追緝元兇，對策劃和包庇恐怖份子的人作出報復。

　　美國首府和紐約遭恐怖組織進行自殺式恐怖攻擊的事件，不只震驚全世界，也是後冷戰時代國際關係改變的重大里程碑，也預示一個全新戰略時代的急速來臨。以往美國自認為受到太平洋與大西洋兩洋保護，美國本

土不會受攻擊，美國是受到上天眷顧的「賜福之地」；即使有核子飛彈的敵國，因懾於美國的核武報復能力而對美國無可奈何，此一無法攻擊美國本土的神話，在911恐怖行動中徹底破滅。

「權力平衡」理論和「集體安全」理論，兩者一直是過去200年來西方維持集體安全的基礎理論。季辛吉主張「權力平衡」理論，透過權力平衡並輔以集體安全體系，即可保證美國及盟國的安全；也就是說，一方面促成美國與中、俄間的權力平衡；「集體安全」理論乃加強北約和其他雙邊、多邊的盟約關係，即可消除危機，保有和平。過去半個多世紀以來，美國使用這兩手策略也確保了長時間的和平。然而恐怖攻擊既無關乎強權間的權力平衡，也不是北約等集體安全組織可以預防阻止，因此，這兩個理論在今後已顯現其極大的侷限性。

「保證報復」戰略、「彈性反應」戰略和「地緣戰略」是冷戰時代的「三個戰略」。這些戰略主要是針對旗幟鮮明的主權敵國而採取的嚇阻戰略，其威懾的「可信度」依靠的是核武的大規模報復和保證毀滅來嚇阻敵人，並以彈性反應做快速戰略及戰術性反應，其演變過程包括二又二分之一、一又二分之一到如今的同時打兩場傳統戰爭的戰略。而地緣戰略則根據海權、空權的觀念，控制戰略地緣以達到制敵機先的目標。這些戰略是以有清楚標的主權敵國為大前提，當然無法應付沒有國土、沒有面目，飄乎不定、悍不畏死的恐怖組織。這就是「明槍易躲、暗箭難防」。這類的攻擊，是衛星、雷達無法偵測的，因此沒有任何預警，更無所謂預警時間，也是中共一直強調的「不對稱作戰」，是任何強權迄今都無計可施的。俄國無法防堵車臣的恐怖攻擊、中國無法消滅新疆獨立運動的攻擊、英國無法阻止北愛共和軍的攻擊、以色列無法對付巴勒斯坦的自殺攻擊，都說明了許多強權真正無法應付的敵人並非敵對的強權，而是小規模的恐怖組織。（http://forums.chinatimes.com.tw/special/america/911/90BG912A.htm）

美國前總統布希在其任內第二次全國電視講話中強調，「美國人民團結一致，決心維持正義及和平。美國過去曾經光明正大抵禦敵人，這次我們也將會做到。」恐怖份子史無前例的攻擊行動，造成難以估計的死傷人

數，為此美國及世界各國大為震驚，都提高警覺加強安全維護工作。同時對於政府安全部門的重整與統一，加強事權的劃分，充實資訊設備及人才培訓，以利國家安全的維護。國土安全這個概念是經由這個歷史過程而發展起來的，因此，它是一個非常具有美國特色，且是「後911事件」特色的概念，它不但激發同時也制約國土安全概念的發展，同時帶有濃厚「美國中心思想」的概念。因此，國土安全概念的發展，遂興起了其中最為基礎的基本元素，亦即國土安全所保護的基礎建設到底應包含哪些範疇，故本章擬引述國土安全發軔之初所論及之關鍵基礎建設如下。

第二節　國土安全關鍵基礎設施

任何國家為求民富國強，能在國際競爭中站上制高點並獲得優勢，凡有為的政府，莫不以前瞻的眼光，理性的政策來從事各種與政府施政、國家安全、經濟科技、金融貿易、國防軍事、民生需要、國際事務等有關的基礎項目來積極建設。所謂的關鍵基礎設施（Infrastructure），是指那些與維持國家最起碼的經濟、民生與政府運作息息相關的實體，和以資訊電子為基礎的系統。基礎設施可略分為：農業暨糧食、供水、公共衛生、緊急救難服務、國防工業、能源、電力、油氣、財金、化學暨危險物質、郵遞與運輸、交通及資訊等十三個部分。根據美國傳統英語字典（American Heritage Dictionary of English Language），基礎設施這個字在1927年的美國開始使用，指的是道路、橋樑、鐵路以及工業經濟所需之類似的公共建設，或其功能上之一部分。這個定義源於對基礎設施的一般概念，和充分維持國家公共建設與經濟同義。（Ward et al., 2006: 139）然而國土安全關鍵基礎設施之內涵，則會隨著環境的變遷而不斷的調整其內容。

在一份1983年的報告——「公共建設和基礎設施：1980年代的政策考量」中，國會預算辦公室（Congressional Budget Office, CBO）將基礎設施廣泛定義為「政府資本密集及高經濟的公共投資之建設，其並對國家之經濟發展而言是關鍵而不可或缺。」（Ward et al., 2006: 140）這個定

義強調基礎設施和國家經濟活動有關，特別是高速公路、大眾運輸系統、廢水處理設施、水源、空中交通控管、機場、地方用水供應等等都落在此類別之中。美國國會預算辦公室同時也注意到基礎設施這個觀念，可以廣泛應用於像學校、醫院、監獄等社會建設之設施，以及工業生產之建設（Ward et al., 2006: 140）。這個定義被2002年國土安全法所創的國土安全部所採納。此外國土安全法也同時採用了「關鍵資源」的觀念，其意乃指涉不論是公部門或私人機構所掌控的設施，從基礎至較小規模的、經濟上和政府行政上的任何建設活動，均規範為所謂的關鍵資源之內。雖然如前所述，國土安全關鍵基礎建設之內涵，會隨著環境的變遷而調整其內容；然本章擬以國土安全學術領域發軔最早，亦至目前為止最為完整之美國的13項關鍵基礎建施為準，並整併其內涵略論為11項如後，以便於在思考或建構我國關鍵基礎設施時之參考。

壹、農業與食物的基礎設施

農業與食物在美國是不可缺的商品，且占美國國內產值接近四分之一。農業輸出對在經濟的貢獻非常大，每年幾乎有四分之一的農牧業商品輸出其他國家。在農業方面包括了以下幾點：

一、食物、動物與動物製品的供給；

二、農產品與種子、肥料與其他耕作必需品的供給；

三、農作物收成後的儲存，包括製作過程、保存。

農產部分最大的威脅就是作物的疾病與汙染，如何確保作物的安全變成了一種挑戰。政府與民間工廠便攜手一起處理分離的精製食物之損害問題，食物的安全是否有效是以預防、檢測、減少其他因素的干擾，或者是利用一些化學物質來防止食物在精製的過程中發生腐敗，也因為在農產品要輸入時要經過很多道手續，檢測變成為一種最有用的方法來確保農業與食品的安全（Ward et al., 2006: 142-144）。此基礎設施實為國家存續與發展最基礎的元素之一，若遭受恐怖威脅與攻擊則對於民心與社會之安定，則會產生立即的恐慌與動亂，故其為國家基礎建設與防衛恐怖攻擊的重點

範疇。

貳、水力問題的基礎設施

美國水力部門，在民眾健康與經濟層面是不可或缺的。水力部門由二個基本的構成要素組成，亦即乾淨水源供應和汙水蒐集與處理。水力部門的基礎設施是各式各樣的，範圍從服務較小城鎮顧客的小體系到服務上百萬顧客的大體系。在供應方面，基礎建設保護的主要焦點是國家的170,000個公眾水力系統。這些公用基礎設施包括水庫、水壩、水井、地下蓄水層，和處理設備、抽水站、水管和傳輸管線等。汙水工業強調的是關於19,500地區性的衛生下水道系統，包括大約800,000英里的下水道管線。汙水處理之建設，處理來自社區、商業和工業來源的廢水。而美國的水力部門於保護其設備和系統上已有進展。例如，美國的政府和工業機構，為了飲水與汙水設備已發展出弱點評價之方法（vulnerability assessment methodologies）和訓練數千公用事業操作員來執行之。針對2002年公共衛生安全和生物恐怖主義準備和回應法案（The Public Health Security and Bioterrorism Preparedness and Response Act），環境保護局（Environmental Protection Agency, EPA）已發展出，運用弱點評估與威脅的基本資訊。此外為了支付那些研究的花費，環境保護局於各水力系統提供援助，並且使他們能夠採取弱點評估資訊和發展緊急反應之計畫。（Ward et al., 2006: 144-145）

人類對於水力基本要求甚為直接與必要，而維持一個安全的水力供應，是水力基礎建設的主要任務。民眾對於國家水力供應的安全性之觀念也是值得注意的，尤其是那些居住或工作於水力設施附近人們更應有此安全之觀念。為了水力基礎建設之保護措施應採取的優先順序，部門專注於會造成重大人類傷亡和財產或廣泛經濟上損失的水力基礎設施之攻擊。一般而言，有四種主要關注的領域（Ward et al., 2006: 144）。

一、水力方面的物質上或財產上之破壞，包括有毒化學藥劑故意的釋放。

二、水力供應可能受威脅的汙染。

三、關於水力資訊管理系統或其他電子系統的網路攻擊。

四、來自其他之基礎設施的服務之中斷等。

為了提出這些潛在的威脅，水力部門需要額外專注於威脅之資訊，以便將資源投向對應保護措施的加強。水力部門也需要增加監控和分析的能力，來提高生物的、化學的或放射性的汙染物之察覺，確認這些汙染物是否故意的被放進去水力供應系統裡面。雖然有些計畫已經達到先進的監控和採樣科技的境地，但是來自水力部門其他特殊的、機先的（proactive stance）對應策略是有可能且需要的。應該增強環境監控技術與實驗室能力，以便提供水樣本適當和及時的分析，來確保其安全並及早提出警訊，以便萬一有事件發生時其處置動作能更迅速而有效。而其具體的新發展策略包括：新分析方法、監控政策、採樣協議和訓練等。

參、公共衛生的基礎設施

美國之公共衛生部門龐大又多樣。由州及地方的衛生局、醫院、醫療診所、心理治療機構、護理站、血庫機構、實驗室、太平間、製藥廠等組成。自然災害或蓄意攻擊危及國土安全時，醫院、診所及公共衛生機構擔任減緩並復原傷害的重要角色。這些建設的外在受損或內部運作遭受干擾時，會阻礙有效的應變與救援行動，並加劇緊急狀況的惡化。即使醫院或公共衛生建設非恐怖攻擊的直接目標，但其衍生之汙染也會造成重大影響，包括化學、輻射、生物物質等等之攻擊。除了建立醫學網絡，美國也仰賴許多特別的實驗室設備及資源，尤其是有關疾病控制、疫苗培植與儲存等。例如衛生及公共服務部（Department of Health and Human Services, HHS）致力於疾病管制及預防，國立衛生研究院（National Institutes of Health, NIH）、國家戰略儲備所（National Strategic Stockpile, NSS）等是。

從事公共衛生的工作者已經調適其心態，在緊急情況中其自身可能處

於受傷害的處境。他們視自身為恐怖行動攻擊的可能潛在的目標。大多數醫院及診所，提供一系列重要的服務，並可以供大眾自由使用。然而此種自由方便的管道，也很難以去確認何者是潛在的威脅，或可以有效的預防懷有惡意者的進入。事實上，醫療系統缺乏辨識並檢測潛在污染或攻擊者的方法及標準，故而會對醫療設備之安全及緊急應變措施，可能會產生重大之危害。另一項重大挑戰，就是醫院及診所各有不同的結構與系統設計。例如所謂的「免疫建築」（immune building）有一定的結構設計，可以防止傳染因子感染及散播的可能性。如此具有特性的設計包括，氣流控制系統、獨立房間、排除傳染因子附在表面的特別膜層等。但是相對的，如果該醫療之建築物只有少許的內建環境保護系統，則若要有效的保護這類的基礎設備，就顯得相當之困難（Ward et al., 2006: 145-147）。

目前，除了國家戰略物資儲備中心外（national Strategic Stockpile），危急時的原料和醫藥的補充供應及資源的流通是是有限的。醫藥原料之供應鏈的經營管理，也必須要有更大的關注，以確保在緊急情況中，安全並有效率地發揮其支援之作用。對這些問題可能的解決方案，受到複雜的合法性及稅賦議題的影響。美國聯邦政府僅限制受規章規範的官方，去要求該類公司提供可用的醫藥供應存貨，和製造這些醫藥的能力之相關資訊。自從製藥公司的產品存貨被課稅後，他們嘗試避免儲存過多其製成之成品存量，並透過「即時生產」的方式，即時大量的生產以滿足需求，亦即是一種控制存貨量以追求最大利潤的模式。然而此策略之改變，顯然會影響緊急救援時醫療無法迅速生產與支應的窘境。

緊急情況醫療照護和積極勞工法案（The Emergency Medical Treatment and Active Labor Act），要求醫院治療需要緊急照護的病患時，不論其保險情況大小均必須加以救援。牽涉大量傷亡的災難狀況，則緊急救援設備與資源，必須負擔人力、醫療供應與空間。然而當病患情況穩定時，必須將他們轉移到其他醫院以紓解緊急資源，因應新到達的傷患。醫院尊重沒有保險的災難受害者，然而一旦治療不再緊急，則醫院將不願再繼續予以治療。另外，由於許多第二線的醫院，無法接受沒有保險的傷患，因此遂拒絕第一線的醫院移轉來的非急迫性傷患。此外，簡易型健康保險與有責

法案（Health Insurance Portability and Accountability）中明訂的隱私條款，
將被再次檢驗以便決定在一個傳染病嚴重的事件中，該個人之醫療重要資
訊是否可以被分享與傳輸。

　　存在的安全挑戰已使得公共健康部門，評估其在危機中提供緊急服務
的能力。許多醫院正面臨利益之限制和保證金之短絀而運作，因此在做適
當的安全投資時確有其困難。美國之衛生署（Health and Human Services,
HHS）是負責公眾健康與緊急醫療救援的基礎部門，假使有一個生物性
的、化學的、放射性的恐怖攻擊，衛生署應該在短時間內，成為最重要的
處理危機的機構。衛生署和國土安全部已經互相合作，以確保國家緊急情
況時，儲備物資的醫療供應和國際製藥設備受到保護。衛生署已經和州以
及當地的健康官員，制定隔離和檢疫之標準，以促進未受影響的人口，在
公眾健康危機中受到保護（Ward et al., 2006: 147）。

肆、緊急救難的基礎設施

　　美國緊急救難（Emergency Services）的基礎設施，包括救援、救
火、緊急醫療服務。於天災或國家遭受到攻擊時，賦予執法機關救難之任
務。經由911學到的教訓，其最急迫的是處理現場的問題，包括不同機關
間的資料聯繫，尤其是執法機關和其他機關。雖然美國現有的設備足以處
理一般性的攻擊和地區性的災難，911事件則反映出面對特殊的攻擊情形
時，缺乏足夠能力應付類似的大規模攻擊。其中例如警察單位和消防單位
應該要合作面對此類攻擊，甚至其應同樣隸屬於司法單位以便更有效的建
立合作之平台。

　　緊急救難需要各個公共部門和地方團體的合作。美國目前的制度可以
讓各個組織對緊急狀況做出反應，也提供給每個單位必要的協助。然而於
緊急危難時，健全的溝通制度對於每個人的安全是很重要的。危難時的溝
通失敗，將阻礙反應的速度，也降置人民的生命於危險之中。另外，緊急
反應通訊的成功與否，取決於各單位之通報系統是否周全規劃與有效的通
報與溝通協調，例如中央急難指標中心的調度員、消防單位或911警察報

案與指標中心之健全與有效，實為緊急救難成功與否的關鍵因素之一。

　　不像其他的關鍵基礎設施乃是實體的設備，緊急救難的部門乃僅有快速機動的專業人員以及救難之裝備。故而根據過去的經驗，緊急救難部門的人員與裝備亦有可能成為直接或間接的攻擊目標。尤有甚者，救難時的聯絡或溝通上的障礙，以及救難人員尚沒有在心態上及裝備上作好萬全的準備，以便面對可能之攻擊，亦成為緊急救難時的盲點之一。故而美國司法部是負責緊急救難事件的安全指導機關，911恐怖攻擊後之時，司法部和國土安全部，即開始發展通訊系統和備援的通訊網絡。之後，美國國土安全部（Department of Homeland Security, DHS）被美國總統賦予重任，詳細紀錄和分析緊急救難基礎設施的安全弱點，並和各州及地方官員合作，以確保救難人員的安全（Ward et al., 2006: 148）。而此緊急救難的基礎設施之強化與整建，誠值得各國在檢討國土安全維護時，重要之考量與參考之策略之一。

伍、國防工業的基礎設施

　　市場競爭、合併以及全球化已經造成國防產品及服務的下降及資源受限，導致國防部的風險提高。美國國防工業之外包、國防工業的複雜性以及外國企業的併購等，這些發展讓國防部無法確定最初的承包商，一直到第二、第三、第四層的轉包商，其是否明白國防安全的真正需求，以及發生緊急狀況時其是否準備好支援或能滿足國防部之需求。過去二十年來，國防部工業之各類基礎建設，仰賴民間的協助已然顯著提升。國防工業之外包（outsourcing），導致政府必須仰賴承包商執行任務之時機增加，故而以前曾經是軍隊的專屬國防工業，已然無法掌控在軍方手中，甚至過去服務軍隊的重要公用事物也變成民營化。因為市場競爭與相互的競逐摩擦，軍方將其迫切的需求，僅能仰賴在單一或受侷限的私人部門之中。國防部不像其他聯邦政府機關，其必須嚴守軍事用品的特殊要求。而選擇私部門之協助，或許是唯一能夠幫助其達成此獨特任務之方法。另一個關鍵的問題是，國防部和私部門訂定關於提供國防基礎用品之服務及支

援契約的程序，大部分是建立在成本及效率之上。如此的做法，無法考慮到該協力之私部門的基礎裝備與產能是否能滿足緊急狀下之所需。故而，此私部門對於國防基礎建設之緊急需要就無法立即的供應。

國防部對於國防工業之重要基礎設施，是負責與領導之部門。故而與其協力合作之私部門之可能遭受到之威脅與攻擊之維護工作，亦為國土安全策略重要的考量關鍵點；因此國防部必須和國土安全部、司法部以及情報單位密切合作，一起來監察、蒐集和分析與國防基礎建設相關之之資訊，並進行合作以確實維護國防工業之基礎設施（Ward et al., 2006: 148-150）。

陸、電力與天然能源的基礎設施

關鍵的基礎設施之保護，一般將其被區分成二大部分，一為電力，其次為石油和天然氣。美國之電力工業能供應幾乎130萬戶家庭和機構。2001年美國每小時消耗近3.6兆千瓦之電力。石油和天然氣之設備與其資產分布廣泛，由30萬個以上之產地、4千個離島平臺、超過6百個天然氣處理工廠、153個精煉場，和超過1400個供應站，以及7,500個零售供應站所組成。

幾乎每種生產活動，無論在工業、製造廠、學校、醫院，或家庭，都需要電力。電力也是為其他之能源的必備能源，例如精煉石油就必須有充足電力之供應。如果不經由大範圍或長期的能源之開發與供應，許多經濟和防禦的必要措施，則是很難達成任務的。

北美電力系統實際上是個供應美國、加拿大和部分墨西哥的電力。該系統可分成3個主要部分：生產、傳輸與分配、控制與通訊。電力生產之基礎建設包含火力發電廠、水力發電廠和核能電廠。傳輸和分配系統乃是連結全國高壓輸電線路之網絡。分配系統則是經營和管理電力，使分配到家庭和工業，控制與通訊系統則為營運和監控電力的基礎建設之安全。根據這些成分，電力的基礎設施包括附屬設備和系統，並需要處理一些有危險性的原料，以保證發電必要燃料的供應。電力部門也為其他關鍵的基礎

設施所高度依賴，如電信業和運輸業等是。

　　北美電力系統是世界最可靠的電力系統。因為當其某一部分故障時，系統會互相支援，並開始啟動預備程序與功能。而為了更提升電力之效能，美國聯邦能源管理委員會（Federal Energy Regulatory Commission, FERC）和各州公共管理委員會，則管理和經營一些電力相關之產業；原子能管理委員會（Nuclear Regulatory Commission, NRC），則管理原子能反應爐和其他民營原子能設備、材料及舉辦相關之活動（Ward et al., 2006: 150-151），以便創造出更多的電力效益。

　　美國之石油及天然氣工業有著緊密的關聯與整合。石油基礎建設涵蓋五種項目，亦即採油、原油運送、煉油、輸送分配、控管及其他相關系統之管理等。石油和天然氣採集則包含探勘、區域發展、路上及海上採集、實地採集系統之管理，還有其他相關基礎建設。原油輸送包含管線（160,000英哩）、儲藏站，港口及輸油船等。煉油設備包含約150個煉油廠，每天的煉油量從5,000到500,000桶。最後的運輸配給則包含管線、鐵路、輸油船、港口、儲油站、卡車以及零售站等。

　　天然氣工業包含三項主要項目，亦即探勘採集、運輸及區域配給。美國的天然氣的開採量佔了世界總量的20%。美國共有278,000英哩的天氣採集管線及1,119,000英哩的配給線。配給方面則包含儲存設備、液化石油儲存設施、管線、都市天然氣閘門以及液化石油氣之儲存設施等。都市閘門是跨洲的管線輸送樞紐，而天然氣的儲存維護則與地下含水層及地下岩洞之狀況有相關。管線及配給部門受到高度的管制，探勘採集部門的管制則相對較低，但仍必須受到安全準則及規範上的管制。

　　保護上述重要的基礎設施，一方面要提高防衛意識，一方面則必須提升防衛系統之功能。然而，在天然災害及意外事故考量的層面，已經有了一套完整的防備計畫，故較能建立符合其等級之防禦設備。但面對恐怖之攻擊時，則該風險之評估仍不甚周延及完整。當面對石油及天然氣設備的恐怖攻擊時，第一層的反應單位則應為警察機關及消防隊。因此其必須提升救災能力並及早準備完整之救災計畫。（Ward et al., 2006: 152）。然而，美國在緊急修復受損的基礎建設方面有甚多障礙，其中包括需要長時

間才能取得當地、州、和聯邦的准否決定、需要環境和影響狀況之評估、需要很長的申請程序才能取得在必要路段配置管線的許可；另外，要取得必要的材料與設備，也是困難之一。美國能源局（Department of Energy）是負責能源基礎建設安全的重要部門，能源局和國土安全部正和私人企業密切合作，確認儲備足夠的必要備品與零組件、建立國家與地區性整備零組件與備品之計畫、通知可能支援此類緊急救難之相關團體之計畫、並預擬其支援之步驟與方案。故而能源局亦必須與國防部以及情報機構密切合作，以確認從國外可能進入之攻擊與威脅，而能確保核能廠房及相關之電力與天然能源的基礎設施之安全。

柒、銀行與財經的基礎設施

911攻擊事件使全世界關注到，恐怖主義的暴力行動對人類和經濟上所造成的巨大危害。恐怖主義誠非一種新的現象，但是911攻擊事件的影響，顯然造成全球性經濟上的衝擊。據估計所造成的損失不只是在金融方面和人類痛苦之上，同時也影響了世界各地政府之政策、行政程序及私部門之營運。最後蒙受最大的傷害者，很有可能是無辜的市民和公職人員。世界各地因恐怖份子所付出的代價，高達數兆幣值（Ward et al., 2006: 48-53）。

至於其相關之銀行和財經基礎設施則包括建築物、財經公用事業資產以及資金。大部分的企業活動和運作，會在大型商業辦公大樓裡，而現今的財經事務（例如付款、票據交換、結算等）大多都已電子化，但仍有實體的財產轉換在運行著。而財經事業公司的基礎建設則可包括電子設備（例如網路）、儲存設備和電信網絡等，除了部門重要的實體組成外，許多財經機構的員工擁有專業性技術，因此他們也算是企業基礎設施的必要元素。

財經機構也需要大眾信任以及不斷的參與才能讓它正常營運。財經機構只會把存款者的資產留一小部分在手頭上，如果存款者要提錢時，財經系統便會有資金流動的流暢性壓力。因此美國聯邦有相關之預防措施，防

止資金短缺的情形發生。而在有危機或災難時，要讓大眾維持對財經的信任，財經機構、市場及付款系統就要維持正常運作，但若沒辦法維持運作的話，也要及時修復。

關於零售或個別的財經機構（retail financial services），其實體的財產（physical assets）被依地理位置平均的分配至各個企業。此類財經機構部門的特色，就是有很高的可替代性；也就是說在短期的危機發生時，某種付款機制或財產可以容易的被另一個方式所取代，例如，在此市場中，消費者可以選擇用現金、支票或信用卡來付款（Ward et al., 2006: 153）。

銀行業與金融服務業需要高度控管，且具有高度競爭性。企業家與政府管理者，經常致力於發現該部門的缺失並採取適當的保護措施，包含對於未能達到預定標準的機構的加以制裁等。另外就如同其他關鍵性的基礎建設一般，為了能持續經營，銀行業與金融服務業仰賴數個不可或缺的基礎建設，其中包含電力、運輸，以及公共安全部門等。上述部門亦特別仰賴電腦網路與電信系統，以確保其運作效率。然而這些系統瓦解的可能性是十分重要的。例如，股票證券市場在911事件發生後，關閉了四個營業日，這並不是因為任何市場或市場系統被癱瘓，而是因為曼哈頓南部聯繫投資人的電纜嚴重損毀，且無法立即修復。故而事後，金融機構建立了另一個備援的財經的電子交易與聯繫的系統，以為因應日前緊急事故如若再發生時的不時之需。

另由於聯邦情報機構職權的重疊，故其所宣導之威脅訊息，往往導致企業與政府資源運用時的重疊與混亂。基於上述理由，美國財政部成立金融暨銀行基礎資訊設施委員會（Financial and Banking Information Infrastructure Committee, FBIIC），作為總統關鍵基礎設施保護委員會（The President's Critical Infrastructure Protection Board, PCIPB）的常設委員會。金融暨銀行基礎資訊設施委員會係由來自13個聯邦與州政府金融管理局的代表所組成。金融暨銀行基礎資訊設施委員會目前與國家基礎設施保護中心（National Infrastructure Protection Center, NIPC）、金融服務／資訊分享與分析中心（Financial Services- Information Sharing and Analysis Center, FS-ISAC），以及前國土安全辦公室（Office of Homeland Security,

OHS，現經立法而成為國土安全部）共同合作，以改善資訊的傳播與交流。財政部（The Department of Treasury, TREAS）是負責金融與銀行業基礎設施安全的主要機構。金融與銀行業基礎設施的主要弱點，乃來自國內、外對於資訊系統與網路安全之威脅，包含電腦駭客、盜用帳號，以及商業間諜等。財政部與隸屬於司法部之執法部門，以及私人企業部門密切合作，以強化關於金融與銀行業基礎設施之資訊安全的交流與合作（Ward et al., 2006: 154-155）。

捌、化學暨危險物品的基礎設施

在911事件後，美國受到大規模毀滅性武器攻擊的風險乃是最大的威脅，也是美國內政及外交政策的重要的戰略討論議題之一。2003年美國進攻伊拉克，表面上是為了防止大規模毀滅武器，被恐怖份子或不良份子所利用。而自911恐怖攻擊之後，美國第二個主要之對應策略，亦是將重心放在對抗大規模毀滅武器的議題之上。而且幾乎每一個國家的策略，都朝該議題去研討對策。然而，幾乎所有人對於指向美國的大規模毀滅武器（Weapon of Mass Destruction, WMD）的描述或其威脅性，都是不甚瞭解的。然而過去10年來，有許多攻擊都是使用大規模的毀滅性武器，包含化學攻擊日本地鐵系統，以及911攻擊數週後，生物攻擊美國境內的政治與公眾人物等。這些攻擊並未造成重大傷亡，但卻導致人心之恐慌，也一度影響了大部分人的正常生活。（Ward et al., 2006: 205）

化學產業乃提供給美國，維持經濟發展與生活水準所不可或缺的物品。該產業製造，乃成為其他經濟產業之基礎要素與產品，例如農業所需的肥料、汙水淨化所需的氯，以及製作塑膠所需的化合物等。此外，該產業亦製造總價值逾970億美元之保健產品。目前，化學產業是美國最頂尖的出口商，其製造的產品中，有十分之一用於外銷。該產業亦為美國最有創新的產業之一。它贏得美國核發之專利中的七分之一，這使得美國能保有在國際化學市場上的競爭力。然而化學產業在公司的大小和地理位置上有著很大的不同。該產業的產品和送貨服務系統，依靠著未加工的原始材

料、製造工廠與機具設備、行銷系統及研發部門與支援的基礎設施的相關產業，例如運輸與電子產業等。

　　大眾的信心對於蓬勃持續發展與運作的化學產業是很重要的。不確定是否安全的產品會對生產者和產品使用者造成莫大的衝擊。對於產業安全的不確定，對於生產業者與使用者都會產生莫大的衝擊。美國為了保護此產業之安全，訂定了許多聯邦法律和規則，來降低其可能會對人體健康和環境，產生傷害和意外。然而，美國目前並無明確之法令或有關的聯邦機構，來全面規範與管制此產業的安全問題。對化學產業或危險物品的恐怖攻擊，不僅對經濟會產生重大影響，也對大眾健康和安全有著潛在之威脅。因此，減少其易受恐怖攻擊之機會，對於保護經濟和保護人民及環境是極重要的。環境保護局（Environmental Protection Agency, EPA）是負責化學與危險材料關鍵基礎設施與其安全的主導機構，該局對其儲存產品之最重要的提議乃是，防止該化學材料的溢出、漏出、誤用，以及通常存放於人口密集之市中心附近的大量危險材料，可能被偷竊之預防（Ward et al., 2006: 155-156）。故而，化學與危險材料關鍵基礎建設與設施之保護與管制似乎應更多的規範，以免恐怖主義者易於取得該物品，而從事恐怖之重大攻擊。

玖、郵政與運輸的基礎設施

　　美國人大量依靠郵局和運輸相關部門，每天超過20到30億的信件從美國郵局送出，以及每天超過30萬的城市和鄉村的郵差將信件送去超過1億3,700萬的地址。而這些大量的聯絡運送工作，是由總部位在華盛頓的美國郵政總局負責操作，並設置了數萬個郵政分支機構和數十萬個郵筒遍布在全國各地。美國郵政總局雇用了超過74萬9千名全職人員，而且每年帶來600億的稅收。另外美國郵政總局以及私立的信件和郵件運送業，也帶來超過2,000億的稅收。

　　郵政系統主要依賴並與其他基礎建設設施連結，特別是交通運輸系統。美國郵政系統依靠其本身以及和其他機構所互訂之契約所組成的運輸

工具，來運送及傳遞其郵件。信件也藉由商業飛機、卡車、鐵路和船隻來運送。由於這些其他附屬之相關系統，各類郵政得以和當地運輸系統連結並延伸其服務至美國各地（Ward et al., 2006: 155-156）。

　　全美國郵政設施網絡的擴展，則直接的對其安全的一個重大挑戰。另外，此郵政網絡的規模以及他的廣泛分布，整體上來說，可能藉此特性而進行惡意的攻擊。例如2001年秋天炭疽熱病毒之郵件攻擊事件，便加深了此類之顧慮。此次事件除了造成美國郵件的癱瘓之外，被炭疽熱感染的郵件亦造成了廣大的恐慌，並更進一步轉變成對經濟的重大衝擊。故而對於郵政設施之維護，亦必須在思考處置恐怖主義之攻擊時，不得不考量的重要因素之一。

　　傳統上，美國大眾對郵政機關的廉正和健全有著強大的信任感以及依賴。然而此種信任和信心，則在民眾認為郵政服務可能對自己身體、安全有潛藏之危險時，則將有所折損。所以全球快遞行業，持續關注其單位的安全維護，並努力的找尋適當的解決方案。在不阻礙提供快速、可信賴的郵遞服務基礎之上，去增加郵政之安全。全球快遞在郵政系統之建設上，有下列五個關注之重點：

　　一、郵政系統的據點以及其入口是否安全；
　　二、郵件暫存與傳遞系統之安全性；
　　三、憲法以及法律應注意的郵件投遞之相關法律問題；
　　四、郵政機構間的互動與協調問題；
　　五、對緊急情況的回應能力。

　　事實上太多進入郵政據點的出入口，使得郵政系統安全維護更加的複雜。此複雜化的原因是因為郵件接收點在地理上位置太過分散，包括遍布國內的大量郵筒。然而掃描郵件以及早期警訊的技術，則正在評估與研發之中。而許多重要郵政設施的位置，則仍有風險管理上之盲點與挑戰。許多主要的快遞設施，則仍然和其他政府單位或主要的運輸機構，設在同處或相鄰接。若重新安置這些設施，以便去緩和此類風險，常常因為有限的資源、替代方案及當地的行政規範而窒礙難行。（Ward et al., 2006: 156）

拾、交通的基礎設施

美國的公路系統，在境內鋪設了超過400萬英哩的道路，其中包含了45,000英里的州際高速公路和600,000座橋梁。水運管道的範圍也超過了300,000英哩，通勤和市區的鐵路系統也覆蓋了大約10,000英里。此外，也有著大約500座的商業機場和超過14,000座的普通小型機場散落在美國境內。這些交通系統也包含著其他的修理設施，例如航空站、導航設施、鐵路調車站、水閘……等等。這些設備維持著交通系統的基礎運作和執行控管（Ward et al., 2006: 159-173）。這些交通建設都會影響民眾之交通安全，及因為其受創而對國土之安全或急難之救助，產生無法彌補的窘境。

拾壹、資訊的基礎設施

隸屬美國國土安全部的國家基礎設施保護中心（National Infrastructure Protection Center, NIPC）將網路恐怖主義定義為：「透過電腦產生暴力行為、死亡及（或）破壞，並基於脅迫政府改變政策而引起恐慌的犯罪行為。」（Ward et al., 2006: 177）然而，大部分依賴網路系統的重要設施都是由私人擁有或是協助政府運作的，而私人和學術的網路科技進化太快，導致政府的腳步無法跟上，無法有效的維護網路系統安全。對於美國來說，資訊科技的改革正在改變之中，在沒有大量考慮安全的情況下，政府把工業、公共事業、銀行業務和通訊的控管轉移成了網路控管，結果讓商業的成本降低且生產力大量提高，於是使用網路系統的趨勢繼續持續發燒，在2003年時美國的經濟和國家安全幾乎必須完全依賴資訊科技及資訊工業。

而當今牢固的實體之安全防衛措施，可能會讓恐怖份子在未來轉向自動化的恐怖攻擊，來降低被偵測到的風險，隨之而來的可能是一系列經由破壞資訊系統的手段來瓦解基礎之建設。一個成功的恐怖攻擊會以脆弱的電腦為目標，讓電腦故障，這些錯誤的訊息，會導致原先被電腦保護的下游事業或相關的基礎建設，遭受相同的攻擊而喪失運作能力。一個網路攻

擊，有可能創造經濟的損害而這損害是遠超過初步預估的損害。美國政府觀察員也談到，大約80％的駭客成功侵入國家的電腦系統，只因為軟體錯誤和極差的軟體品質。（Ward et al., 2006: 175-179）

全球資訊網是世界資訊網絡系統。國際分享標準提高世界電腦系統的軟硬體相容性。然而，互連也意味一洲的問題可能影響其他洲的電腦。為了分享相關電腦議題的資訊，必須仰賴國際合作。大型企業（財團法人、政府機構及大學院校）通常會成為網路攻擊的目標。許多此類企業也是重要基礎建設的一部分。企業需要積極明確的資安政策及計劃才能達成對資安重點業務的承諾。根據美國情報界資料，由於資訊量以及擁有的資源比重，美國網路已漸成為有心人士集中攻擊的目標。某些資安問題的規模牽動全國，並且無法單以個別企業或基礎建設部門解決。現在所有的政府部門都是屬於網路的一部分。這也代表，若其結構（路由器或通訊協定）本身不安全，將導致政府資訊處於嚴重的風險之下。現今軟硬體中已被廣為採用的潛在弱點將可能引發國家層級的資安問題，而這需要大家同心協力發展、研究、推動技術方能解決。另外，缺乏訓練有素且擁有執照的專業資安人才亦是國家應重視的問題。

儘管，對國家安全持續關注，電腦弱點持續存在，電腦被攻擊數量每年一直增加，過去兩年來美國聯邦政府因為電腦安全程式的防禦無效而屢遭指責。此外，由電腦安全團體所做的研究發現，在2002年後半年期間，高比率的全球電腦攻擊活動被用來對抗關鍵性的基礎建設，例如：電力、能源和金融服務等。在2003年1月，據報導一個網路病毒侵入位於美國俄亥俄州已關閉的核能發電廠的電腦網路，並且中斷電腦系統5個多小時。

結合上述概念，「網路恐怖主義」也許可定義為，私人組織或秘密單位將電腦系統作為武器或攻擊目標，以便引起政府的回應或導致政府改變其政策。根據某些新聞之報導，近來基地組織之恐怖主義成員並未使用高科技，許多該組織被查扣之電腦中的檔案不是未加密，就是設定易於破解之密碼，且許多基地組織的「密碼」不是簡單的字詞替換，就是文縐縐的阿拉伯成語。然而，賓拉登據稱已藉由採取更加高明的科技運用手法，來改善其組織之機密維護措施。數名專家亦觀察到，基地組織與其他恐怖主

義組織可能開始藉由下列手段，改善其電腦科技的使用。例如，雖然恐怖團體目前沒有直接利用網路，來進行恐怖攻擊或利用惡意的程式對網路上的安全漏洞進行攻擊，然而其卻經常使用網路來聯絡溝通、籌措資金與對未來目標進行搜集情報。而未來恐怖份子也許可能進一步運用惡意程式或網路駭客的技術，發動對美國的網路基礎建設進行攻擊。

　　然而，某些恐怖主義的觀察家並不認同此觀點，他們認為恐怖組織並不會發動電腦恐怖攻擊，因為其造成的衝擊和對心理層面的震撼性並不大於傳統的炸彈攻擊。這些觀察家相信，除非電腦網路攻擊也能造成流血或傷害，這種攻擊方式永遠不會比核武、生化、科學攻擊來的嚴重。除非電腦網路攻擊能像傳統攻擊一樣攫取到大眾媒體的注意，否則對他們來說還是將其用來作為監控、諜報的工具會比較好。

第三節　國土安全防衛新思維與建立反恐怖主義融資活動相關之新防衛措施

壹、911之後國土安全防衛新思維

　　911恐怖攻擊事件之後，美國政府分別從五條戰線上發動了一場全球反恐戰爭，這五條戰線是：軍事、情報、執法、金融以及外交等，而資訊與資源整合平台之建立，實為其防衛新思維的核心原則與策略。例如以金融一項為例，美國政府於911之後欲增強盟國間之合作與防衛能力，以防止恐怖份子通過國際金融系統來進一步實施不良圖謀。跨部門的反恐金融工作群組，確定了最需要美國提供培訓和技術援助的國家。為了戰勝恐怖主義，每個國家都必須制訂必要的法律框架、銀行監管法規、金融情報機構、執法措施以及司法程式。美國向非洲、亞洲、歐洲、拉丁美洲以及中東的國家提供能力建設援助，並且與區域組織和國際金融機構合作。

　　另外，美國為破獲、剷除和遏制恐怖主義融資網路，制定了反恐金融戰略，它有三大支柱：首先是開展執法和情報行動，將為恐怖主義融資者

繩之以法。其次採用點名、羞辱等公開定性措施，並凍結恐怖主義群組織及其支援者的資產。最後則創設新的金融功能，以加強盟國積極主動地打擊恐怖主義融資活動的機制。前兩個支柱具有追溯性，即在事情發生之後調查資金操作，而第三個設新的金融功能，則側重於加強各國保護國際金融體系的能力，不讓為恐怖份子提供資金者有機可乘。（Celina, http://usinfo.org/E-JOURNAL/EJ_TerroristFin/realuyo.htm）

除了上述美國國土安全整合資訊與資源的防衛新思維之發展外，將國土安全之範疇亦擴展至自然災害的搶救之上，例如颶風（Hurricane）、地震等之安全維護等事項；同時對於因國土安全之思維，而引起的法制與民主人權之爭辯，亦同樣受到美國各界的討論與關注。（Ward et al., 2006: 229-259）本章下述各項，擬僅就反恐怖主義融資活動相關之新防衛措施討論之，至於其他之基礎建設之防衛措施，除於前列章節論述外，亦將於本書之其他篇章中闡述之。因為融資之防衛，確實為反恐之重要的新議題，其可以更根本與斷然的阻斷恐怖攻擊的行動與執行力。至於其他方面之反恐策略與作為，則散見於本書之其他篇章之中。

貳、建立反恐怖主義融資活動之協調培訓和技術援助

911襲擊事件之後，美國國務院率先建立了反恐金融工作群組（Task Force Working Group, TFWG）以協調、設計並向最易出現恐怖主義融資問題的夥伴國家提供培訓和技術援助。該工作群組由國務院反恐辦公室（U.S. Counterterrorism Team, S/CT）和國際反毒和執法事務局（The Bureau of International Narcotics and Law Enforcement Affairs, INL）共同主持，其成員來自國務院、財政部、司法部以及國土安全部等美國政府機構。該小群組每兩週召開一次會議，聽取簡報、安排評估小群組出訪、審議各國之報告，並且討論對國內外之技術援助和培訓項目的制定和執行工作。這個跨機構組織，將美國政府在打擊洗錢和組織犯罪活動方面已具有的經驗，運用於解決恐怖主義融資活動的問題之上。

參、建立反恐怖主義融資活動之合作與技術援助

　　面對各盟國眾多的援助要求，反恐金融工作群組制定了以下程序，並按輕重緩急的順序使用有限的資金和人力資源，進而通過美國的對外援助來建立盟國的綜合性反洗錢和反恐金融機制（Anti-Money Laundering and Counter-Terrorism Financing, AML/CTF）：

1. 根據情報和執法部門提供的資訊，並根據輕重緩急的順序，確定在打擊恐怖主義融資活動方面最需要援助的國家。

2. 由法律、金融及執法專家組成的金融系統評估小組（Financial Systems Assessment Team, FSAT）對重點國家的反洗錢和反恐怖融資機制作出評估。金融系統評估小組通常用一個星期的時間與該國家之司法部、內政部、財政部等政府部門，以及中央銀行和私營部門等舉行會晤，探討打擊洗錢和恐怖主義融資犯罪的途徑。

3. 編寫一份關於恐怖主義融資防範機制弱點的正式評估報告，並就克服這些弱點提出培訓和技術援助建議。評估小組在大約一個月之內遞交有關報告。然後同該國政府共同研究正式的報告，瞭解對美國援助的接受程度並進行協調。

4. 根據這些建議制定一個培訓執行計劃。美國政府專家提出的援助項目，可以包括確保該國的法律制度符合國際標準的法律起草援助、金融監管培訓、金融情報機構設立、跟蹤資金流動的調查培訓，以及審判和起訴培訓等援助項目。

5. 向重點國家提供關於建立法律框架的培訓和技術援助，以便將洗錢和給予恐怖主義之融資定為刑事犯罪。並且培訓相關法律的執法人員和檢察官。此類活動可以在受援國家或地區舉辦，也可以在美國舉辦。

6. 鼓勵有關國家在金融管控能力的建設過程中，與盟國和國際金融機構（國際貨幣基金組織、世界銀行、區域開發銀行）分擔責任，並尋求國際組織的輔導與說明，如聯合國反恐怖主義委員會、反洗錢金融行動工作群組（Financial Action Task Force, FATF）以及八大工業國集團（Group of Eight, G8）的協助等等。

肆、建立反恐怖主義融資活動之有效機制的基本原則

　　911恐怖攻擊事件後，美國及其盟國迅速意識到，迫切需要破獲、剷除和遏制全球恐怖份子之融資網路。為此每個國家都必須增強法律、金融監管、金融情報、執法和起訴能力，以便有效地打擊恐怖主義融資和洗錢活動。根據有效反恐金融機制的下列五項基本原則，反恐金融工作小組制定了美國培訓項目如下：

1. 將恐怖主義之融資定位為犯罪的法律規範。要落實聯合國安理會1373號決議和反洗錢金融行動工作小組打擊恐怖主義融資的八條特別建議，每個國家都應將恐怖主義融資和洗錢行為定為犯罪。法律應當規定有效的措施，以阻斷和沒收恐怖主義融資者及其支援者的財產。每個國家都應當賦予其執法人員和司法部門足夠的權力，允許對恐怖主義融資案件進行調查和起訴。每個國家都應當儘快批准聯合國打擊恐怖主義的措施。嚴格的反恐怖主義融資和反洗錢法律，可為各該國提供了打擊洗錢和恐怖主義融資所必需的法律依據。

   在制定恐怖主義和恐怖主義融資活動定罪的立法方面，美國可以給予由美國司法部和國際開發署，所提出這種要求的各該國提供技術協助。在特定情況下，美國可以在受援國安排常駐之法律顧問，向受援國的司法官員執行法律諮詢。

2. 保護金融系統不受侵害的金融監督。在反恐金融培訓和技術援助戰略中，防止恐怖份子利用金融部門融資和犯罪是一個關鍵因素。根據國際標準，各國都必須指定具體的管理機構，負責監督銀行和非銀行金融機構對打擊恐怖主義融資措施的落實程度。政府應當制定嚴格的監督和反洗錢措施，並為金融機構建立一個向監管機構報告可疑融資行為的正式系統。每個國家都應當規定處罰之措施，如罰款等，以確保執行機制的有效性。中央銀行、投資監管部門以及其他監督機構要對私營部門人員進行培訓，以防恐怖份子有機可乘。

   凡是通過聯邦儲備系統（Federal Reserve）、聯邦儲蓄保險公司（Federal Deposit Insurance Corporation）、貨幣監理署等美國監管部

門提出申請的國家，美國可以為之提供加強金融監管制度所需的培訓協助。培訓包括為銀行檢查員設定的課程，講授如何報告可疑之融資行為以及如何識破恐怖主義融資和洗錢圖謀。

3. 作為私營部門和公共部門紐帶的金融情報機構。每個國家都應當建立金融情報機構（Financial Information Unit, FIU），蒐集、分析和發布金融情報，並立法允許這類情報的蒐集活動。金融情報機構應當為金融機構和政府監管部門建立有效的系統，以便它們向金融情報機構報告與恐怖主義融資和洗錢相關的可疑行為。金融情報機構應當負責分析這些可疑行為報告，並將案件交給執法機關調查。金融情報機構應當建立合適的管道，與外國相關部門分享金融情報，以協助金融犯罪之調查。

美國通過財政部金融犯罪執法網（Financial Crimes Enforcement Network）向外國金融情報機構提供培訓和技術援助，包括設備、資訊技術評估以及為外國金融情報機構提供專門的分析軟體和分析員培訓計畫。美國是埃格蒙金融情報組織（Egmont Group of FIU）的一名積極會員，並定期的推薦有意者入會。

4. 開展追蹤恐怖主義融資的執法調查。執法機關必須擁有足夠的法律授權，以追查包括恐怖主義融資案件在內的金融犯罪。這種授權可以包括，通過秘密偵察和電子監測調查金融之犯罪。各國政府應建立特別部門和跨機構工作小組以追查恐怖主義融資案件。執法機關應當與司法部門協調恐怖主義融資案件的調查和起訴。

美國以金融調查培訓的形式，為要求協助的外國執法工作人員提供協助項目。美國各機構，包括聯邦調查局、國務院的外交安全反恐怖主義協助計畫（Diplomatic Security Anti-Terrorism Assistance Programs）、國內稅收署刑事調查處（IRS Criminal Investigations Division）、移民與海關執法局（Bureau of Immigration and Customs Enforcement）等，為國外相關機構開設培訓課程，以增強其調查包括恐怖主義融資在內的金融犯罪的技能。

5. 建立將恐怖主義融資者繩之以法的司法及起訴之程序。各國政府必須

　　確定由哪個司法部門負責起訴恐怖主義融資案件。由於恐怖主義融資
案件具有複雜的專業性，應建立一組熟悉金融犯罪的訓練有素的檢察
官，開展這方面的調查。由於法官和基層司法人員，過去可能未曾審
理恐怖主義融資案件，因此他們需要熟悉這類之案件，以便有效的作
更專業的處置。

　　通過司法部向盟國的司法部門提供技術援助，通過案例分析來顯示如
何運用新的反恐怖主義融資法律，以及如何成功地提起訴訟。

伍、建立反恐怖主義融資活動之國際合作

　　由於全球化促進了人員、產品以及資本的跨國界流動，因此必須以全
球的角度來應對恐怖主義的融資問題。美國政府早就開始努力推動國際社
會進行反恐在金融管制方面的合作。反恐金融工作小組認識到，反恐怖主
義在融資上的努力是非常重要的，因為恐怖組織在金融資源和人力資源若
不足，則其恐怖活動將會受到很大的制約；因此其大力倡導國際社會，共
同來承擔提供培訓金融管制人力和技術援助的責任。

　　美國向非洲、亞洲、歐洲、拉丁美洲以及中東的一些國家提供了雙
邊和多邊的反恐怖主義融資協助。美國與聯合國反恐怖主義委員會（UN
Counterterrorism Committee）、聯合國毒品管制政策辦公室（UN Office of
Drug Control Policy）密切合作，協調技術援助的需求和供給。美國支援
金融行動工作小組的重要行動計劃，以便加強反洗錢和反恐金融機制。通
過八大工業國集團反恐行動群組（G8 Counterterrorism Action Group），
美國正在協調各個反恐領域中之組織或機制，對第一線國家給予援助。
美國還與美洲國家組織（Organization of American States）、亞太經合群
組織（APEC）以及歐洲安全合作群組織（Organization for Security and
Cooperation in Europe）等地區性組織合作，從而加強防範恐怖主義之融
資活動。美國亦在反恐金融項目上與國際金融機構合作，包括國際貨幣基
金組織、世界銀行以及亞洲開發銀行，這些合作促進了經濟發展和國際市
場的完善。例如，2003年10月在曼谷舉行的亞太經合會組織首腦會議，提

出了一項反恐功能之建設計劃，以保障人員、貨物和資金的安全流動。這項在亞洲開發銀行支援下制定的「地區貿易和金融安全計劃」（Regional Trade and Financial Security Initiative）的目的，是在反洗錢和反恐怖主義之融資、航空、港口和海上安全等方面提供基礎之防衛建設（http://usinfo.org/E-JOURNAL/EJ_TerroristFin/realuyo.htm）。

要防止資金流入恐怖份子手中，各國必須在國內和國際間處理恐怖主義融資威脅時，斷絕恐怖份子的財源，並摧毀其任何之屏障。通過此重防衛功能之建置，一個國家可以加強其法律、金融監管、金融情報、執法以及司法能力，以便更有效的打擊恐怖主義之融資。

第四節　小結

冷戰落幕迄今，全球安全環境並未因大規模毀滅性戰爭消逝而大幅改善。2001年911美國雙子星大樓倒塌的那一刻憾動了全世界，全球人類的心靈的創痛，也因為這個重大的恐怖攻擊事件，蒙上永難忘懷的陰影。

911恐怖攻擊事件之後，美國在反恐戰略的發展方面，則有2004年國家安全之總統指令第51號（National Security Presidential Directive 51, NSPD 51）與國土安全部總統指令20號（Homeland Security Presidential Directive 20, HSPD-20）。其指令之主題定為「國家的持續性政策」（National Continuity Policy）。其內文強調國家基本職能（National Essential Functions）的持續性發展之要件，並為國家、地方、地區、原住民部落和私人部門提供指導，以確保全面和綜合性的全國延續性發展與防衛之計畫，以便強化國家的安全性，並在國家危難時，能更加迅速有效的應變和復原。其並重新界定，「緊急災難」（Catastrophic Emergency）是指不論在什麼地方所發生的任何事件，造成大規模傷亡、損壞或失靈的結果，嚴重影響了美國的人命、基礎設施、環境，經濟與政府職能者均屬之為緊急災難之範疇（http://www.whitehouse.gov/news/releases/2007/05/20070509-12.htm）。

　　進而，國土安全之關鍵基礎設施則應該包含影響社會安全與民眾安危的建設，美國在思考此議題時，列出了13項相關之基礎設施必須加以規劃與保護，本章則將其整併成互有相關的基礎設施，而成為11項。然國土安全之範疇與防衛策略，是必須隨著全球之變遷而不斷的演進。故而本章亦提出整合各類資源的防衛思維，並以金融檢查之「建立反恐怖主義融資活動之相關防衛措施」為例，論述國際與各國之反恐怖主義的金融管制，必須整合與多元的不斷發展，才足以有效的防衛國土之安全，並更有效的切斷恐怖主義之資源，迅速阻斷其攻擊的可能性。

第五章　國土安全、國家安全與情報

誠如本書前各章所論述，「國土安全」經常難與「國家安全」釐清，如果用5W及1H來看，國家安全的危害經常以國家為考量主體，所以非常明確；反觀國土安全的危害，就難以掌握Who（何人）、When（何時）、What（何目標）、Where（何處）、Which（哪一個）及How（何種方式）的危害模式。因此，我們可以界定國家安全就是主權安全、國防安全、政治安定和外交衝突安全等所謂的傳統安全；而相對的非傳統安全威脅因素，就是指那些除了傳統安全外，因天然災害、技術災害或人為災害威脅。對國家內部及人民生存與發展構成威脅的因素，包括危及社會穩定的經濟穩定、金融秩序、生態環境、資訊安全和資源安全、恐怖主義、槍枝氾濫、疾病蔓延、跨國犯罪等天然、技術與人為災害，這些衝擊對於一個國家的發展產生直接或間接的影響，應皆歸屬國土安全事務處理的範疇（曾偉文，民97：1）。

因而，911攻擊將持續影響好幾世代的政治、社會、經濟、環境、教育，以及個人層面。傳統溝通與合作的界限被危機所逾越，保守的情境規劃與軍事演習未能準確地預測該危機的嚴重性。此次攻擊之猛烈與其造成的生命損失帶給美國社會難以磨滅的傷痛與恐懼。令人難忘的現場新聞畫面與永無止境的搜救加劇了這些情感。回顧過去情報體系的發展，不難發現目前的一些窒礙問題，是源自於過去的經驗。美國的情報組織原本是規模相當小的載情（攔截）與解碼單位，僅能分析公開資料。在第二次大戰期間擴編成為對抗敵人之有效利器。海軍的解碼單位破解日本的密瑪，美國海軍尼米茲（Chester Nimitz）上將才能在日本偷襲珍珠港的6個月之後，在中途島一役擊敗日軍山本五十六將軍的艦隊，給予日本決定性的一擊，這也許就是情報界的一件重要的史記。然而至911恐怖攻擊之後，國際社會更加速從過去多重視「國家安全」（National Security）轉而亦強調「國土安全」（Homeland Security）之維護。（蔡庭榕，民96：222）911

之後國土安全維護之情報思維與情報蒐集及整合，則亦更因而引發起了一個更大之挑戰與不得不然的調適與革新。

第一節　情報之定義、種類與我國情報系統概述

　　如前所述，情報機構由於對911恐怖攻擊事件事先察覺的失敗而被強烈的注意。在911的調查中顯示了過去美國14個情報體系之間（Intelligence Community, IC），其分享情資的疏忽與違失之處。並回顧與情報相關的失敗原因，並進行美國情報組織與系統的徹底改革；其中包含調整情報社群的組織成員，調整傳統情報優先權，並要求擴張其基本的情報組織結構，包括聯邦、州、地方和部落等執法之情報系統整合，並含蓋矯治機構與私營部門之情報整合。並檢討與認知情報之資源必須被延伸與運用至國內之環境之中，不論是個人、技術層面或任何公共空間，以便於建立起一個有能力保護美國國家安全利益與安全的基礎建施。（Ward, et al., 2006: 85）。

　　美國情報部門之間資訊交流的隔閡被詳實地記錄於「911報告」之中，並成為情報立法與組織改革的基礎。911恐怖攻擊後的數週內，布希政府根據「911報告」的建議，擬定一系列的政策，以確保美國的國土安全。這些政策提供了國土安全部創立的基礎。這些政策中第一個被發布的是2002年7月16日公布的「國土安全政策」。其中情報系統的重大改變是，直接向國土安全部部長報告的情報總監（Chief Intelligence Officer）的委派，此新角色乃統合美國所有情報系統，除了直接向聯邦彙報情資之外，並迅速的給各州、郡、市、鎮等地方機構提供完整之情資。（Ward, et al., 2006: 59-60）在2004年9月1號通過的美國總統13,356號行政命令，訓令所有聯邦單位，關於恐怖主義的情資必須彙報給中央情報局局長（Director of Central Intelligence, DCI），以便作更有效的情報彙整情資分享。這個總統行政命令相較於較早的國土安全法，主要是為了更寬廣的傳遞與發展情報。（Ward, et al., 2006: 61）然而美國情報體系在2004年12月

之後的再整合，則將於後續之節項中論述之。

壹、情報之定義

「情報」這兩個字，往往會給人產生一種神秘的感覺。其實，它在人類社會生活的各個領域、各個方面，情報幾乎無所不在，無所不及。情報在人類社會生活的各個領域，均顯示出越來越重要的作用。成為一個國家或集團戰略、策略、決策乃至謀略不可缺少的依據之一。二十世紀70年代以後，情報和能源、科技一起被稱為當代社會經濟發展的三大支柱（張殿清，民90：3）。

當代社會的高度文明已把人類推向資訊化的時代。因此，當我們研究情報的概念時，就不能不和資訊聯繫起來。按照現代資訊理論的觀點，情報在本質上就是一種資訊。就廣義上資訊解釋，就是人與人、人與物以及生物與生物之間進行交流的訊號；就狹義上資訊解釋，資訊標誌著事物的屬性，是事物之間內在的聯繫與含義的表徵。因此，從定義上解釋，資訊是廣義的情報、情報是狹義的資訊。情報的種類很多，外延很廣，對其進行分類的方式也很多（張殿清，民90：4-5）。

根據《牛津英文字典》（*Oxford English Dictionary*）的解釋，「情報」（Intelligence）在英文中原意係指「瞭解的能力」（the Faculty of Understanding），並未帶有任何特殊的意思；19世紀初期「情報」才被賦予「間諜的通訊」（the Communication of a Spy），19世紀末期該名詞已公開在一些政府機構中，遂使情報一詞逐漸具指政府的情報機構、情報事物、情報活動等專業意義（宋筱元，民88：26）。由於情報所涉的範圍廣泛與複雜，因此，當卡爾（Leo D. Carl）在編撰《國際情報字典》（*The International Dictionary of Intelligence*）時，即收錄了127條有關情報的定義（Carl, 1990: 178-195）；威爾森（William Wilson）在其所編的《美國情報字典》（*Dictionary of the United States Intelligence Services*）中，對情報的定義亦有20條項目的說明（Wilson, 1996: 103-107）。

第二次世界大戰之後，美國情報學者肯特（Sherman Kent）在其名

著《美國世界政策的戰略情報》（*Strategic Intelligence for American World Policy*）一書中指出，基本上情報就是一種「知識」；知識的追求，則必須透過人採取各種實際的活動（Activities）才能獲得；而人又必需仰賴各種類型的組織（Organizations）的支援配合運作，才有可能順利的進行情報活動或完成情報工作（Stafford T. Thomas, 1983: 5）。因此，肯特認為情報包括知識（Knowledge）、活動（Activity）、組織（Organization）三種面象，茲說明如下：

一、情報就是知識

　　肯特強調情報在戰略上的意義，他指出「戰略情報」（Strategic Intelligence），乃是一個國家不論平時或戰時，在處理對外關係時所需具備的知識（Sherman Kent, 1949: 1-3）。美國「聯席參謀會議」（The Joint Chiefs of Staff）將戰略情報界定為：制定國家軍事計畫或政策所需要的知識。因為，情報就是關於其他國家的計畫、企圖、和能力的知識。美國國會也參考軍方的觀點將情報有所界定：將所有已蒐集的知識加以整理、分析、整合及解釋後所產生的結果，這些結果可能是與任何國外有所關連，並且對國家的利益具有立即或潛在的重要性（宋筱元，民88：28-29）。

　　阿馬瑞傑（Charles D. Ameringer）將情報分為兩種類型：「原始的」（raw）情報與「完成的」（finished）情報，原始的情報係指，已蒐集而尚未經任何處理的資料，通常這些資料來自各種不同的管道，以致其內容可能充滿許多相互矛盾的看法；完成的情報係指原始資料經過各種不同層級情報單位處理分析之後產生的結果。克門（Ephraim kam）就提出情報分析必須經過下列三個步驟（宋筱元，民88：29-30）：

1. 必須先對環境進行描述或卻認事件的質和特性。
2. 是對事件發展的重要性和相關性加以說明。
3. 預測其未來的發展。

　　就知識而言，情報所得之資訊，係透過法律明確授權而要求之分析和行動之相關作為，其目的再於使決策者決策時能有參考依據。

二、情報就是活動（Activities）

知名情報研究學者高得生（Roy Godson）就指出「情報」的構成要素有四：蒐集（Collection）、分析（Analysis）、反情報（Counterintelligence）、秘密行動（Covert Action），這四個構成要素彼此間具有密切相互依存的關係，任何一項的成敗都會影響到其他要項的成敗（宋筱元，民88：33-34）。

1. **情報蒐集**：所謂「知己知彼，百戰百勝」，能夠知彼，才能有效掌握敵人的現況及判斷其未來的可能行動，而知己才能思考如何以自己的有限實力，因應對方的行動而擊敗對方。亦即透過派遣間諜、攝影、監聽或攔截通訊，以及蒐集各種公開的資料等。

2. **情報分析**：原始資料經過各種不同層級情報單位處理分析之後產生的結果。通常破解敵人的密碼及保護本國的通訊，則是經常使用的技術手段。

3. **情報方面**：派遣「雙面間諜」（Duble -agent），或提供不實的資料，造成敵國作出錯誤的決定；同時可以利用立法方式，阻止官員和不明人士接觸，或是有機會進入政府機關。

4. **秘密行動方面**：本國情報機構在其他國家蒐集情報之外，並且利用政治、經濟、宣傳、科技甚至於武力等方式去影響其他國家的政治發展。有些學者將其視為「骯髒的騙局」（dirty tricks）或是「秘密戰爭」（clandestine wars）。

按我國國防部在軍語詞典中，情報的定義乃指對有關外國或地區某一方面或各方面一切情報資料，加以蒐集、鑑定、分析、整理，及研判後所獲致之結果，謂之情報（國防部，民66：312）。惟不論國內外，情報之重點都在四大過程（指導、蒐集、處理、運用），即情報循環（Intelligence Cycle）。

1. 情報指導（Directions）

指導—情報需求之確定，蒐集計畫之擬定，對情報蒐集機構下達命令

或申請，以及對情報蒐集機構績效之不斷檢查。

2. 情報蒐集（Collection）

　　由蒐集機構對情報資料來源之吸取，並將此等資料分送至適當情報處理單位，俾產生情報。蒐集是整個情報過程的動力，在運用各種不同蒐集途徑與手段進行蒐集活動，以符合決策時所要之資訊需求。

3. 情報處理（Processing）

　　情報資料透過鑑定、分析、處理、研判而成為情報的步驟，決定情報是否發揮功能的重要關鍵，就在這段「解讀」與「轉化」的過程。

4. 情報運用（Use）

　　情報運用的概念，主要是在政策制定過程中對情報的態度，包括接納或排赤等不同程度的情報—政策互動關係（張中勇，民85：911-912）。情報過程的前三階段都成功（如指導計畫正確、蒐集成果甚佳、處理步驟無誤），唯獨政策運用不良，一樣會導至政策或戰爭的失敗結果。

　　綜合上述說明，筆者認為情報就是預先或及早知道的關於某種情況的消息，它包括某種情況的資訊、報告和資料等等。若以實用概念（working concepts）之途徑來加以定義，情報是指過程、產品與組織。就過程言，可被認知為一種手段，其中提出攸關國家安全之特定資訊的需求、蒐集、分析及分發給決策者；且對於一些類型之秘密行動加以構思及執行；及經由反情報活動對這些過程與資訊加以保護；就產品言，情報就是前述過程之產品，是經由法律正式授權而要求之分析、行動等相關實施作為；就組織言，情報可被視為是執行不同國家安全政策功能之單位。而資訊時代對決策者有用之情報，就過程言，除既有之秘密蒐情手段外，尚要有能有效運用公開資訊之進入途徑。一份完整的情報，通常是由時間、地點、人員、事情、事因、結果、物、點等要素構成的（張殿清，民90：4-5）。其中時間、地點、人員、事情是情報的基本要素缺少其中的任何一個，情報就會產生不完整。

貳、情報的種類

　　情報的種類（Types of Intelligence）繁多，對其進行分類的方式也很多，依處理情形區分如表5-1所示，可分為原始情報、完成情報；依情報基本來源區分，可分為公開情報與秘密情報；按型態區分，可分為文字情報、圖像情報、音像情報、密碼情報和實物情報；按使用價位區分，可分為戰略情報、戰術情報和謀略情報；按地域區分，可分為國內情報和國外情報；按具體作用區分，可分為資料性情報、動態性情報和預測性情報；按功能目的區分，可分為基本情報、警訊情報、當前情報；最常見的方式依情報內容方式來區分，即是間諜即為運用各種方式偵查目標國家軍事機密，將情報內容回報委派國家的特殊職業人員。依據政治、軍事、經濟、科技、社會、經濟、環境等重要機密情報，作為國家和軍隊制定方針、政策、作戰計畫提供。由於，軍事間諜其危害國家的嚴重性，甚至能影響國家安全，足以操控軍事勝敗的程度。

　　情報經過適當的處理之後，應及時提交給政府各部門或決策者參考，以免延誤時效而失去其價值，所以情報在完成之後皆應加以分類，最常見的方式依情報內容方式來區分，一般而言可分為以下幾種類型（宋筱元，民88：39-43；杜陵，民72：90-111）：

表5-1　情報的種類

性質	種類
處理情形	原始情報、完成情報
情報基本來源	公開情報、秘密情報
型態	文字情報、圖像情報、音像情報、密碼情報、實物情報
使用價值	戰略情報、戰術情報、謀略情報
地域	國內情報、國外情報
具體作用	資料性情報、動態性情報、預測性情報
功能目的	基本情報、警訊情報、當前情報
情報內容的方式	政治情報、軍事情報、經濟情報、科技情報、社會情報、經濟情報、環境情報

（一）**政治情報（Political Intelligence）**：包括一個國家的對外政策及國
　　　內的政治情勢，所以政治情報是在分析該國在國際社會之中，對本
　　　國所採取的立場。

（二）**軍事情報（Military Intelligence）**：包括一國的軍事力量，包括軍
　　　隊的編制、訓練、武器裝備的類型、數量、軍事部署、作戰計畫與
　　　相關科技產業的技術水準、生產力等，均屬軍事情報的範圍。

（三）**科技情報（Scientific and Technical Intelligence）**：科技的能力與
　　　水準攸關國家的發展與在國際社會中的競爭力，因此，有關其他國
　　　家所擁有或正在發展的各種先進科技，經常都是其蒐集的對象。

（四）**社會情報（Sociological Intelligence）**：一個國家內部的社會狀況
　　　及發展，不僅會直接影響原有社會秩序的穩定，也可能會對政治情
　　　勢產生衝擊，而改變該國對外政策；甚至於影響該區域或整個世界
　　　情勢。

（五）**經濟情報（Economic Intelligence）**：國際上許多衝突或戰爭的發
　　　生，其造成的因素往往是經濟利益的問題，經濟問題通常可透過談
　　　判或協商來解決，因此，相關訊息的掌握，顯然是極重要的。

（六）**環境情報（Environmental Intelligence）**：包括國家的自然環境資
　　　料（如地理環境平地、山岳、河川海域的分布及特性）、氣候狀
　　　況、甚至於特殊的疾病等；這些情報內容的完整性與正確性更直接
　　　影響到往後軍事行動的成敗。

參、情報循環

　　傳統的情報循環（Intelligence cycle，又譯情報過程）的概念描述了
民事或軍事情報機構或執法機構處理情報的一個基本循環過程，是一個有
重複節點組成的封閉環路。情報循環包括以下階段：識別決策者的情報需
求、情報蒐集、情報處理、情報分析。然後，決策者提供反饋和提出修訂
的要求。情報需求是為了滿足決策者的情報目標而制定的。在美國的聯邦
政府，情報需求可能出自白宮或國會。在北約系統中，指揮官使用「需求

表」(有時稱「情報基本要素」"Essential Elements of Intelligence",簡稱EEIs)啟動一個情報循環(http://zh.wikipedia.org/zh-tw/%E6%83%85%E6%8A%A5%E5%BE%AA%E7%8E%AF)。

一、情報蒐集

為了響應情報需求,情報人員要制定一個情報蒐集計劃,以便有效使用現有資源和方法,並從其他情報機構尋求情報。根據組織狀況及其獲得准入許可的資源狀況,情報資源可能包括:HUMINT(人力情報)、IMINT(圖像情報)、ELINT(電子情報)、GIGINT(信號情報)、OSINT(公開或開源情報)等。

二、情報整理

一旦成功執行了蒐集計劃並且獲得了信息,就要進入情報整理階段。這涉及到翻譯外文的原始情報資料、評價信息的相關性和可靠性、整理的原始情報,為情報開發做準備。

三、情報分析

情報分析揭示了被處理信息的意義和含義,並通過整合離散的信息將這種意義和含義集中表達出來,以識別隱含信息和模式,然後解釋任何新開發的知識的意義。

四、情報傳播

情報產品產生後,會根據決策者的要求和報告要求採取多種表現形式。一個情報組織或情報團體通常將眾多不同種類的情報分成不同的緊急層次,例如,一個跡象和預警(I & W)報告需要比年度報告更高的優先順序。

五、信息反饋

情報循環是一個封閉環,所以信息反饋來自情報循環起始端的決策者。

　　根據我國「國家情報工作法」中第3條第2款明定：「情報工作：指情報機關基於職權，對足以影響國家安全或利益之資訊，所進行之蒐集、研析、處理及運用。應用保防、偵防、安全管制等措施，反制外國或敵對勢力對我國進行情報工作之行為，亦同。」

肆、我國情報系統概述

　　我國近代情報系統之發展，其肇始乃於民國17年，蔣中正先生時任國民革命軍總司令，為迅速敉平內亂，以減少人民因戰禍而受到損害，有賴於確實而靈活的軍政情報，於是在總司令部成立「密查組」，特令戴雨農先生負責主持，專司北伐前線軍事情報之調查蒐集，此為我國情報組織之濫觴。民國21年3月，國民政府軍事委員會委員長蔣中正先生召開高級軍事會議，決議組織情報網，蒐集調查資料，研究國內外情勢，用為抵禦外侮、安定國家之參考，於是自4月1日起成立「特務處」，同年9月，軍事委員會成立調查統計局，特務處奉命劃歸管轄，改稱為該局第二處，負情報及訓練之責。民國26年全面抗日作戰 特務處乃奉命擴組為「軍委會調查統計局」；民國35年5月國民政府撤銷軍事委員會成立國防部，同年8月軍統局奉令改編成為國防部保密局；民國39年6月，保密局奉命恢復保密局正式編組，於臺北士林芝山岩設立保密局局本部；民國44年，我國情報機構改制，重新劃分任務，保密局奉命改組為國防部情報局，原有保防、偵查等業務，撥歸「司法行政部調查局」接管；民國74年7月1日，原情報局奉命與國防部特種情報室併編成立軍事情報局，隸屬國防部參謀本部，受參謀總長直接指揮。法務部調查局成立於民國16年，迄民國38年4月間，政府為因應行憲之需要，改制為「內政部調查局」，此為我國第一個完成立法程序之調查機構，局長由季源溥先生出任，同年12月隨政府播遷台北，至民國45年6月1日改隸司法行政部，際此期間司法行政部調查局之主要任務為掌理有關危害國家安全與違反國家利益之調查、保防事項。（http://tw.knowledge.yahoo.com/question/question?qid=1105060600427）

　　民國69年8月1日司法行政部調查局又改制為法務部調查局至今成立迄

今，其主要任務為維護國家安全與偵辦重大犯罪等。在維護國家安全方面包括，反制中共滲透、防制境外滲透、反制恐怖活動、保護國家機密、國內安全調查、協調全國保防及兩岸關係研究等。在偵辦重大犯罪方面包含，貪污、瀆職、賄選、經濟犯罪、毒品犯罪、洗錢犯罪及電腦犯罪等。（http://www.mjib.gov.tw/cgi-bin/mojnbi?/newintroduction/newintro-3.html）

　　我國國家安全體系，包括總統、行政院長、國防部長、參謀總長等；至於目前我國之國安或情報體系之發展現況則可概區分為三大部分：

1. 機關保防：由國家安全局負責。
2. 軍事保防：由軍中保防安全體系負責（或稱之為軍事保防）。
3. 社會保防：由警察機關負責。

　　其中國家安全局為統合指導、協調、支援國家情報工作，以確保國家之生存與發展，依法召開「國家情報協調會報」，策劃國家情報工作全般協調、執行與支援事項。該會報由該局局長擔任主席，各情報治安機關首長出席，視需要得邀請政府其他相關機關人員列席。另依「國家情報協調會報實施規定」如圖5-1所示，該局再向下分別召開國際情報、大陸地區情報、台灣地區安全情報及科技情報等四個協調會報，就有關國家安全情報事項，進行統合指導、協調與支援，以發揮情報工作整體功能。該局依

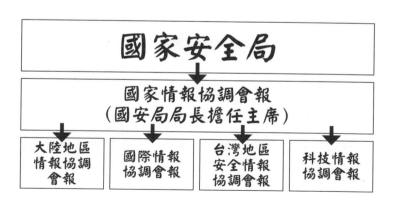

圖5-1 國家情報工作運作體系圖

資料來源：http://www.nsb.gov.tw/page04_06.htm

據情報需求蒐集之情報資料，經研整後均提供政府相關部會做為政策制訂之參考。

　　國家安全局在「情治分立」原則下，統合指導國家情報工作，構建國家情報工作運作體系，該局與各情治機關之關係如圖5-2所示；惟各情治機關在「行政指揮體系」上，各隸屬其上級機關，為行政指揮的垂直關係，但在「情報指導體系」上，依國家安全局組織法與國家情報工作法之規定，有關國家情報工作，應受國家安全局之統合指導，為一「行政指揮體系」與「情報指導體系」之雙軌運作機制。故而我國情報體系之發展是有其一定的時代背景與社會環境之需求而演進。至今此機關保防由國家安全局負責；軍事保防由軍中保防安全體系負責；社會保防由警察機關負責之現狀，並由國家安全局依法來協調與整合之現況，是否足以滿足瞬息萬變的國際情勢，及經緯萬端的兩岸事務與台海之安全，則仍有從美國國

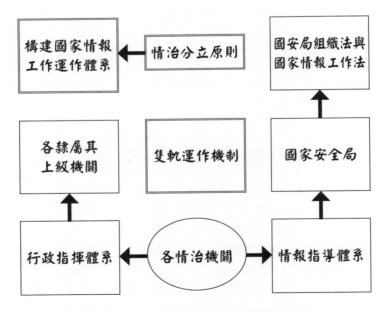

圖5-2 國家安全局與各情治機關之關係圖

資料來源：http://www.nsb.gov.tw/page04_06.htm

土安全的情報發展經驗，從情報之體系與情報運用之策略上再加琢磨與設計。

第二節　美國情報體系發展與國土安全

　　美國的情報體系（Intelligence Community, IC）係依1947年國家安全法而建立。為了維護美國國家安全，情報體系被指派處理外國情報。在法律和政策方面，情報體系被嚴密地規範其在美國國內活動所扮演的角色。自2001年以來，情報體系由於對911事件未能事先察覺而受到強烈的檢討。全面的組織改革包含改組情報體系、重新調整其傳統優先事項，和要求擴張其調查對象以涵蓋聯邦、州、地方及部落執法、官員之懲治和民營機構。為了建造和維持能夠保護美國國家安全利益且健全的公共基礎設施，在國內的活動場所使用情報資源被破天荒地承認是必要的。

　　美國最初由14個機構所組成情報之體系；國土安全部依2002年國土安全法之立法通過，而成為情報體系的新成員。司法部緝毒署（Drug Enforcement Administration, DEA）亦於2006年4月成為情報體系的成員之一。因而美國情報體系現共有下列16個單位（Ward, et al., 2006: 86）如下述：空軍情報處（Air Force Intelligence, AFI）、陸軍情報處（Army Intelligence, AI）、中央情報局（Central Intelligence Agency, CIA）、海岸防衛隊情報處（Coast Guard intelligence, CGI）、國防部情報局（Defense Intelligence Agency, DIA）、能源部（Department of Energy, DOE）、國土安全部（Department of Homeland Security, DHS）、國務院（Department of State, DOS）、財政部（Department of the Treasury, DOT）、司法部緝毒署（Drug Enforcement Administration, DEA）、聯邦調查局（Federal Bureau of Investigation, FBI）、海軍陸戰隊情報處（Marine Corps intelligence, MCI）、國家勘測局（National Geo-Spatial Intelligence Agency, NGA）、國家偵查局（National Reconnaissance Office, NRO）、國家安全局（National security Agency, NSA）及海軍情報處（Navy Intelligence, NI）

等16個情報單位。

　　然而，2001年9月11日的攻擊乃是美國本土從南北戰爭後，第一次被恐怖份子襲擊成功的重大不幸事件。而此事件乃是個提醒做較佳情報分享的訊號。1993年2月份的美國世貿大樓爆炸案，攻擊事件曾被設計為使世貿大樓其中一塔倒向另一塔，並以此做為起點來對紐約隧道、美國建築及聯邦調查局（FBI）的辦公室做攻擊。九年後，美國仍對該種發生在國內的襲擊事件疏於防備。後來911委員會針對此次攻擊前的防備與事前情資蒐集的漏洞做出報告，並受到高度的重視。

壹、情報改革及防恐法案與國家情報總監辦公室之設置

　　2004年12月7日，美國眾議院以336比75的票數通過了2004年情報改革及防恐法案。翌日，參議院也以89比2的票數通過該法案。布希前總統形容此項法案是「從1947年杜魯門總統簽訂國家安全法以來美國情報機關最大幅度的改革。」布希前總統認為這個法案最主要的目的在於，確保政府官員為保衛美國負責，並盡可能蒐集情報以做出最好的決定。根據2004年情報改革及防恐法案的定義，國家情報意指所有涉及對美國、其人民、財產或利益產生威脅；大規模毀滅性武器（Weapon of Mass destruction, WMD）的發展、擴散或使用；或任何關於國家或國土安全的議題之情報。資料的來源不管從國內或國外獲得都無關緊要。國家情報委員會包含情報體系中，年資較深的分析家和來自公、私部門各式各樣的專家，他們全部都被指派於國家情報總監下工作。中央情報局概述2004年情報改革及防恐法案的功能，並處理於美國境外蒐集到的各國情報並通知國家情報總監。資訊分享委員會（Information Sharing Council, ISC）負責指導總統和計畫經理如何發展、改善和維持資訊分享環境。監督資訊分享環境的計畫經理負責散播資訊給聯邦政府。資訊分享委員會亦負責讓資訊於聯邦、國家與當地機關之間流動。

　　綜上所述，2004年情報改革及防恐法案由總統簽署通過後，並成立國家情報總監辦公室（Office of the Director of National intelligence,

ODNI），如圖5-3所示。其之國家情報總監（The Director of national Intelligence, DNI）由總統任命，並經參議院核准。國家情報總監是總統、國家安全委員會（National Security Council, NSC）與國土安全委員會（Homeland Security Council, HSC）主要的情報顧問。此外，他也

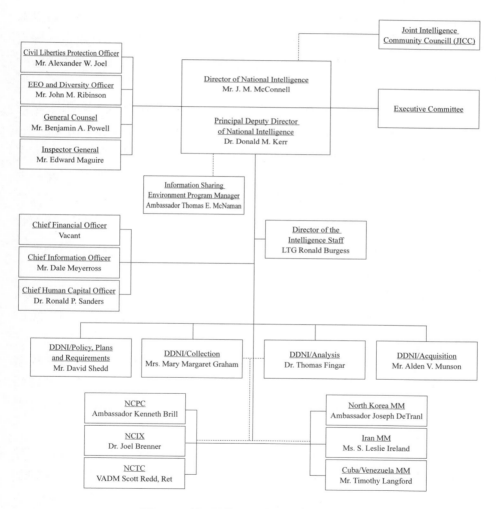

圖5-3　美國國家情報總監辦公室

Source: http://www.odni.gov/organization.htm

主管國家情報計畫（National Intelligence Program, NIP），監督國家反恐中心（National Counterterrorism Centers, NCTC）和國家情報委員會（National Intelligence Council, NIC），並兼任聯合情報體系委員會（Joint Intelligence Community Council, JICC）的主席。聯合情報體系委員會包含州長、財政部長、國防部長、能源部長、國土安全部長、司法部長等成員。該委員會主要負責協助國家情報總監（DNI），創造整合之情資以保衛國土之安全。該委員會支持國家情報總監的各項任務如建立規定、提高預算、管理資金，與監督和評估情報體系的效率，並確保國家情報總監的計畫、政策和指令能以適當的方式執行。

　　2004年情報改革及防恐法案修正了1947年國家安全法，並對國家情報一詞重新定義。另一個重大改變是中央情報局長（Director of Central Intelligence, DCI）轉隸屬於之前曾受其監督的國家情報總監（DNI）之下。過去中央情報局長扮演總統的主要海外情報顧問、廣義的情報體系總指揮，以及中央情報局（CIA）局長的角色。中央情報局長也被授權為情報體系（IC）中唯一的發言管道，並代表情報體系接受總統指揮。然而此2004年之新法將其訂位為受國家情報總監（DNI）這個新的情報機制所節制。

　　這種由總統授權之新機制，使得傳統情報體系必須與非情報體系機關（non-IC）及國防部（department of Defense, DOD）共享情資。這個新情報體系之發展乃建立在下列兩個重要因素之上：

1. 過去對於海外敵對組織的情蒐活動是非常脆弱而敏感的，而且往往需要經年累月地經營。蒐集及審核情報來源是相當耗時、危險及昂貴的工作。情報來源有意無意地洩漏機密，都將會影響情資的品質與其來源。

2. 若情報來源身分曝光，將可能遭抹殺或是散布假情報。若不嚴加維護，花費數十億美元經營部署的情報體系也可能毀於一旦。這些限制及潛在的衝擊使得與聯邦、州、地方、部落、國際治安體系和國土安全部分享情資之程序發展都將受到阻礙。

　　至由美國之新的國家情報策略的十五個重要目標，所發展出的五個關鍵性的任務目標則可略述如下：（Ward, et al., 2006: 93-94）

1. 蒐集、分析與傳遞準確、及時、客觀的情報給予總統以及所有制定並執行美國國家安全政策及保護國家安全和執行法律的官員們。

2. 使得總統有效的指揮美國政府的國家情報工作和特別行動。

3. 為了平息針對美國發展中之可能的威脅，必須提升本身之情蒐能力。在發現無法消除的危機之前，必須事先發覺危機的存在。

4. 為了保護情報活動，並確保情報系統、科技、國防武力和政府行政能力的完善，必須佈署有效的反情報措施。

5. 必須依法執行任務，亦即尊重所有美國人的公民權和隱私權。

　　以下十個目標是為了超越敵方的能力，並保護美國的利益而設計出來的：

1. 整合情報工作的能力以應付對國土安全的威脅，且必須恪遵美國法律和保護隱私權及公民自由之規範。

2. 加強分析的專業能力與方法。竊聽的專業必須在恐怖份子處落實執行，且必須發展出可供選擇的分析方法。

3. 重新權衡、整合並使蒐集能力最有效地進行，以便符合目前和未來分析情報之需求。

4. 整合一個創新的和成果取向的情報體系。

5. 確保情報體系的人員能獲取他們想要的情報。

6. 建立新的並加強現有的海外情報關係，以符合整體安全的挑戰。

7. 建立清楚、一致性的安全慣例和規則，讓情報體系能一起工作、保護國家秘密和進行反情報活動。

8. 拓展科學並發展研究，讓情報工作能繼續維持及延伸，以便對抗緊急的威脅。

9. 從成功及錯誤中學習，並且為新挑戰的到來作準備。

10. 消除多餘的程序以節省政府效率，讓國家安全成為首要目的。

貳、美國國家反恐中心

　　美國之情報體系，除了國內恐怖主義與反恐怖主義的情報係委託聯邦調查局（FBI）負責外，國家反恐中心負責為美國政府分析和整合所有關於恐怖主義與反恐怖主義的情報。該中心的首長由總統任命，並經參議院核准，且為國家情報總監（DNI）的主要反恐顧問。國家反恐中心（National Counterterrorism Center, NCTC）以下五項主要的功能：（Ward, et al., 2006: 88-90）

1. 國家反恐中心（NCTC）是美國政府對於分析與整合關於恐怖主義以及反恐怖主義之情報的主要組織（不包括純國內的反恐怖主義之情資），該中心會接收、保留並傳遞來自聯邦、各州、當地政府及各個必要之訊息來源處的情資。

2. 實施反恐作戰計畫，整合國家力量（包含外交、財政、軍事、情報、國土安全和各單位的執法）。

3. 分配反恐任務，以指導各部門進行和適當的反恐行動。中心要確保各部門能夠接收必要的資訊，以達成所分配的工作。為了反恐活動的計畫和協調，各部門並應知會國家安全委員會（NSC）以及國土安全委員會（HSC）任何中心指定和分配的事項。

4. 成為情資中心並分享已知的資料庫，掌握恐怖份子和國際恐怖組織，包含他們的目標、策略、能力、聯繫和資助網絡。

5. 確保情報機構使用並接收所有情報資源，以執行其反恐怖主義之計劃或行動。

　　所謂之美國國家反恐中心（National Counterterrorism Center, NCTC）係依美國行政命令（Executive Order, EO）第13354號而設立。所有恐怖份子威脅整合中心（Terrorist Threat Prevention Center, TTIC）的權責與其之監督，都於2004年12月6日轉移到國家反恐中心。2005年6月27日，國家反恐中心在情報改革及防恐法案與行政命令第13354號的授權下開始運作。（Ward, et al., 2006: 90-94）

　　國家反恐中心扮演著國家情報總監（Director of National Intelligence, DNI）有關反恐資訊處理的主要顧問，作為反恐情報中心與分享的資料庫，提供了所有來源情之報以支持反恐行動，而且在國家反恐中心內，以及國家反恐中心和各部門之間，建立了情報科技系統和結構，賦予接收、彙整、傳播以及使用這些恐怖主義情報的能力。以下是其執行任務之模式：

1. 以組織夥伴的形式來管理：聯邦調查局、中央情報局以及其他提供獨特情資之體系，例如能源部、財政部、農業部、衛生及公共服務部、核管制委員會，以及美國首都警察等，以夥伴的關係來經營情報。
2. 發展出一套分析恐怖份子議題及跨機關合作之整合評估模式，並適時發布有關恐怖主義之警告、警戒，以及建議。
3. 保存已知和可疑之恐怖份子身分的國家貯藏庫。
4. 全時的監視恐怖主義相關議題及事件的管理與處理中心，並對全球適時的提出警告。

　　國家反恐中心負責分析與整合所有有關恐怖主義及反恐怖主義的相關情報，但是不包括國內的恐怖主義及反恐怖主義相關情報。國家反恐中心使用國家各層級的權力，包括外交、金融、軍事、情報機關、國土安全部，以及執法單位。它也使用了來自全球眾所皆知以及嫌疑重大的恐怖份子、組織的資訊。國家反恐中心的主任負責直接對國家情報總監（DNI）報告所有關於反恐的事務，例如反恐情報及反恐對策分析。

　　如前所述，恐怖份子威脅整合中心（Terrorist Threat Prevention Center, TTIC）隸屬於國家反恐中心，它負責建立已知或是可疑的恐怖份子資料庫。它也負責散播對於國家安全造成威脅、或是真正的威脅給國家或人民。至於其他情資管理系統，例如國家反擴散中心（National Counter-proliferation Center, NCPC）。

　　負責評估及傳播所有關於大規模毀滅性武器（WMD）的情報，包括傳遞此類武器和科技的演進。而聯合情報體系委員會（Joint Intelligence Community Council, JICC），則為負責製造及執行相關資源以保護國家安全。其成員包含國務卿、財政部長、國防部長、能源部長、國土安全部長

及司法部長，該委員會提出需求、編列預算、管理財務、監督及評估情報交流的效能，以及確保任何程序適時的完成。

第三節　情報對國家安全與國土安全之影響

「國家安全」為國家生存之保障，它涉及的內容極為廣泛，舉凡領土、政治制度、傳統生活方式、主權、經濟、外交、軍事、內外的環境等因素，均與國家安全有關。後冷戰時期的戰略環境對「安全研究」產生重大影響，因為世界更趨於多元化的發展，國與國間的衝突問題，隨著高科技的發展，大量毀滅性武器的發明，及聯合國集體安全機制功能不彰，安全研究更有其急迫性，同時也更走向理論與實務結合的趨勢，因而「安全」的內涵與外延不斷擴大，不再局限於軍事領域，而是逐步延伸到政治、經濟、科技、文化、環境領域。

面對後冷戰時期安全環境的轉變，國家安全政策必須因應新的環境與挑戰而作修正，亦即建構一套國家永續生存與發展的戰略，以應付各種立即與潛在的威脅，運用此套安全戰略，不僅可以形成國家未來發展的共識與前景指導原則，更可以指出相應配合的其他手段與資源的配當，即是如何整合政治、經濟、外交與軍事等層面以為國家整體安全而服。（http://www.ltvs.tyc.edu.tw/html/ltvs10/a012.htm）

壹、「國家安全」為安全研究中心

在國際關係中，「安全」（security）是一個基本的概念，也是一個基本的價值。早期的安全研究延續「戰爭研究」（war studies）與「戰略研究」（strategic studies）的傳統，深受現實主義理論的影響。70年代後，烏爾曼（Richard H. Ullman）對傳統現實主義的國家安全觀提出批評。烏爾曼指出，將國家安全定義在軍事意義上，是一種對現實的錯誤設想和虛構，導致國家注重軍事威脅而忽視其他也許更為有害的危險，同時使國際

關係出現軍事化傾向。後冷戰時期國際環境的改變，許多國際關係學者及各國政府在制定政策時，已跳脫以純粹軍事為中心考慮的安全概念，而將環境惡化、恐怖主義、毒品走私、疾病傳染等非軍事性的問題也列入國家安全的議程中。學者Paul Joseph便從新、舊全球秩序來觀察安全研究的趨勢，區分不同的（美國）國家安全概念（http://wutl.myweb.hinet.net/）如表5-2所示。

　　在「國家安全」概念的研究層次而言，則產生向下、向上、水平與垂直擴延的現象。向下擴延是指安全概念從國家層次到個人層次；向上擴延則是從國家到國際體系；水平擴延是指安全研究已從軍事面向延伸到到政治、經濟、科技、社會、環境及人類領域，垂直擴延是指確保安全的政治責任，從國家向下降到區域、地方政府，向上升到國際制度，並側延到非政府組織、新聞界、抽象的自然界與市場。但一般的安全研究仍是以國家為中心，亦即在於探討國家面臨威脅時，以國家層次的安全，整合各層次的安全關係，瞭解威脅安全的因素，並謀求解除威脅之道。因此「國家安全」可說是安全研究的中心。（http://wutl.myweb.hinet.net/）

表5-2　新、舊世界秩序下的（美國）國家安全概念

新、舊秩序差異處	舊 世 界 秩 序	新 世 界 秩 序
國家安全的主要威脅	蘇聯、第三世界的革命力量	獨裁、環境品質低落、全球經濟問題（國內蕭條）
軍事力量的主要所在	擴大嚇阻、防禦歐洲、海外干預的能力	基本嚇阻→核武裁減、聯合國維和部隊、非攻擊性防禦
民主與公眾的角色	公民的正式權利	公民教育、社會積極主義、強化民主
對戰爭與和平的文化態度	旁觀式的黷武主義	和平的公民文化
與發展中國家的政經關係	維持市場關係	鼓勵真正的發展、共同命運
和平概念	消極和平觀	積極和平觀（減少結構性暴力）
軍費與經濟	最小衝擊	和平紅利與經濟轉化
智識與政策典範	現實主義	共同安全

資料來源：Paul Joseph, Peace Politics：The United States Between the Old and New World Order（Philadelphia：Temple University Press, 1993），p.7. 引自莫大華，「安全研究論戰之評析」，問題與研究，第37卷第8期（民國87年8月），頁22。

貳、「國家安全」的意義

「安全」一詞是個模糊的符號（ambiguous symbol）、低度發展而有爭議的概念（underdeveloped and contested concept），學者Helga Haftendorn認為安全研究的典範之演化，從國家安全到國際安全而到全球安全的變遷，每個階段都有不同的理論與政治前提為基礎，並且與國際體系的歷史演化及詮釋它的知識成就有著密切的連結。國家安全（National Security），在今天的世界上早已成為通用名詞。在各國政壇的議論中，以及傳播媒體的報導中，幾乎經常可以發現這個名詞的出現。（http://www.ltvs.tyc.edu.tw/html/ltvs10/a012.htm）

第二次世界大戰時，美國羅斯福總統從未有用過「國安全安」這樣的名詞，有紀綠可考的第一次使用是在1945年8月當時的美國海軍部長富里斯塔（James Forrestail）在參議院作證時說：只有在非常寬廣和綜合的層面上，才能確保我們的國家安全．接著他又鄭重地指出：我在此之所以一再使用的名詞是「安全」（Security）而不是「防衛」（defense），國家安全不僅是陸軍和海軍的問題，還必須考慮全部戰爭潛力，包括礦產、工業、人口、科技以及一切與正常平民生活有關的活動都在內。從文字內容上作一概觀似乎可以立即發現下述三點基本認識（http://www.lths.tc.edu.tw/lths08/ill4-1.htm#國家安全的概念）：

（一）國家安全是一種條件也是一種能力，二者之間又有其微妙關係之存在，必須先有某種能力，然後始能創出某種條件，反而言之，某種條件之存在即足以顯示某種能力之存在，能力是物質的、客觀的，條件是心理的主觀的，兩者同時存在，彼此交相為用，甚至於不可分。

（二）國家安全有其廣狹義，就狹義而言，國家安全即為國防，也可以稱之為軍事安全（Military Security）以對抗外來武力威脅為目的，不過隨著世局的演變，國家安全的內涵也隨之擴大，於是遂發展為一種較廣義的觀念，其範圍也就不僅限於軍事和國防，而把干非軍事性因素也列入考慮之中，儘管如此，軍事仍為主要因素，簡而言

之，在整個國家安全領域中，軍事安全實為其核心。

（三）國家安全不僅是一種政策，而且也是一種理論，它有思想和行動兩方面，國家之所以有安全政策是經過思考之後所獲得的結論，而此種思考程序又必須以理論為基礎，所以，在國家安全領域中是思與行並重，若無適當的理論基礎，則政策的決定勢必會變成臨時的應付，而缺乏深遠的思考，這樣不僅將降低政策的品質，而且甚至於還會導致意想不到的惡劣後果。

「國家安全」所呈現之豐富與多樣化並非僅止於本身之內涵，除了在動態時間軸上所呈現的轉變性之外，在橫剖面上，各國「國家安全」的核心目標與優先次序皆因其面對之客觀形勢而有所差異。就「經濟安全」對亞太地區國家的意義而言，則可依各國之經濟實力與環境差異區分為三種，即「激進經濟安全」、「基礎經濟安全」與「地緣經濟安全」。在「激進經濟安全」方面，經濟權力分配均衡不僅與國內秩序穩定呈現嚴格的內在邏輯，亦是政權合法性之重要重要保障。是此，發展經濟的目的在杜絕因內部經濟權力分配問題而造成社會秩序的動盪，如東南亞國家所面臨的經濟安全問題大多屬於此類型（尤指1997年金融風暴後之發展）。

在「基礎經濟安全」方面，指該國的經濟實力與其國際生存呈現重要關聯，並對對外貿與原料輸入易呈現高度依賴。是此，如何確保貿易航道的暢通無阻與市場的開發實為經濟安全的核心議題。我國與日本所面臨的經濟安全皆屬此類型，是此，日本海上自衛隊與我國海軍均負有確保國家對外航道暢通之重要任務。第三是「地緣經濟安全」，經濟優勢的確保與國際政治地位呈現正相關，是此，確保經濟實力與競爭優勢不僅能確保本國經濟繁榮，亦可為全面之戰略優勢建構並塑造良好的基礎與發展環境。

為了因應後冷戰時期安全研究內涵的擴大，並避免將「國家安全」等同於「軍事安全」，我們可對「國家安全」下一個簡單定義：「為維持國家長久生存、發展與傳統生活方式，確保領土、主權與國家利益，並提升國家在國際上的地位，保障國民福祉，所採取對抗不安全的措施。」具體而言，「國家安全」包含下列五個重點（http://www.ltvs.tyc.edu.tw/html/

ltvs10/a012.htm）：
1. 國家生存不受外界威脅。
2. 國家領土完整，不受任何侵犯。
3. 政治獨立和主權完整，維持政府運作和國家預算。
4. 國家需要維持經濟制度及發展的正常。
5. 確保國家傳統生活方式，不受外界力量干涉與控制。

參、威脅國家安全的因素與來源

　　國家安全威脅的成因往往是導源於國家利益（national interest）的重
疊與衝突，而國家利益的具體表達即為國家目標（national objective）。
因此，若敵方的行動與反應（enemy's actions and response）對我國家安
全利益和國家安全目標有危害或影響的，就是威脅（threats）。由於國家
安全的最大利益在於國家生存（national survival），所以一但發生威脅
就應儘早排除，以避免其成為「嚴重」、「立即」的威脅。「威脅評估」
（Threat Assessment）不僅探討敵人的軍事能力，還須考量政治、經濟、
科技、地理及社會心理等國家力量的構成要素，一般而言，可從三個層面
來分析（http://www.ltvs.tyc.edu.tw/html/ltvs10/a012.htm）：
　　（一）能力（capability）
　　（二）意圖（intention）
　　（三）敵我易毀性（voluer ability）

　　亦有學者認為，評估一個國家所面對外來威脅，基本上必須根據下列
三項因素，忽略其中一項因素都不能準確的衡量該一外來威脅之強度。
　　（一）潛在敵人的犯意；
　　（二）敵對雙方的相對戰力；
　　（三）受威脅一方所能憑藉的外援。
　　值得注意的是，威脅評估涉及到「意圖」（intention）與「認知」的
問題，即使敵人沒有明確的惡意，但在雙方溝通不足的情況下，也常可

能被我方視為威脅。另一方面，雖然在評估威脅時，評估者無不傾全力追求客觀事實（objective reality），但往往會受到諸如決策者個人信仰價值、官僚系統架構等的影響，因此所能獲致的還是主觀認知（subjective perception），難以做出正確的評估。（http://www.ltvs.tyc.edu.tw/html/ltvs10/a012.htm）

　　隨著國際政治多元化，軍事力量已不再是威脅國家安全的唯一來源，凡是可能影響國家主權行使、政治制度、傳統文化、生活方式，以及國家賴以生存的一切有形、無形力量，皆可視為國家安全威脅，可簡單區分如下（http://tw.knowledge.yahoo.com/question/question?qid=1105061007941）：

（一）就威脅因素有

　　　1. 來自傳統的敵對者；
　　　2. 侵略性的鄰邦；
　　　3. 意識形態的差異；
　　　4. 鄰國之間戰力相差懸殊；
　　　5. 友好國家的日趨不安和衰弱；
　　　6. 來自其他國家的衝突；
　　　7. 政府政策的錯誤與執行；
　　　8. 社會變遷的失控，如新國家建立後的整合（integration）、認同（identity）和統一過程，所產生的暴動、內戰，及各種價值、利益和政權的非法爭奪等。

（二）就性質而言

　　政治性威脅係指對現行政治體制的挑戰，並以心理性威脅為根源；經濟性威脅為影響國家經濟秩序的各種外來或內在力量；軍事性威脅則以武力要脅，迫使政府必須改變政策以迎合其要求。

（三）就威脅強度而言

　　國家安全威脅就強度而言有嚴重、主要、次要之分，嚴重之威脅為一但發生，即危及國家生存者，必須立即處理。一般而言，威脅國家安全因素最嚴重者，是國家的消滅，包含合併、征服、解體和瓜分等四種；主要威脅危發生後將對國家造成嚴重威脅，且必須以較長時間始能恢復，但不致影響國家生存者，須投以較大關注；次要威脅為發生後必定會造成傷害，但影響不大，經一定時間即可消彌者。唯三者並非一成不變，且非漸進的。

（四）就時效而言

　　立即威脅為即將或已經發生的事實，必須優先處理，通常係由潛在威脅轉化而來；潛在威脅即為可能或事件發展至某一階段時，即構成威脅者。

肆、我國國家安全政策的目標

　　美國前國務卿季辛吉曾指出「政府的主要責任就是保衛國家安全。」換言之，維護國家安全是國家政策的最重要部分，也是政府的首要責任。有關「國家安全政策」（national security policy）之定義，國內外學者指陳甚廣，不勝枚舉，「國家安全政策」，又稱「國家安全戰略」（national security strategy），其意義即為學術界普遍使用的「大戰略」（grand strategy）一詞。日本則稱為「綜合安全保障戰略」。我國國家安全政策，具體而言是在維護下列的利益：

（一）國家生存不受威脅。

（二）國家領土完整，不受任何侵犯。

（三）政治獨立和主權完整，維持政府運作和國家預算。

（四）維持經濟制度及發展的正常。

（五）確保國家傳統生活方式，不受外力干涉與控制。

　　現階段我國仍處於「兩岸分治」的非常時期，國家安全政策的主要內

容，除了外交、國防、經濟三大主要政策外，仍須訂定「非常時期政策」（如南韓的統一政策與我國的大陸政策）。總之，「國家安全」研究在現實與理論之間存在著相當大的差距儘管國家安全是一種概括的觀念，但對於不同國家，它又代表不同的問題和不同認知。在不同的時代、不同的環境、不同的國家會有其不同的安全需求與政策。因此，任何國家的政府與人民都必須瞭解「國家安全」所表現的是一種動態的觀念，因為時代在變，環境在變，對於國家安全政策必須經常檢討並做事當的調整，這樣才能使政策保有充分的彈性，能夠解決現實的問題（http://tw.knowledge.yahoo.com/question/question?qid=1105061007941）。

　　我國國家安全事務的本質來自於兩岸關係政、經利益的不一致。目前兩岸關係的內涵，可說同時兼有政治敵對與經濟夥伴兩種極端的矛盾對立關係。兩岸目前的現況是不統、不獨、不武的特殊現象，而解決兩岸的問題，必須從為解決國際紛爭所發展出的某些國際關係理論中，來尋找平衡點與兩岸能雙贏的策略。然而我國現階段所面臨的安全環境，分別從外環境與內環境兩個面向著眼。外環境探討主軸在美、中、台的三方互動，在內環境方面則著眼於我國政治與經濟的發展，而此兩方面情資之蒐集與情報之整合，乃為保障國家安全與國土安全的必備條件之一。

伍、我國國土安全與情報體系的發展

　　如前各章所述，911攻擊事件以前美國傳統之「國家安全」係偏重於運用軍事、外交、經濟、情報等政策手段以有效防範外來侵略、擴展海外利益與壓制內部巔覆；911攻擊事件後，將「國土安全」任務著重於保衛本土免遭恐怖襲擊、強化國境與運輸安全、有效緊急防衛及應變、預防生化與核子襲擊。

　　在美國安全戰略上，國家安全是從全球的角度把工作重心擺在國外的。以前沒有國土安全問題，但自911之後就有了此觀念。但它和國家安全之間仍然有段距離。故而從國家安全走向對國土防衛的強調，是後冷戰時期美國國家安全政策的第一個顯著變化。如前數章所述，美國在1996年

亞特蘭大奧運會之時，才開始對國土防衛之改變提出建言，1997年美國「國防小組報告」（Report of the National Defense Panel, Dec. 1997）所提出的「轉變防衛：二十一世紀的國家安全」，才真正成為關切的焦點，其中對國土防衛的界定是：「整合運用主動與被動的必要作為，來嚇阻及反擊大規模殺傷性武器的使用，這些作為涉及相關範圍的聯邦部門，並且必須把中央與地方政府都協調進計劃當中」。可惜這份報告未獲國會承認及撥款（Seiple, 2002: 226）。

　　因此，911恐怖攻擊事件以前美國傳統之「國家安全」係偏重於運用軍事、外交、經濟、情報等政策手段以有效防範外來侵略、擴展海外利益與壓制內部巔覆；911攻擊事件後，將「國土安全」任務轉而著重於保衛本土免遭恐怖襲擊、強化國境與運輸安全、有效緊急防衛及應變、預防生化與核子襲擊等。因之，新的「國土安全」之新觀念，是以預防恐怖活動與攻擊為考量，整合聯邦機構、結合各州、地方、民間之力量，以提升情資預警、強化邊境以及交通安全、增強反恐準備、防衛毀滅性恐怖攻擊，維護國家重要基礎設施、緊急應變與因應等方向為主。所以「國家安全」（National Security）與「國土安全」（Homeland Security）在其界線與權限範圍上是有所區別的。國家安全，是攸關國家整體政權之存續，故較從國家整體政治與政權安危之角度為出發點，來執行較高層次、較全方位的國家安全維護的工作。故其可能牽涉或包含國防安全與國土安全的範疇，及整合所有此類資源以維繫國家的永續經營為其核心之工作。至於國土安全此新興的領域及其概念，則是以公共行政、社會安全維護與司法事件處置之角度為主要關注點與手法，來維護國土之安全。其二者在維護國家整體之安全與永續發展之目標則相同，但在處理事件的性質上及所運用之方法與權限上則有所相異，雖然其二者之間經常需要有合作與聯繫協調，及資源整合的必須性與時機。故而，國土安全之相關情報體系與運作策略，當然是延續與結合過去國家安全之情報規範，然其注重之情報焦點與議題自然有些相異，例如結合民間之情資系統或網絡之與資訊分享（information Sharing System）及更注意國土基礎設施（Infrastructure）之情資調查評估，即為其犖犖大者之轉變。

　　然而根據美國國土安全情報體系之演變與發展之論述中，得知情報的多元發展、公私部門情報系統縱向與橫向的整合，以及新的情報蒐集之方法與技術的研發與運用，實值得我未雨綢繆的吸取其經驗並加以運用。筆者根據本書第一章所論情資導向的警政策略中（Intelligence Led Policing）之觀點，以及前述我國情報體系之概述，認為我國土安全的策略發展在情報體系方面，亦應以情報整合與新技術之研發運用為革新之核心方向。

　　因而如前所述之國際警察首長協會（International Association of Chiefs of Police, IACP）即曾於2000年之4月，發表一篇美國治安體系，情報資源整合的實徵研究報告，足為我國之參考。該情報資源整合的實徵研究乃建議，將美國之警政、檢察處、法院、監所、公民營矯治機構等單位之情資及犯罪紀錄，加以分級、定位、歸納、整理，並設計聯線之使用軟體與使用規範。故其已自成一對抗犯罪之資料庫。並更進一步訂定嚴謹之使用規則，且汲取加州、科羅拉多、路易斯安那、密西根及北卡羅來納等五州成功之經驗，而嘗試建立此一全國性之情資分享系統。故而我國在發展國土安全的情報體系與革新作為時，因為我國情報體系甚為複雜，雖有國家安全局居中協調，唯基本上仍為各自有其情資或資料系統，造成無法有效整合與運用的窘境。故亦似乎宜在情資品質之有效掌握與運用，及科技的巧妙結合上更加著力。而此種資訊分享（Information Sharing System）的機制平台之建置與具體之步驟，甚值得我國在發展國土安全的情報體系時參考。

　　然其具體可行之作為與步驟，則建議如下：

1. 可由原本協調各情報系統之國家安全局召集各個主要情資或情報相關機構之主管或負責人，開會研商情資整合與分享平台，及各機構均可接受之範疇、程序、運作標準作業規範與方式，以便達成共識而具備有國土安全情報縱向與橫向整合之可行性。其中亦可考量適度的整合民間相關之情資資系統與分享情資之程序與層次。
2. 建置或研發情報整合的資訊處理系統：透過與私人企業之簽約或顧用資訊之專家與顧問，研商整合各情報系統所需之處理軟、硬體，以滿足各個參與之情報機構的需要，並達到預期之目標。

3. 通報並教育各個參與之情報參與機構（國安、軍事、調查、海巡、移民、消防、警政等原來之相關保防系統）使用本新系統：通報並教育參與機構之相關情治人員，瞭解本系統之功能與程序，及可能產生之成果與影響，進而正確有效的提供情報，適時的提出國土安全之評估或警告與處置之建議。
4. 評估與維持本系統：不斷評估以便透過修正而滿足新的國土安全維護之新挑戰與需求，並瞭解其成效與正、反兩面之影響，以便維繫此系統持續的發展與正常的運作。

第六章　國土安全之執行與基本人權之保障

第一節　前言

　　911恐怖攻擊事件發生後，造成舉世震驚，美國布希總統立即將反恐提升至「戰爭」等級，並在初期立即成立國土安全辦公室統籌國家安全之維護，並在參、眾二院支持下通過「愛國者」法案（Patriot Act），賦予各項相關反恐職權（廖元豪，民91：273）；「國土安全部」是自1947年，美國國防部成立以來（當時國防部是由戰爭部與海軍部合併而成），聯邦政府進行的最大規模重組工作。美國政府在2001年「911」發生後為了反恐，於2002年決定成立一個新部門，並於2003年1月24日正式開始運作，定名為「國土安全部」（United States Department of Homeland Security，簡稱DHS），乃專門負責國內安全及防止恐怖活動的機構。這亦是美國在「911」事件後接成立的美國聯邦新部門（http://www.hkreporter.com/talks/thread-723743-1-1.html）。

　　為因應恐怖攻擊之再發生，美國參、眾二院通過之「愛國者法」，將反恐視為戰爭，廣泛授權進行反恐執法，侵犯人權聲音不絕於耳，亦造成許多人權團體及人民之批評，導致人民有「越反越恐」的論調。因此，政府所採取的反恐的公權力要如何使人民減少「恐怖」的陰影，是很重要的課題。故如何使「國土安全」執法與「人權保障」取得平衡非常值得探討。

　　美國國土安全任務範圍包括：情報與預警、國境與運輸安全、國內反恐怖主義、保護美國國內重大建設與主要財務、防衛毀滅性威脅、緊急情況之準備與因應。美國政府因應反恐及災防之全民動員政策與作為，發布「國土安全之國家策略」（National Strategy for Homeland Security），

旨在統合全民動員與組織美國之聯邦政府、洲及地方政府、私人企業及美國人民，以協調合作與專注努力來維護國土安全，使免於恐怖份子攻擊（National Strategy for Homeland Security，http://www.dhs.gov/xlibrary/assets/nat_strat_hls.pdf）。

美國國會於911事件之後通過加強執法機構預防、偵查與起訴恐怖份子及其支持者的能力。美軍除了在全球各地進行反恐外，並從國家安全的角度加強飛航與國境安全，儲備各種醫藥來對抗各種生化恐怖攻擊，並強化對付大規模毀滅武器的能力、充實各種情報機構間的情資分享、同時採取必要措施來保護國內之基礎建設。因此，美國政府認為當前美國人民、企業以及政府領導者已跨越政策範疇的進行美國歷史上少有的合作。

第二節　「愛國者法案」對美國人民之影響

對於「安全」的定義，常因主、客觀因素影響產生不同認知與感受。在911恐怖攻擊，造成美國金融重心——紐約在短暫時間內遭受如此重大災難。此次恐怖攻擊雖非國家間傳統國家安全的交戰，但美國政府基於防衛國家安全，全面對恐怖主義宣戰。此意謂從過去應付傳統戰爭重視「國家安全」，轉為以預防國內重大天災、人禍與現場搶救及復原能力之「國土安全」。國際間社會亦加速把「國家安全」轉而強調「國土安全」之維護，茲將「國家安全」與「國土安全」敘述之：

「國家安全」是國家受到國外攻擊時，人民有依憲法規定之義務，男性之服兵役及一般人民配合防衛動員、補糧之義務。而國內防禦戰爭時，則全民有動員防衛禦侮，必要時政府亦得依法宣告戒嚴之權利。在法理的規範下，戰爭屬於緊急動員業務，政府得發布緊急命令，限制人民較多之自由權力，此乃不牴觸憲法之人權保障之原則。「國土安全」在平時執法流程中，包括事前的預防、蒐集情報，進行分析整合，並予以授權公權力之執法行使職權，促使全民動員以達防災與反恐之目的（蔡庭榕，民96：221-222）。

　　國土安全著重於國境安全與外國人管理、抗制恐怖主義、災防應變與重大基礎建設防護等主要面向，並朝向建構全民動員以防災應變與有效反恐保安之組織體系與執法機制。由於各國國情、環境差異、安全威脅與國家利益的考量不同，因此對於「國土安全」的界定與認知有所差異，不論各國差異之不同，但其目標皆以「有效統合國家公私部門之協調與資源運用，提高災害救援、緊急應變與危機處理之機能，加強基礎建設安全防護與應變，減少各種天災人禍所造成損失，作為發展與建構國土安全制度之目標，確保國土安全區域內之民眾福祉，公共利益與國家安全（張中勇，民91：1-10）。」911事件以前美國傳統之「國家安全」係偏重於運用軍事、外交、經濟、情報等政策手段以有效防範外來侵略、擴展海外利益與壓制內部顛覆；911事件後，將「國土安全」任務著重於保衛本土免遭恐怖襲擊、強化國境與運輸安全、有效緊急防衛及應變、預防生化與核子襲擊、情報蒐集仍由聯邦調查局及中央情報局負責，但由國土安全部進行分析與運用。因為國土安全部具有統合協調全國作為，以防範美國國內遭到恐怖攻擊，降低恐怖攻擊之損害，並儘速完成遭受攻擊後的復原。因此，「國土安全」以預防恐怖活動與攻擊為考量，整合聯邦機構、結合各州、地方、民間之力量，以提升情資預警、強化邊境以及交通安全、增強反恐準備、防衛毀滅性恐怖攻擊，維護國家重要基礎建設、緊急應變與因應等方向為主（National Strategy for Homeland Security, http://www.dhs.gov/xlibrary/assets/nat_strat_hls.pdf）。

　　911事件之後，美國將一切資源與條件提供給了情報機構。增加了中央情報局和聯邦調查局的經費預算，成立「國土安全部」，擴張警察和安全人員的查緝特權，911之後的10月26日在國會通過的「愛國者法案」，將美國國內的情報工作交給中央情報局，這一切都是美國情報部門從911事件中獲取的最大好處（http://tw.knowledge.yahoo.com/question/question?qid=1607120609371）。愛國者法的全名「防堵恐怖主義必要工具提供法案」（Uniting and Strengthening America by Providing Appropriate Tools Required to Intercept and Obstruct Terrorism Act, Patriot Act, Public Law 107-56），立法之目的專為防堵恐怖主義。其對網路法制產生的

衝擊，最主要是透過的方式，將電腦駭客的犯罪行為納入「恐怖主義」的範圍，賦予聯邦調查局（FBI）中央情報局（CIA）對民眾的網路通訊與應用行為進行監控。愛國者法所涉事項包括政府監聽（Government Surveillance）、跨國界洗錢（International Money Laundering）與邊境移民（Immigration Provisions）與對受害者的補償等議題，涉及到超過15種假設情況下的緊急應變（吳兆琰，民92：28-29）。本章限於篇幅因素，僅就「愛國者法案」較受到爭議的第215條及第218條條文加以討論：

第215條

愛國法法案第215條是一條頗受爭議的條文，本條文授權政府機構可令圖書館館員繳出閱覽民眾的閱覽資料，嚴重違背美國憲法的精神。

2007年7月30日美國人民自由聯盟代表6個與阿拉伯有關的社團，在密西根州向美國法院題出訴訟，其訴訟狀的指控如下（http://www.aclu.org/SafeandFree/SafeandfFree.cfm?ID＝13249＆c＝262）：

（一）愛國者法案擴大的聯邦調查局的權力，聯邦調查局人員不僅能利用本條文獲得民眾的個人物品，並可命令慈善機構、政治團體、圖書館、醫院及網路服務提供者交出利用這些服務民眾的相關記錄其他有關物品。

（二）聯邦調查局在完全秘密的情況下利用本條文進行蒐證工作，不需要向法庭提出明確說明，這些民眾記錄及其他的背後是一個犯罪嫌疑犯或外國間諜。嚴重違反了民眾的隱私權、言論自由及正當法律程序。

（三）允許聯邦調查局可從任何人身上，而非僅限租車公司或其他第三者，要求取得任何實質上事物（包括書籍、各項記錄、文件及其他有形物件），而非只是商業記錄。聯邦調查局要求這些物品時，不須提出相關證據以證明被要求民眾是與外國力量有關。擴張的結果使聯邦調查局可以利用本條款來對付所有人。

第218條

本條文允許執法人員的搜索，從原先「外國情報跟監法」（the

Foreign Intelligence Surveillance Act, FISA）必須以外國情報為首要目標，修改為只要明確目標即可（http://www.ratical.org/ratville/cah/section213.htm1#218）。依據《外國情報跟監法》之搜索令僅能用於情報的蒐集而不是以之為控訴，但現在使用該法較低標準的「可能理由」就可以單獨通過作為控訴用途。但法官沒權駁回申請形同橡皮圖章，而且搜索目標不再針對恐怖份子本身，只須要政府的目標是一項有取得授權的調查，以防備國際恐怖主義即可（顏志榮，民94：167-169）。

紐約市議會通過了一項決議，正式表明其反對該法案授予司法部門更多調查權力的態度。該決議以口頭表決方式獲得了市政委員會的通過；決議對2001年911事件發生後不久頒布的「愛國者法案」予以了譴責。該決議的發起人於2004年時任民主黨紐約市議員的帕金斯（Bill Perkins）表示：「愛國者法案」並不是真正愛國的，它破壞了我們的公民權利和公民自由。我們永遠不會放棄讓我們成為一個真正美國人的權利。在紐約之前，已有3個州、246個城市和縣鎮通過決議，明確反對該法案，這些地區包括弗吉尼亞和馬利蘭州的地方政府（http://big5.chinabroadcast.cn/gate/big5/gb.cri.cn/321/2004/02/05/144@59949.htm）。俄勒岡州波特蘭聯邦地方法官艾肯26日裁決，美國「愛國者法」的兩個條款違憲，因為這些條款允許在沒有出示可能的理由之情況下頒發搜查令。他裁決說，根據「愛國者法」修訂的「外國情報跟監法」（the Foreign Intelligence Surveillance Act, FISA），「現在允許政府行政機構在缺乏憲法第四修正案規定的令人滿意之可能理由的情況下，監視和搜查美國公民」。（http://www.mingpaony.com/htm/News/ 20070927/nda11.htm）。

美國前司法部發言人康拉羅（Mark Corallo, Director of Public Affairs）於2004年曾聲稱拒絕承認這些地方政府的決議，並謂大多數決議都是在左傾選民的支援下獲得通過的，而且是基於對「愛國者法案」的錯誤認識。他強調，該法案是美國會授予政府足夠權力以打擊恐怖主義，防止恐怖襲擊事件再次發生的最重要的工具之一（http://big5.chinabroadcast.cn/gate/big5/gb.cri.cn/321/2004/02/05/144@ 59949.htm）。

第三節　反恐法制與人權保障

　　人類的歷史上在古希臘羅馬時代，早已在探討「自然權利」與「自然法」的問題。其中Stoicism派主張自然法應與人類平等精神，認為「人類乃一普世性的共同體，法律則是其表現。人類平等乃自然法之直接結果，自然法則是有關人類的首要與基本教條。」基本人權的觀念源自天賦人權，人之所以為人，有其與生俱來、不必外求、無可讓渡的應有自然權利，為個體尊嚴自主存在與自我發展之基本條件，在現代民主國家之憲法理念，普遍認為基本人權乃一種「先驗」的權利，也是「先於憲法已存在」及超實證法存在之基本權利，故所謂基本人權係指人的價值與尊嚴所不可或缺，先於國家之自然狀態即已存在，不待法律創設，更不容剝奪之自然權利（張仁傑，民88：24-25）。荷蘭法學專家Hugo Grotius de Groot於其《戰爭與和平法》著書中論及「人權」一詞概念，表示：「人權乃人類普遍具有的自然權利，而且人人皆有同等之道德價值，亦應平等地享有尊嚴及自由。」另依英美法典解釋「人權」係指：「人的權利或基本自由在法律上予於承認並加以保護，使每個人在個性、精神、道德及其他方面，獲得最充分與最自由的發展權利。這些權利被認為是生來就有的個人理性、自由意志的產物，而不是法律授予的，亦非法律能夠剝奪或取消的（劉進福，民96：194）」。

壹、國際人權公約

一、聯合國憲章

　　第二次世界大戰時，納粹對猶太人的暴行迫害，不但摧殘人權，也危害國際的和平與安全。所以，為了記取戰爭的教訓，避免人類間殘酷的血腥惡行，乃成立聯合國，希望以理性的溝通合作來促進世界和平，促進人類的進步與發展。聯合國憲章強調人權與世界和平密切不可分的關係，將促進保護人權與維持國際和平安全的目標並列，以相輔相成。聯合國憲章包含多項有關人權的規定，最明顯的是第1條第3款、第55條。聯合國成立

的主要宗旨：「促成國際合作，以解決國際間屬於經濟、社會、文化，以及人類福利性質之國際問題，且不分種族、性別、語言或宗教，增進並激勵全體人類之人權及基本自由之尊重。」（http://www.oceantaiwan.com/eyereach/20010404.htm）

二、世界人權宣言

第二次世界大戰剛結束，國際社會對於喪失生命感到深刻的道德痛恨，世界各地殖民地的人民也開始認識到，自由和人權並不僅是歐洲人與美國人的特權，而是全世界所有人應該共享的權利，加上紐倫堡與東京戰爭罪行審判法庭開創了審判踐踏人權者的先例，1948年12月10日「聯合國人權委員會」的主席Anna Eleanor Roosevelt提議下，通過「世界人權宣言」，主要基本原則有：政治參與與公民自由權、免於匱乏的自由、免於恐懼的自由。然而，作為聯合國大會的一項決議，決議僅供各國參考，不具法律約束力，因此，「世界人權宣言」不具法律效力，但是，不可諱言，多年來「世界人權宣言」發揮的作用確實超過了僅僅是建議的效果（http://www.epochtimes.com/b5/2/6/9/n195470.htm）。

三、社會權公約與自由權公約

在「世界人權宣言」的激勵下，「世界人權宣言」中所提出的規範一準則在後來的一系列公約中得到進一步的延伸與發展，其中最引人注意的是「公民與政治權利國際公約」（又稱自由權公約或B公約）與「經濟、社會及文化權利國際公約」（又稱社會權公約或A公約），目的在以多邊國際公約的方式，將「世界人權宣言」原則予以詳細規定，並藉由簽約國批准公約的程序，成為法律上的義務。因此，這兩個公約對簽約國具有法律約束力，這也正是「世界人權宣言」創始人當初的本意。

四、歐洲人權公約

「歐洲保障人權與基本自由公約」或稱歐洲人權公約。該公約於1950年通過，並於1953年正式生效，成為歐洲保障國際人權之基本架構。歐洲

人權公約保障僅限於基本之公民與政治權利公約，基本上係當人民與政府發生衝突，而遭逮捕、拘留或審判時，避免政府逾越其正當的法律權威，同時確保公民有參與公共事務的權利；與「公民與政治權利公約」之不同之處在於其對國際人權之限制除因國家安全或公共利益外，更強調是在民主社會中所必要之措施，因此，歐洲人權公約對於國際人權之保障實際上是多加了一道安全閥，亦即對於國際人權之限制並非政府單方面聲稱有危害國家安全或公共利益之虞即可，而必須是在民主社會中所為之受法律檢驗之必要措施，使得對國際人權作出限制，因此排除極權國家之獨裁決定。（http://beaver.dlc.ncnu.edu.tw/projects/emag/article/200506/）

五、我國通過「公民與政治權利國際公約及經濟社會文化權利國際公約施行法」

2009年3月31日我國立法院第7屆第3會期第6次會議通過「公民與政治權利國際公約及經濟社會文化權利國際公約施行法」。此兩公約與「世界人權宣言」共同被稱為「國際人權憲章」，乃國際社會最重要之人權法典，亦為國際人權保障體系最根本之法源。其內容在闡明人類之基本人權，並敦促各國積極落實其保障，務使全球人民在公民、政治、經濟、社會及文化各方面之人權，皆享有相同之保障。為提升我國之人權標準，促進人權發展，重新融入國際人權體系及拓展國際人權互助合作，進而提升我國際人權地位，自應順應世界人權發展之潮流，徹底實踐此兩公約。2009年5月14日，馬英九總統正式簽署「公民與政治權利公約」與「經濟社會文化權利公約」2項國際人權公約的批准書（「公民與政治權利國際公約及經濟社會文化權利國際公約施行法草案總說明」）。

雖然我政府自1971年喪失了聯合國的代表權而致無法參與多邊公約的制定，我國政府仍然不放棄本於憲法第141條「尊重聯合國憲章」參與國際社會的立場。儘管無法參與多邊公約的擬定雖屬憾事，但這殘酷的現實應並不妨礙我們「主動」將攸關我國發展的多邊公約融入國內法中，畢竟對公約的實質採納，仍是台灣可以自行決定的。這也是國際法史上難能可貴的個案——非締約國卻以國內法接納公約的全部內容（陳長文，民98）。

第四節　國土安全發展之緣由與法制規範

壹、我國國土安全發展之趨勢

一、主要發展方向

　　911事件恐怖攻擊，此一空前劫難對國際社會安定與和平構成嚴重威脅。聯合國安全理事會強烈譴責該恐怖暴行，呼籲加盟國採取因應措施，共同防杜恐怖主義。恐怖攻擊行動非僅對美國，就人類全體而言亦是極卑劣且不見容之行為，為展現毅然與恐怖主義對抗、徹底瓦解恐怖組織之決心，實有必要基於人道精神制定相關法規，以維護確保國際社會之和平與安定。打擊恐怖主義是項長期且艱鉅的任務，面對恐怖主義及其暴行對國家秩序與公共安全構成之威脅，各國莫不竭智盡力防杜恐怖主義蔓延，美國與俄羅斯即制定專法，俾能有效防制暨規範恐怖暴力組織。但鑑於恐怖活動型態多元化及手段多樣化，某些國家反恐怖措施之法源依據則散見於各法。就反恐怖相關法令而言，我國迄今尚未發生重大的恐怖暴力活動，因此並無類似專門法規。為使人民免於恐怖主義之威脅，維護社會和平與安全，確有必要立法遏阻恐怖份子橫行。

二、法制規範方面

　　我國在「行政院組織法」修正草案中，亦將負責公共安全為主的相關單位整合成立「內政及國土安全部」，將目前行政院海巡署、內政部警政署、內政部消防署、內政部移民署等單位加以整合。目前在組織法上予以整合，在作用法上已經分別訂定專法可資運用，有關災害預防與救援之「災害防救法」，全民動員之「全民防衛動員準備法」與「民防法」，反恐之「反恐怖行動法」草案與「核子事故緊急應變法」，國境管理法制之「入出國及移民法」、「海岸巡防法」；其他有關國土安全之「傳染病防制法」等（馬士原，民96：12）。草擬之「內政及國土安全部」，將欲結合國家資源，發揮民力效能，有效統合協助政府各機關，強化危機應變能力，將國土安全策略著重於防災、全體動員與反恐三合一之面向上，以確

保國境安全，維安反恐機能、災害防救應變，基礎建設防護及整合全民防衛動員等四個主要任務（http//reform.rdec.gov.tw/org_home/ yorg_01.htm 97年5月1日）。茲將其四個主要任務敘述之：

（一）**強化國境安全管制，健全反恐機制**：入出國人員管制及貨物安檢為一國邊境防衛之二大重點。外國恐怖份子進入國境重大毀滅性武器或其他危及國土安全物品之入境，均可能對於國內造成重大威脅，因此，我國成立「入出國及移民署」統籌移民與外國人入出境及居、停留管理事權，並配合海上巡防署之岸海防衛，有效管制國境，確保國土安全。行政院於93年11月16日召開「行政院反恐行動政策小組會議」，將我國的反恐組織採國安與行政兩體系相互合作的雙軌設計，並區分「平時」及「變時」階段，在「三、三、一」架構上，分別律定反恐工作組織之應變處置作為。他說，所謂的「三、三、一」反恐機制，亦即危機管理三個階段（預防、處理、復原階段），風險管理三種燈號（綠、黃、紅燈），以及危機處理（恐怖攻擊一旦發生）的事件類型。由於反恐行動刻不容緩。按草案規劃，我國反恐工作的組織體系採取國安、行政二系統相互合作之雙軌制設計，並在反恐組織機制的建立及運作上，區分「平時」（危機預防）與「變時」（危機處理）兩階段，並建立兩者間的「轉換機制」。在「平時」階段，是以既有的行政架構為運作基礎，強化國安體系與行政院情資通報聯繫機制，而「轉換機制」則是協助既有行政架構順利轉換成危機應變功能取向的危機處理組織；再輔以動員分級制度，識別「平時」風險管理（三種燈號）或「變時」（恐怖攻擊發生）之事件類型，分別律定應變處置作為。所謂的三種燈號，係指綠燈（低風險階段）、黃燈（中度風險提升階段）、紅燈（高度風險嚴重階段）。

在「平時」的反恐行動組織架構上，係由行政院的「行政院反恐怖行動政策小組」、「行政院反恐怖行動管控辦公室」與國安體系的「國家安全會議之情勢研判小組」及「國家安全局反恐怖情報整合中心」等單位組成。其中，「行政院反恐怖行動管控辦公室」更針

對暴力、生物、毒化物、放射性物質、重大公共設施、資通及其他等類型的恐怖攻擊，分別設立七個應變組。進入「變時」階段後，國安體系乃由國安會成立「反恐怖行動危機處理決策小組」；至於行政體系部分，則視發生兩種以上或單一類型之恐怖攻擊事件，來決定反恐組織架構，前者由行政院啟動「反恐怖行動應變中心」，後者係由各部會依據恐怖活動類型分別成立各種「指揮中心」；此外，各縣市政府則應依權責設立「反恐怖行動現地應變中心」（http://info.gio.gov.tw/fp.asp?xItem=20159&ctNode=3764&mp=1）。

（二）**災害防救應變**：我國行政院提出「國土安全網」主張，以「災害防救、全民防衛動員及反恐三合一」作為國土安全維護主軸，期待達到不論天然災害或人為恐怖攻擊，均含在此應變體系之下，平時做好整備，戰時或緊急時刻即可應付。整合文武職公務人員角色與政府各單位之專業分工及中央與地方有效配合，平時進行有效協調、整合及教育訓練等，使之有效防災應變及復原。

（三）**基礎設施之防護**：重大基礎設施（infrastructure）乃國家之命脈，也特別容易成為被恐怖攻擊之對象。因此，有其必要特別維護其安全。美國在成立國土安全整編時，特別成立「化學、生物、輻射與核子反制措施部門」，以專門對付生化或放射線武器攻擊，降低遭受恐怖攻擊之風險。因此，我國亦應將納入（防災、全動、反恐）三合一聯合政策納入任務內，以確保國土之安全。

（四）**整合全民防衛動員機制**：我國全民防衛動員準備機制以軍事作戰為核心，在兼顧國防與民生發展下，本著「納動員於施政，寓戰備於經建」之原則推動實施。「全民防衛動員」整合「行政動員」與「軍事動員」兩系統。「行政動員」系統是行政機關透過行政運作，將全國各機關與全民防衛有關之資源，加以規劃安排，進而發揮總體戰力，平常協助災害救援，戰時支援軍事作戰。「軍事動員」系統係依據軍事目標及軍事戰略構想，將行政動員所整備的戰爭潛力，作經濟有效的運用，使軍隊能迅速轉換為作戰狀態，以

確保國家（http://mail.cysh.cy.edu.tw/～educytw/ teach/ edu/E-D-012. DOC）。以上兩者系統有效配合，方能達到全民動員，確保國土與國家之安全。

貳、我國國土安全維護之內涵

我國在國家防災應變的組織架構中，應將業務分工及應變規劃之功能明確化，並參酌美國經驗與作法，配合行政院組織改造方案，規劃成立「全方位防救災害」之國土安全組織架構。為了達成「強化安全防衛機制，確保國家安全」的目標，近年來政府陸續完成「災害防救法」、「民防法」及「全民防衛動員準備法」等相關法案的立法，主要就是希望更全面的加強整合政府與民間資源，致力於提升整體安全防衛能力。另外，在組織因應方面，也將行政院「反恐怖行動辦公室」，在96年8月16日召開之行政院國土安全（災防、全動、反恐）三合一政策會報後，擴大其功能為「國土安全辦公室」，更進一步邁向未來政府組織再造之規劃藍圖，成立「內政與國土安全部」，專司有關國境安全維護、災害防救應變、基礎建設防護及反恐維安等相關事務，以及行政院內設置「國土安全處」，作為我國國土安全政策擬定、整合、協調與督導的運作機制。

國土安全維護的規劃，無論災害防救、傳染病防治、核生化事故應變、反恐怖行動等，各項緊急事故應變體系，除必須做好跨部會的整合，強化各機關間的橫向聯繫合作及中央與地方間的縱向指揮機制，另外仍須充分掌握及運用民力，讓全民防衛動員體系能在緊急狀況時發揮最大的效能。我國歷經嚴重急性呼吸道症候群（SARS）防治之經驗，更參酌美國911事件後的因應作為，現在已開始著手建構一套符合我國需求的整備與處理體系，政府事先落實天然災害、意外災變、傳染性疫病及恐怖活動等各項緊急事故預防及處理能力，有效防範各種緊急事故可能造成的社會恐慌及政經危機，減少人民生命、財產及國家整體國力的損失。不論「防災」或「反恐」，均需有「全民動員」統合指揮架構、功能分組及應變計畫等形成有效系統，在平日即有充分準備與演練，使能克盡其功。

參、國土安全法制規範與人權保障

　　行政院將災防、反恐與全民動員作為國土安全之核心主軸，其方向應屬正確。然而，危害防止或預防犯罪則是屬於隱性作為，則不易凸顯，以致常被忽略。國土安全由於是「預防重於治療」，如何定位「反恐」？如何建立其面向與指標？均屬重要且不易。911事件之後，美國同時對於政府安全部門的重整與統一，成立美國國土安全部，加強事權的劃分，充實資訊設備及人才培訓，以利國家安全的維護，但其相關規定也造成相關影響或干預人民基本自由權利時，所造成的嚴重批判，也成為影響其成效的重要之課題（http://www.twhohomelandsecurity.com/ld/PDF/4.1.pdf）。因此，「國土安全辦公室」是「防災、全動、反恐」三合一的國土安全計畫，將目標設定在維護社會安全、確保國境安全、防護基礎建設安全；並有效對於威脅加予分析；最後以法制化調整組織、整合科技與運用民間力量，有效完成反恐之早期準備。然而，有關國家重大組織變革，我國配合「中央行政機關組織基準法」進行修正之「行政院組織法」草案，特別強化反恐、防災及全民動員，並擬將之定名為「內政及國土安全部」。然而若以美國之國土安全及其法制規範發展之經驗以觀，則應如何在人權的考量下，訂定國土安全維護的相關法制，以及如何在確保人民權利的情況下，來執行國土安全之相關法規，則有下列數項議題必須予以澄清與研討。

一、明確法律規範之要件、程序與救濟之要件

　　美國911事件之發生，造成兩座大樓瞬間夷為平地，美國國防部大樓也部分坍塌。美國喬治布希前總統說曾：「數以千計生命突遭到邪念和卑鄙的恐怖活動殺害。」他強調，這些攻擊不會損害美國的根基，也無法摧毀他們的決心。布希宣誓美國將會全力追緝元兇，對策劃和包庇恐怖份子的人，作出報復。世界各國也都努力調整對付恐怖主義之立法與執行手段，造成保護個人權利與確保國家安全兩者間艱難之取捨。美國也重新思考「國家安全與個人不可剝奪的權利之平衡」（廖元豪，民91：273），美

國政府強調決不會屈服恐怖主義，然而，如何對於人民權利予以保障且妥當照護，亦達到妥善保護國家安全與公共利益，則需要完備可行的法制規範與明確之執法程序。特別是在制定國土安全法制規範下，應賦予人民不服之救濟程序機制，以達到反恐及人權保障之雙贏目的。

二、國土安全執法應遵守正當法律程序

我國憲法第23條規定，基於公益所需，符合比例原則、法律保留原則、正當法律程序，乃國土安全執法與人權保障平衡之基礎。人民自由權利，均須依憲法第23條規定之基礎。因此，國土安全執法應考量以下之原則：

（一）公益原則：政府公權力措施應以公共目的為原則，亦為憲法第23條明示，人民之基本自由與權利之保障，除為「為防止妨礙他人自由」……，非因公益目的不得限制之。此即是所謂的公益原則（http://tw.knowledge.yahoo.com/question/question?qid=1406011009873）。因此，政府國土安全相關執法措施，若影響或侵害人民之基本權利，應符合憲法規定之公益原則。

（二）比例原則：德國學者 Fleiner之名言曰：「警察不能以大砲打麻雀。」（Die Polizei soll nicht mit Kanonen auf Spatzen schiessen）孔子曰：「割雞焉用牛刀！」而莊子曰：「以隋侯之珠，彈千仞之雀，世必笑之。」其理亦同。凡此，足為比例原則之最佳註腳（http://tw.knowledge.yahoo.com/question/question?qid=1105052001249）。國家所採取的行政措施和欲達成的目的之間應該有相當的平衡，不能為了達成很小的目的使人民蒙受過大的損失，亦即，合法的手段和合法的目的之間存在的損害比例必須相當。比例原則之內涵有三：1.適當性原則（Prinzip der Geeigne-theit），其意指所採取之手段必須適合其所追求之目的，始得謂之正當，而具有適當性。申言之，以法律為手段而限制人民權利，可達到維護公益之目的時，其立法手段始具有適當性；2.最小侵害原則（Erforderlichkeit, der geringstmoegliche Eingriff, Prinzip der geringstmoeglichen

Eingriffes.），其意指所採取之手段能達成目的，且無其他具有相同效力而不限制基本權之更佳手段時，始可謂其侵害最小，而具有必要性；申言之，於適當性原則獲肯定時，在達成立法目的有各項手段時，應選擇對人民權利侵害最小之手段，其手段始具有必要性，亦稱為必要性原則；3.比例性原則（Verhaeltnismaessigkeit in engerem Sinne, Proportionalitaet），其意指欲達成一定目的所採取手段之限制程度，不得與達成目的之需要程度不成比例，亦即必須符合一定比例關係始可（http://tw.knowledge.yahoo.com/ question/ question?qid=1406011009873）。因此，國土安全在相關執法措施下，人權的應有保障亦是重要的考量。

（三）**法律保留原則**：係指憲法已將某些事項保留予代表人民之立法機關，須由立法機關以法律加以訂定，才符合民主原則，如果沒有由立法機關所制定之「法律」授權，行政機關即不能合法的作成行政行為。在法律保留原則下，各種干涉人民自由權利的行政行為不能以消極的不違反法律為已足，尚須有法律之明文依據，故法律保留原則又稱積極的依法行政（http://tw.knowledge.yahoo.com/question/ question?qid=1105060512164）。國家安全執法不論「危害預防」或「追緝犯罪」或急迫危害之強制措施之執法作為，均應明確法律規範，在執法上更須符合正當法律程序，以確保人權。

（四）**正當法律程序**：依據法律所規定來進行目的的達成,這是程序法的基本原則，如行政程序法、刑事訴訟法、民事訴訟法等等之類，國家行使公權力往往和人民的權利相衝突，而為了確保人民的權利保障，立法機關訂出一套程序讓公務員進行公權力的行使，達到人民權利受到保障又能使公權力順利進行，避免機關權力濫用，完成國家和人民間的互動達到必要的目的，這就是正當法律程序的精神。例如，911事件之後，美國未經司法正當法律程序，無限期羈押恐怖活動之可疑份子，並對嫌疑犯在無辯護律師在場下所作成口供，引來國際輿論之多方討論。

三、保障人民基本權益

　　一個國家往往在發生重大安全事件之後，先採取嚴格公權力措施，來緊縮人民自由與權利，政府公權力作為大幅度增加，相關安全產業亦隨之水漲船高，然而，事後發現並無明確事實有其必要犧牲人民的基本權利。戒嚴時期的專制，亦造成許多不當的沉澱成本，無形中嚴重侵害了人民的基本權利，因此，國家安全的執法模式，應在法制的規範下，人民才有基本的價值與尊嚴。如本書第四章第二節所論之法制與基本人權的議題中，謂美國參議院曾於2005年7月29日投票，再度通過愛國者法案，獲得延長效力，不過聯邦法院法官卻同時裁決，用來打擊恐怖主義的愛國者法案當中，部分條文有違憲之虞。

　　美國學者Oren Gross在其「混亂與規則：回應暴力攻擊危機應經常需要合憲嗎？」一文指出：我們急需一種嶄新的憲法概念來保障人權。否則，將有惡性循環之威脅，每次有成功的恐怖攻擊之後，政府即頒佈較嚴格之鎮壓法律及承諾更高的安全，但在每次災難之後隨即產生一個更嚴苛的法律，造成了惡性循環，最後可能為了反恐怖主義，卻成為恐怖政府，而對人權具有危害威脅。

　　如果加強國土安全後，美國變成一個變相的「警察國」，或是對某個人種（例如阿拉伯人）、某種宗教（例如伊斯蘭教）的社群或少數人失去信任，那不就是促使得賓拉登大獲全勝。因此，訂立一個反恐的嚴苛專法或成立一個龐大的反恐之專責組織，可能並非對抗恐怖主義之萬靈丹。必須以更有效之提升反恐技術層面、反恐情報系統的運用整合層面及人權、自由與法律效果均能照護的層面，得到一個最適宜之均衡，才應是民主國家反恐作為與國土安全維護的最佳策略與選擇。

四、遵守國際人權規約，避免藉機擴權

　　「911事件」恐怖攻擊後，此一空前劫難對國際社會安定與和平構成嚴重威脅。在對反恐宣戰之合理化之下，國際上又默許一國基於反恐自衛而採取武力制裁恐怖主義，促使反恐成為國際出兵的合理藉口（蕭淑芬，

民95：58），另一方面亦有國家藉以國土安全為由擴大公權力作為，打擊國內異己、宗教或反對者，嚴重侵犯人權與相關規範（廖元豪，民95：37）。因此，國土安全執法之際，應遵守世界人權宣言及其相關規定，保障人民應有的基本權利（李震山，民95：5）。

第五節　小結

911事件之後，美國社會要求「安全」的政治氣氛，進一步加強了美國統治集團的民族主義極端傾向。在過去幾年時間裡，美國以「反恐」為由在阿富汗和伊拉克發動了兩場大規模戰爭。甚至美國領導人多次宣布，「反恐」戰爭有可能持續100年。而部分美國領導人更聲稱，有可能爆發第四次世界大戰。911恐怖攻擊事件發生後，造成舉世震驚，美國布希總統立即將反恐之層級提升。此次事件打破了美國本土不可能受到攻擊的神話。截至2001年9月11日凌晨，美國人民均相信，美國是一個無堅可摧、絕不會受到打擊的國家。美國所具有的地理位置和美國所擁有占絕對優勢的核能力，使得美國遠離了發生在亞洲和歐洲的戰爭。儘管如此911事件的發生，卻為美國保守派中的好戰份子大顯身手，推行其蓄謀已久的全球軍事霸權目標提供了千載難逢的良機。與此同時911事件的發生也為美國情報機構提供了改革之良機。世人都看到911事件之後，美國將一切資源與條件提供給了情報機構。增加了中央情報局和聯邦調查局的經費預算，成立國土安全部，擴張警察和安全人員的查緝特權。

美國愛國者法是政府在911之後，利用大家之激憤情緒與同仇敵愾之氣勢，從草擬到生效，在短短不到6週內完成，特別是其通過的速度與程序亦引起關注。其授權程序是否足夠嚴謹與適當，亦受到嚴重質疑。該法案藉由執法者尋求避免進一步之恐怖攻擊，而快速通過立法程序，布希政府藉由本法的模糊、規避了犯罪調查與國家安全研蒐之界線。犯罪偵查應以被動發動調查權為原則否；否則就恐淪為預設立場。而國家安全則以「防患於未然」為原則，考量到恐怖活動對社會民心之影響。然而也因情

況特殊，情蒐單位在利用執法利器時，更應戒慎恐懼，避免逾越合理範圍；布希政府以反恐為名，積極建置資料庫、發展科技監控設備的趨勢，除了在美國國內引發違法性辯論外，亦針對非美國公民之過境旅客籌畫建置中的資料辨識系統，已引起歐盟境內維護隱私權團體的重視（吳兆琰，民92：32）。

有云「絕對的權利，絕對的濫權」，致許多法學者及人權主義者，甚或人民亦擔心反恐成為反民主、反法治之惡性循環結果。911恐怖攻擊事件之後，美國正在對情報蒐集與其他執法活動進行調整，並重新思考「國家安全與個人不可剝奪的權利之平衡」。然而，如何對於人民權利保障予以妥適照護，亦達到妥善保護國家安全與公共利益，則有賴完備可行之法制規範與明確合理之執法程序，特別是嚴謹國土安全法制之規範要件、完備其正當執法程序，並賦予不服之救濟機制，以達到反恐之執法及人權保障之雙重目的（蔡庭榕，民92：38-44）。

國土安全法制與執法應以民主法治為基礎。我國憲法第23條規定，基於公益所需，符合比例原則，並符合法律保留原則，乃國土安全執法與人權保障衡平之基礎。人是目的而非手段，國家係為人民而存在，更應避免越反越恐，因執法而侵害人權。從歷史經驗來看，一國家只要有重大安全事件發生，常先採取嚴厲公權力措施，立即制定非常嚴苛法律，來緊縮人民自由與權利，政府公權力作為大幅度向公共安全與利益傾斜，相關安全產業亦隨之水漲船高，發展快速。然而事後發現並無合理明確之事實必要來犧牲人民基本權利，而是個案所造成之驚嚇與恐懼使然。呼籲政府應避免假反恐之名，行專制獨裁之實；以及以非常態之嚴峻的暫時性保全與保安法制來長期實施於常態時期，亦將造成不當的成本累積，無形中嚴重侵害了民主、法治應有的執法模式下所保護之基本價值與尊嚴（蔡庭榕，民96：2）。

我國目前雖不是聯合國會員國，但對於共同維護國際和平之努力向不遺餘力，身為地球村之一份子，尤不能置身於世界反恐怖行動之外，自應積極配合建構相關反恐怖作為及完備法律制度，以與世界各國建立反恐怖合作關係。目前我國在行政院主導下，將反恐辦公室擴大成立為「國土安

全辦公室」具有「防災、全動及反恐」三者之共同特性有三：1.三者均屬平時即應整備以應不時之需；2.三者在強化各機關能量並無明確立即打擊對象；3.防災與反恐係目的，全民動員乃程序，此乃以平時動員準備以達防災與反恐之目的。基於上述特性，因此在國土安全執法上，不宜以非常態法令來進行來規範，反觀應以民主法制原則，來保障人民之基本權利，讓人民知道所做係為人民而為。平日加強宣導其實施目的，明確規定其範圍與程序；再者公正、中立、客觀、公平之執法作為，若有干預或剝奪處分，並應明確給予事由，並告知其有救濟管道與程序。

德國警察法學者蘇勒（Scholler）教授提出：「在現代化國家中，沒有任何一種法律體系，能圓滿折衝人類自由與安全間之矛盾，德國警察與秩序法體制亦不例外。因此要兼顧自由與安全兩大要求，須在根本上及個別案件中尋求不同解決方法（李震山，民96：331）。」李震山大法官亦曾補充曰：「自由與安全有其不易調合之處，但也透露一種重要訊息，一個真正追求民主法治之國家，都願為此問題費心，付出相對代價，而且不會輕易以安全為理想，限制自由。當行政效率與人權保障發生衝突之時，寧捨前者而費心於後者（李震山，民91：49）。」

總之，筆者認為在緊急時期所制定的相關法律有其必要性，但法律的執行如要在基本權利的保障與國家安全的維護，找到恰如其分的平衡點似乎是不太容易。因此，我們較傾向贊成政府的執法人員在法律上能獲得較寬的授權，亦要依循憲法的原則下，堅守基本人權之保障。

第七章　我國國土安全機制之建構與發展之研究

　　國家安全就是主權安全、國防安全、政治安定和外交衝突安全等所謂的傳統安全；國土安全是一個寬泛的概念，就是希能夠同時包容反恐與災害防救的含義。就是指那些除了傳統安全外，因天然災害、技術災害或人為災害威脅，對國家內部及人民生存與發展構成威脅的因素，包括那些危及社會穩定的經濟穩定、金融秩序、生態環境、資訊安全和資源安全、恐怖主義、槍枝氾濫、疾病蔓延、跨國犯罪等天然、技術與人為災害，這些衝擊對於一個國家的發展產生直接或間接的影響，應皆歸屬國土安全事務處理的範疇（曾偉文，民92：1）。

　　美國雖於近20年來頻遭恐怖主義肆虐，但多屬國際恐怖組織針對美國海外軍事設施和外交機構或人員發動恐怖攻擊，自90年代以來，美國本土、海外使領館及商旅、軍事駐地和船艦即陸續成為恐怖攻擊之目標。例如，1993年2月26日，美國世貿中心遭爆炸攻擊（6死千餘人傷）；1995年4月19日，奧克拉荷馬州聯邦大樓遭爆炸破壞（168死642傷）；1996年6月26日，美國駐沙烏地阿拉伯達蘭軍事基地遭爆炸攻擊（19死386傷）；1996年7月27日，亞特蘭大百年紀念奧運公園遭鋼管炸彈爆炸（2死112傷）；1998年8月7日，美國駐肯亞和坦桑尼亞大使館遭爆炸攻擊（美國國民12死7傷）；2000年10月12日，美國驅逐艦寇爾號在中東葉門遭小艇自殺爆炸撞擊（16死35傷）（張中勇，民93：58）。

　　2002年7月白宮發表之「國土安全政策」中（National Strategy for Homeland Security）（White House, July, 2002），國土安全被定義為：「透過國家整體協同的共同努力，預防美國發生恐怖攻擊、減低美國被恐怖攻擊的弱點，以及使已發生之恐怖攻擊造成之損害降到最低並能恢復原狀。」然而值得注意的是，不同的部門對於恐怖主義有不同的定義，這些

定義彼此之間是可以互相參酌的。2002年通過的「國土安全法」將恐怖主義定義為：「任何涉及對人類生命安全產生危險或可能破壞重要公共建設或資源的行為之活動；並違反美國聯邦刑法、州刑法，或其細則；並顯然企圖威嚇或威迫平民；以威嚇或威迫的方式影響政府政策；或以打屠殺、暗殺，或綁架等方式影響政府行政。」此定義有別於以往，範圍包含了國內與國外（Ward et al., 2006: 58）。911事件以後，美、英、日、加拿大等國相繼建立起防護國土安全的架構與專責單位。我國因制度與國情因素，故至今尚未成立。在中央尚未成立專責部門以維國土安全事務之前，我國則由「國土安全機制」以資因應。

第一節　美國國土安全發展之過程概述

如前述各章所論述，美國於911恐怖攻擊事件之後，國土安全成為其政府和民眾所共同關心的首要問題，同時反恐也成為美國國家安全戰略的首要目標。2001年10月8日，布希總統授權成立「國土安全辦公室」；2002年6月6日，布希總統向國會提出成立國土安全部的提案，並於11月13日和19日分別獲得參眾兩院的通過；同年11月25日，布希簽署「國土安全法」；2003年1月25日，美國內閣級的國土安全部正式成立，下轄22個聯邦部門，成為美國第17個部。此外，農業部、商業部、國防部、能源部、核管理委員會等30多個部門也部分地承擔著國土安全職責。2004年1月，國土安全部推出了「國家突發事件管理系統」（National Incident Management System, NIMS），為國土安全提供了制度框架；不久，國土安全部又制訂了「國家應變計畫」（National Response Plan, NRP），成為國土安全管理的指導依據（曾偉文，民92：2）。

早於911事件發生前，美國早已思考恐怖主義之防範與因應，對於各種災害的應對過程中，美國建立了比較成熟的災害管理體系。特別是，成立於1979年的FEMA，經過20世紀90年代初的改革，總結出一套豐富的災害防救經驗，在後911時期仍可資反恐借鏡；像「美國國內整備計畫」

（Nunn-Lugar-Domenici Domestic Preparedness Program），許多反恐措施都與災害管理都有著密切的關聯，如進行特殊訓練、採購特種裝備、制訂計畫、規劃演練等。從這個意義上看，美國國內準備計畫在邏輯上，不論針對任何災害，皆是以現存的美國災害管理體系為基礎來建立的。

　　2001年1月，美國制訂了「反恐行動計畫概念」（the U.S. Government Interagency Domestic Terrorism Concept of Operations Plan, CONPLAN 2001）（http://www.intelcenter.com/resource/2001/conplan.pdf），將反恐詳細地區分為兩種：危機管理（Crisis Management）與後果管理（Consequence Management）。前者主要以聯邦調查局為主體機構（LFA, Lead Federal Agency），會同中央情報局、移民等部門，識別針對美國及其公民的恐怖主義風險來源，突顯調查執法功能；後者以聯邦緊急救難署（FEMA）為主體機構，對災害中遭受損失的美國公民及機構，提供救援及恢復援助，突顯應變管理功能。危機管理與後果管理兩個功能的目的，是為避免美國政府及其公民遭受威脅提供一個綜合性的行政體系，這計畫概念展現了整合反恐與災害防救功能的想法。2003年新成立的國土安全部將聯邦緊急救難署併入其中，在一定程度上也說明了整合反恐與災害防救的初衷。

　　但長期以來，美國國內關於反恐與災害防救整合問題一直存在著爭議，國家安全界人士強調反恐的特殊性，反對二者的整合。但災害管理界的人士卻有不同的看法，他們認為對於恐怖主義的後果管理與災害管理是一致的，主張二者的整合。恐怖主義的概念較難界定，目前國際上尚且沒有一個統一的概念。不過，恐怖主義具有以下特徵包括：使用或威脅使用非常的暴力手段、是受目的驅動的理性行為、試圖在直接受害者之外的更大範圍群體產生心理影響，以及根據象徵性價值來選擇行為對象。無論如何定義，恐怖行為的後果與災害後果都是沒有區別的，而且恐怖行動地點也可以看作是災害現場或犯罪現場。不管應對何種恐怖主義，人們都需要突發事件指揮組織、資訊技術、預警、疏散、後勤、創傷諮詢等。甚至有時在事件原因沒有調查清楚之前，恐怖主義與災害難分彼此，如山林野火與惡意縱火、飛機墜毀與航空恐怖劫持、化學品洩漏與化學恐怖攻擊、傳

染病與生物恐怖活動等。但災害管理的四個核心部分之減災、整備、應變及復原重建的邏輯，同樣適用於恐怖威脅。因此，反恐與災害防救的整合確有其可行性的（曾偉文，民92：3）。

　　總體而言，美國在後911期間，的確針對恐怖活動等人為災害做出很多因應作為，甚至創造國土安全部龐大政府機器，但這由政府相關部門組合的超大行政機關，如果政策方向有偏頗、資源分配不均、效率因組織擴大而降低、且因部門組織文化差異而造成溝通不良，皆將成為災害管理及緊急應變的致命傷。

第二節　我國國土安全機制之發展

　　我國國土安全機制區分為「緊急應變機制」與「備援應變機制」。所謂緊急應變機制為一旦發生緊急事件，即可依平日制定的命令、應變計畫與體系，迅速加入救援工作；備援應變機制為事故性質、大小而間接啟動，兩者在平時即進行前置作業與事故預防處理工作。茲將兩者之間的建構與發展說明如下。（簡寶釗，民97：46-52）

壹、我國緊急應變機制之發展

一、災害防救機制

　　我國災害防救體系由「臺灣省防救天然災害及善後處理辦法」、「災害防救方案」、「災害防救法」等法令規章衍生而來。921地震慘痛的教訓，對我國災害防救機制產生重大影響，茲將災害防救機制之發展簡述如下（李維森，http://tdprc2.tfd.gov.tw/TaipeiCityEms1_public/org_4.html）：

（一）我國災害防救機制以往由中央指揮演變成符合救災效率的三級制；
（二）921地震以後，對於災害防救工作改以主動應變、減少災情損失；
（三）應用科學技術進行災害規模設定之地區災害防救計畫。

　　我國災害防救體系與運作機制，在經過多年不斷運作調整、修正及歷

經多次災害處理的歷練下，已發揮一定程度之成效與功能。惟面對全球氣候變遷，天災出現的頻率及強度大異於往昔之年代，災害防救是一項需隨時備戰的永續長期性工作，為打造一個安全無虞的生活空間，因應未來整體防救災之需求，政府將發揮劍及履及的決心作為與謙虛誠懇之態度，為國土保全、治山防洪與保命護產的工作，追求防救災工作之極致目標而努力不懈（http://tdprc2.tfd.gov. tw/TaipeiCityEms1_public/org_4.html）。其實，災害防救實應與國家或民間之災難搜救機制必須多所合作與建立共同的平台，以便統合資源與戰力發揮最大之救難效果。若然則未來我國政府之國土安全機制的建全發展與重視，就甚為關鍵。故而筆者認為應於後述貳、「備援機制」之第六項「災難搜救體系」中，我國之災難搜救機制一併檢討與整合之。

二、傳染病防制機構

傳染病發生是病原、宿主及環境三者間交互作用而成。隨著社會進步、環境衛生改善、預防接種的普及，使得傳染病對人類健康的危害逐漸降低。但由於近年來經貿活動範圍全球化，國人出國旅遊頻繁，交通運輸便利快捷，人口遷移，環境變遷，氣候改變，使得傳染病的散布，更是無遠弗屆。再加上外勞引進及兩岸交流頻繁等因素，使得原本在台灣地區已絕跡或根除的傳染病，可能自境外移入又再度造成本土流行。加上全球新興傳染病或人畜共通疾病，經常無法預期的在各地發生。如1998年香港的禽流感、1999年馬來西亞的立百病毒及1998年肆虐台灣地區的腸病毒71型等，都使得傳染病防治面臨前所未有的挑戰（http://oms.myweb.hinet.net/OCD_intro.html）。

近年來重大傳染病之特徵為潛伏期長，病毒不斷變形。 2003年發生嚴重急性呼吸道症候群（SARS）與2005年在亞洲地區所發生之禽流感（bird flu）疫情後，造成民眾極大的恐慌與政府嚴重損失，我國政府乃將傳染病防治機制朝向人類與動植物傳染病防治共同結合的方向邁進，並將其視為國家安全議題進行管控。

三、核子事故應變機制

1979年美國三哩島核能電廠事故發生後，原能會為加強政府及業者之安全準備，俾一旦發生核子事故，能迅速集中應變人力、物力，採取必要措施以降低民眾可能受到之損害，於1981年頒布「核子事故緊急應變計畫」。「核子事故緊急應變計畫」實施以來，除每年各核能電廠定期舉行緊急應變演習外，並先後舉辦多次大規模之廠內及廠外聯合演習。

鑑於核子事故緊急應變涉及民眾之權益，對國家社會有重大影響，且歷來輿論對其法制化之期待甚殷。原能會參酌歷次核安演習經驗及我國國情，研訂「核子事故緊急應變法」，該法於2003年12月24日總統公布，於2005年7月1日正式施行，未來有助於緊急應變機制之健全與功能的提升（http://www.aec.gov.tw/www/control/emergency/index-01.php）。

四、國家反恐體系

2001年9月11日：聯合航空93號班機、聯合航空175號班機、美國航空11號班機及美國航空77號班機遭到恐怖份子挾持對世界貿易中心、五角大廈進行恐怖攻擊2,986人（機上208人）罹難。統稱為「911事件」；2002年10月峇里島發生的首次恐怖攻擊事件、2004年3月11日上午7時30分左右西班牙首都馬德里車站恐怖攻擊、2005年英國倫敦地鐵爆炸案以及發生在伊拉克多次恐怖攻擊事件，對世人產生極大的震撼。

1970年代末我國反恐工作由臺灣警備總司令部列為警備治安的工作要項，並由國家安全局負責情資整合工作。66年國防部陸續成立「憲兵特勤隊」、「陸軍空特部特勤隊」、「海軍陸戰隊特勤隊」，執行反劫持、反劫機等特定任務。911事件之後我國更進一步規劃反恐機制，（陳雙環，民92：146-147）例如前述各章所論述之行政院國土安全辦公室，以及建立相關之反恐怖打擊機構、計畫或演習等，強化打擊反恐能量。

五、海洋污染防治

水質保護之目標在於防治水污染，確保水資源之清潔，以維生態體

系，改善生活環境，增進國民健康（http://www.epa.gov.tw/ch/artshow.aspx?busin=235&art=2008110711440315&path=12091）。臺灣身為島國，海岸線總長1,500多公里，海洋資源對我國甚為重要。然因開發過度，致使我國海洋生態破壞甚鉅。茲將我國海域污染源來源說明如下（http://tw.knowledge.yahoo.com/question/question?qid=1206041501212）：

（一）陸上的污染：陸地上人類生活之廢棄物，農業、工業生產過程中所排放之廢料，經由溝渠、河川注入海洋。

（二）船舶的污染：海上運輸工具，所載運之油料洩漏，或污水傾倒注入海洋者；核能動力船舶，或載運核能廢料之船舶，輻射物質外洩進入海洋者。

（三）傾倒廢棄物的污染：人類將工業的污染廢棄物，或其他污染性物質，經由運輸工具運至海洋中傾倒而形成。

（四）海床探勘與開採的污染：從事大陸礁層或海床之探測及開採時，因處置不當、設備不周、意外致使油、天然氣、泥漿外洩，或進行採礦時，產生大量微粒物質、泥漿，都會造成海洋污染。

　　歐美先進國家的作法是將海岸分類分級，整體規劃管理所屬海域，並研擬適當的污染防治對策。例如，哪些海岸屬於特殊敏感地區，哪些時段最為敏感，應該如何使用或禁止何種防污措施（如分散劑使用）等（http://tw.knowledge.yahoo.com/question/question?qid=1206041501212）。我國於2000年11月建置「海洋污染防治法」，並藉由整合相關規定以符合國際公約，已宣示我國保護海洋環境之決心、保護海洋生態，來提升污染處理能力，嚴守海上處理廢棄物管制、減少船舶廢油水與改善污染等狀況（海洋污染防治法）。

六、國家資通安全機制

　　資通安全產業落後資訊產業是正常的，企業在e化的過程中，增加效率提高產能是第一目標，因此資安一直處於「需要但非必要」的角色。今日企業e化已有一段時日，對資訊軟硬體設備的依賴日深，許多重要的資料都將儲存在電腦中或利用電腦通訊網路來傳遞。然而，這些儲存或傳遞

的資料均可能涉及商業機密、個人隱私權，甚至國家安全之機密（http://
icsrc.iecs.fcu.edu.tw/index.html）。

　　近年來資通安全事件層出不窮，從網路銀行盜領、網路釣魚
（Phishing）、1,500萬筆個人資料外洩、大學（中學）學測中心與外交部
遭駭客入侵、到Sasser殺手蠕蟲病毒，國內資安事件有逐步擴大的趨勢，
政府及企業的資安防護體系飽受威脅，有待資通安全人才來解決，在面對
駭客攻擊及網路犯罪案件快速增加的趨勢下，國內、外部出現相關資安人
才無法快速補足需求的困境（如警政署刑事單位與司法檢調機構），有鑑
於此，完整規劃我國資安專業人才的培育與訓練（如資通安全鑑識及偵查
人才），亦是政府當前刻不容緩的工作。

　　行政院於90年1月17日第2718次院會核定通過「建立我國通資訊基礎
建設安全機制計畫」（為期四年，90年至93年），並成立「國家資通安全

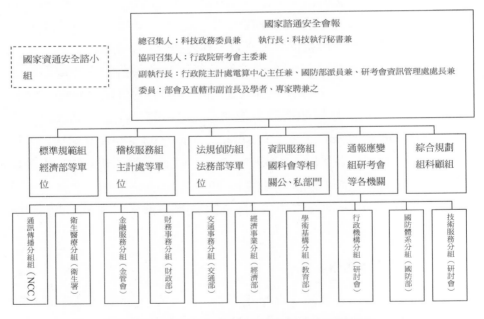

圖7-1 行政院國家資通安全會報組織架構

資料來源：行政院國家資通安全會報組織架構（http://www.nicst.nat.gov.tw/content/application/nicst/
policy/guest-cnt-browse.php?cnt_id=8）

會報」，積極推動我國資通安全基礎建設工作，由於政府機關對於資通安全的重視，以及帶動民間對於資安防護工作的投入不遺餘力，並已具初步成效，惟因資通安全工作係需持續推動的重要工作，因此依據行政院國家資通安全會報設置要點及93年2月5日國家資通安全諮詢委員會第四次會議與4月1日國家資通安全會報第十次工作小組會議之共識與結論，編定我國未來四年（94年至97年）的第二期「建立我國通資訊基礎建設安全機制計畫」，作為我國擬訂資通訊安全政策與推動資通訊安全發展之依據。

行政院國家資通安全會報第二期「建立我國通資訊基礎建設安全機制計畫（94年至97年）」共包含四大工作要領，如圖7-1所示，其中於第三期工作要領「強化國家資通安全認知與訓練推廣」，在推動資通安全認識上提及「建立可信賴的資通安全確認機制」重要措施，並於資安教育訓練中強調「建立資通安全專業進修管道，培育專業人才」的重要性，因此，推廣全民資安的認知，規劃我國資通安全專業人才無但是國家既定的資安政策，也是未來的發展趨勢（林宜隆，民97：741-74）。

貳、備援機制發展之經過

一、全民防衛動員準備體系

「全民國防」為我國國防的基本理念，「全民防衛動員準備機制」是實現此理念的具體作為。國家總動員是一國政府於戰爭時期或非常時期，為集中運用全國之人力、物力、財力，以增強國防力量，達到戰勝敵人目的。所以，對於國家的人力、物力等各項資源加以組織運用，使國家可以由平時態勢，迅速轉換為戰爭狀態，方能有效發揮國家整體力量，以適應國家總體戰爭的需求。在中共不放棄武力犯台的安全威脅之下，「全民國防」的具體實踐是對抗中共武力犯台的致勝之道，且基於戰爭型態與軍事科技的發展，未來戰爭是一種「快節奏」、「殺傷力強」、「高消耗」及「高成本」的武力衝突，故人員、物資等各方面的戰耗補充更顯其重要，而一完整、有效的動員體系與架構即為動員成功的關鍵。

全民防衛動員準備業務，係由「國家總動員綜理業務」調整轉型而

來。民國81年政府宣布終止動員戡亂時期，原來國家總動員之依據──「國家總動員法」納入備用性法規（民國93年1月7日總統業已公布廢止），致我國之動員諸項工作因為失所依附，造成動員工作有許多窒礙難行之處。國防部為因應此勢，乃建議行政院以「全民防衛動員」之名稱取代「總動員」，並於民國86年頒布「全民防衛動員準備實施辦法」，將原「國家總動員」業務全面調整為「全民防衛動員準備」業務機制。惟「全民防衛動員準備實施辦法」之位階僅為行政命令，依據「中央法規標準法」規定，「關於人民之權利、義務應以法律定之」，而全民防衛動員準備業務中諸多涉及人民權利、義務之事項均難以依行政職權命令規範，使其運作迭遭質疑，影響執行成效。

　　鑑於動員準備工作平時須對民間團體、企業進行動員能量調查。演習驗證時，必須運用民間之資源、財物乃至操作該財物之人員等，必然影響人民之權利、義務。民國89年1月29日 總統公布「國防法」，其中第5章為「全民防衛」專章，第24條中明定：「總統為因應國防需要，得依憲法發布緊急命令，規定動員事項，實施全國動員或局部動員。」同法第25條亦明定：「行政院平時得依法指定相關主管機關規定物資儲備存量、擬訂動員準備計畫，並舉行演習；演習時得徵購、徵用人民之財物及操作該財物之人員；徵用並應給予相當之補償。」同條第2項更明定：「前項動員準備、物資儲備、演習、徵購、徵用及補償事宜，以法律定之。」以做為「全民防衛動員準備法」之立法取得有效法律態勢與依據。故國防部在行政院指導下，邀集中央相關部會、各級地方政府，考量人民權益與軍事作戰之需求，依據「國防法」之立法精神，研擬完成「全民防衛動員準備法」（草案），並於90年10月25日經立法院三讀通過，同年11月14日奉總統公布施行。行政院於91年6月3日依法成立「行政院全民防衛動員準備業務會報」，相關部會及市、縣（市）於91年9月底前成立各級「全民防衛動員準備業務會報」。自此動員工作在「依法行政」的基礎上展開新的里程，為動員工作於法制體系上立基，確立整體動員工作推動之依據（http://tw.myblog.yahoo.com/jw!fxECFneAERr5JlACG9uerby4AtY-/article?mid=3621）。

二、緊急醫療救護體系

我國近年來由於工商及交通發達下，各類災害及緊急傷病事故發生有增無減，以民國84年為例，每十萬人口即約有62.3人死於事故傷害及其不良影響，造成民眾及社會莫大之損失。因此，持續建立完善且健全之緊急醫療救護體系，強化對民眾到醫院前緊急醫療救護服務，使傷、病、殘、亡人數降至最低，實屬必要（http://www.doh.gov.tw/newdoh/90-org/org-1/policy/B1.html）。

我國於1995年通過「緊急醫療救護法」與緊急醫療體系之建置，歷經2000年八掌溪事件與2004年艾莉颱風的襲擊事件後，突顯我國緊急醫療救護體系仍出現諸多問題。近年來衛生署陸續公布緊急醫療救護法暨相關子法規及實施計畫、推動區域緊急醫療救護計畫、加強毒藥物防治諮詢服務、加強救護技能訓練、提升救護服務之質與量、加強緊急醫療救護教育與宣導工作、提升醫院急診醫療服務品質、發展空中緊急救護系統（簡寶釧，民97：50）。

三、國防體系

國防係以保衛國家安全，維護世界和平為目的，而我當前國防理念、軍事戰略、建軍規劃與願景，均以預防戰爭為依歸，並依據國際情勢與敵情發展，制訂現階段具體國防政策，以「預防戰爭」、「國土防衛」、「反恐制變」為基本目標，並以「有效嚇阻，防衛固守」的戰略構想，建構具有反制能力之優質防衛武力。

此外，國防部亦已將「救災」納入國軍正常任務，強化「國軍救災機制」與整體編裝，使能在符合「依法行政」的要求下，於第一時間投入災害救援，以使人民生命財產獲得充分的保障（國防部網站）。每次颱風來襲、921大地震與SARS事件發生時，禽流感等事件，國軍動員大量兵力與醫療設備與設立緊急應變中心等作為，展現國軍與人民同舟共濟、軍民一體的精神。

四、民防體系

　　民防為動員民間人力、物力，予以適當之編組與運用，使其成為組織化、軍事化之戰鬥體，以防衛敵人有形之襲擊（如空襲、空降、暴力等）與無形之破壞（如謠言、耳語、黑函等）並搶救天然災害之一種民間自衛組織。又民防為總體作戰重要之一環，其目的再有效動員全民人力、物力，以防衛災害救難，協助維持地方治安為主要功能，戰時更能以支援軍事勤務，達成保鄉衛土為目的（http://tw.knowledge.yahoo.com/question/question?qid=150803050688）。

　　我國過去民防業務之實施，含有公權力強制性質，直到2003年1月「民防法」與其他相關民防法制相繼公布、施行後，才使我國民防體系邁入新紀元。2003年3月調訓各縣（市）政府、鄉（鎮、市、區）公所民防團隊整編各級作業人員，完成民防法闡述及民防團隊整編作業講習，逐步建構起符合我國國情之民防體系（簡寶釗，民97：51）。

五、國家安全情報體系

　　「國家安全」為國家生存之保障，舉凡領土、政治制度、傳統生活方式、主權、經濟、外交、軍事、內外的環境等因素，均與國家安全有關。後冷戰時期的戰略環境對「安全研究」產生重大影響，有關國家安全研究的風潮，不因為冷戰終結而式微，反倒因為世界更趨於多元化的發展，國與國間的衝突，隨著高科技的發展，大量毀滅性武器的發明，及聯合國集體安全機制功能不彰，安全研究更有其急迫性，同時也更走向理論與實務結合的趨勢，因而「安全」的內涵與外延不斷擴大，不再局限於軍事領域，而是逐步延伸到政治、經濟、科技、文化、環境領域，但「國家安全研究」仍為安全研究的中心。面對後冷戰時期安全環境的轉變，國家安全政策必須因應新的環境與挑戰而作修正，亦即建構一套國家永續生存與發展的戰略，以應付各種立即與潛在的威脅，運用此套安全戰略，不僅可以形成國家未來發展的共識與前景指導原則，更可以指出相應配合的其他手段與資源的配當，即是如何整合政治、經濟、外交與軍事

等層面以為國家整體安全而服務（http://tw.knowledge.yahoo.com/question/question?qid=1105061007941）。國家安全的範疇非常廣大，而各項安全維護工作首賴情報工作。

　　我國情報體系歷經變革，初期為「黨國政體」服務，已轉變為現今邁向民主法治、情報分立的必然趨勢。依據「國家安全局組織法」及「國家情報工作法」之規定，我國情報機關包括國家安全局、國家軍事情報局、國防部電訊發展局、國防部軍事安全總隊、國防部總政治作戰局、憲兵司令部、行政院海巡署、內政部警政署、法務部調查局（簡寶釗，民97：52）。

六、災難搜救體系

　　世界災難報告將災難區分為天然及非天然兩種型態，天然災難包括與水有關的氣象天災，如雪崩、土石流、乾旱與饑荒、水災、森林大火等；以及地球物理災難，如地震、火山爆發等。非自然災難則非自然因素所造成的災難（http://tw.knowledge.yahoo.com/question/question?qid=1004122801496）。

　　政府力量有限而民間資源無窮，中華民國搜救總隊於1981年成立。政府於2000年建立「行政院國家搜救中心」為主幹之搜救體系，妥善整合民間救難組織之力量，當緊急事故發生時，通力合作共同投入緊急災害救援工作。此外，依照「災害防救法」第29條第2項，於2001年8月通過「後備軍人組織民防團隊社區災害防救團體及民間災害防救志願組織編組訓練協助救災事項實施辦法」，使各直轄市與縣市政府得將社區災害防救團體及民間災害防救志願組織進行編組與以訓練，並於災難發生時，發揮警報傳遞、應變戒備、災民疏散、搶救與避難之勸告及災情蒐集與損失查報；受災民眾臨時收容、社會救助及弱勢族群特殊保護措施；交通管制、秩序維護；搜救、緊急醫療及運送等功能（張中勇，民97：60）。

　　其實例，如民國98年8月8日莫拉克颱風挾帶豪雨重創南台灣，颱風來襲期間正好是八七水災50周年，氣象局觀測這次颱風單日降雨量達1,000毫米，與八七水災當時一樣，這個歷史上的巧合讓人非常訝異。滾滾泥水

幾乎快把橋墩沖垮，房屋更是不堪一擊，一半傾斜在河邊，任憑河水沖擊，行道樹、路燈全毀，地面凹了一個大窟窿，形成小瀑布，房子一樓幾乎被水淹沒……這是民國48年八七水災的畫面，當時艾倫颱風沒有直接侵台，但因為藤原效應形成強大西南氣流，一連下了三天豪雨，造成台灣氣象史上最大水災，雲嘉地區及台中等13個縣市難逃大水淹沒，損失超過35億元。（http://tw.news.yahoo.com/article/url/d/a/ 090808/17/1olio.html）

　　經此水災的考驗，我國之災難救援體系似乎受到嚴謹的考驗，政府相關部門實必須盡速結合各類資源，並從新檢討災難搜救體系，更有系統地推動上、中、下游研發與提升救災之效率，其中筆者深以為應將我國救災之體系更提升至國土安全之系統研究與發展，故而國土安全辦公室似宜成為行政團隊的策略幕僚與整體的指揮總平台。整合前項論述之「災害防救機制」與「行政院國家搜救中心」之組織功能，並以國土安全維護之整體角度，提升政府救災及國土安全維護之整體功能與效果。

　　至於救災層面的研發方向，則有下列數種策略以為參酌。第一期計畫工作重點係以對台灣地區威脅性最高的颱風豪雨、地震等災害為對象，推展防救災相關研發工作，分為防颱（涵蓋氣象、防洪、土石流等三部分）、防震、防災體系（內含資訊系統部分）等三組。計畫內容包括：(1)建立防救災研究與實務所需的自然環境及人文環境資料庫；(2)研發災害潛勢的評估方法，並據以進行全台災害潛勢分析；(3)選擇示範區進行危險度評估及災害境況模擬，以確立災害危險度評估與災害境況模擬之方法，作為今後劃分危險區之依據；(4)以潛勢分析與境況模擬成果為基礎，建立一套決策支援與展示系統，供相關行政機關與民間機構應用；(5)研擬示範區之防救災計畫，以提供相關單位執行防救災業務參考，並對防救災業務單位依計畫實際操作結果，進行驗證以確立作業模式；以及(6)針對現行之防救災體系及其運作、防救災相關法規等進行評估、檢討，並參考前述危險度評估、境況模擬等結果，提出現階段之改善建議，作為防救災工作後續改進之指引。

　　第二期防災國家型科技計畫擬延續並強化第一期計畫之工作內容，一方面持續推動防災科技之研發，另一方面則促進研發結果與防救災實務之

結合，以加速國內災害防救水準之提昇。此外，第二期計畫亦將針對921大地震進行後續相關研究，以補強目前災害防救之缺失，期能有助於災後重建工作之推動。因而，第二期計畫之研發課題，係考慮國內防救災工作推動情形，亟待加強之防救災科技研發工作，包括七項課題主軸，分別為：（1）潛勢與危險度評估；（2）政策與法令；（3）應用落實（含減災、整備、應變、復建等四部分）；（4）防災社會面與經濟面；（5）資訊與決策支援系統；（6）防救災體系；及（7）境況演練（http://www.nsc.gov.tw/dept/csdr/naphm/naphm.htm）。

　　災害防治是一項整體性的長期工作，完善的防災減災對策牽涉廣泛，不論是災害潛勢分析、災害危險度評估、土地利用規劃、規範和標準之制定、防救災計畫之擬定、防救災組織之建立、防救災科技之應用、大眾防災教育之普及、財稅誘因和保險之提供，以及防救災績效之評量等，這些對策都必須有堅實的科技為基礎。此外，防災對策之實施與執行，有賴於中央政府各部會、各級地方政府、民間團體、學校、社區及每個國民的密切協調和參與，才能發揮最大功效。因此，期能藉由防災國家型科技計畫之推動，提升防災科技研究水準，並將成果落實於防災應用體系，協助擬訂有效的防救災對策，減輕人民與社會的災害損失及風險，奠定社會永續發展的基礎。基此，筆者以為落實此災害防救之最佳與最適合現在之國際趨勢，似宜可提升原傳統之救災規劃與思維，至國土安全之系統研究與發展之上，故而國土安全辦公室似宜可成為行政團隊的重要策略幕僚，與政府整體資源運用的指揮總平台。

　　綜上所論，筆者以未來「國土安全」建置的新觀念與策略，就災害防救之法制、組織、管理與實戰等層面之改革，提出總結之具體意見如下：

（一）法制與組織方面：災害防救法雖然於民國89年7月公布施行，又於民國91年增訂第39條之1，唯對於新的天然災害之加劇與民眾要求救災品質之日殷，已然無法滿足其之要求。就如同美國雖然原有聯邦救難署（Federal Emergency Management Agency, FEMA，俗稱飛馬）之建置，但於911的恐怖攻擊之後，仍必須檢討其功能與效果，而經修法後將其整合於國土安全部之下，以求在緊急救難時，

所有相關之資源或情報，能更快速有效的部署與集結。其署包括五個司，即減災司、籌備與訓練司、救災與復原司、聯邦保險局及美國消防司等。其各司其事及周延的規範，顯非我國災害防救法第五十二條法規及相關的組織機制所能比擬，深值我國在修法或建構救難體系時之參酌。另外，我國現有的行政院之任務編組的國土安全辦公，是否應與行政院的中央災害防救會報及行政院國家搜救中心等相關組織，在功能上作一定之劃分或整併，一以透過整併而精簡組織，並可避免多頭馬車政出多門，再者期可援引各國國土安全維護的新思維，藉此整合與提升救災之層級至行政院層級，將「國土安全」之功能法制化成為正式的組織，以便真正擴大與落實國土安全的統合戰力與救災快速之效益。如此，則對於國軍的運用、政經情勢之掌握，情資系統的整合、公私部門資源的運用等等現時之救災窘境，就有了一個強而有力、劍及履及的作業平台，不致於因慌亂無章法，而虛耗救災之寶貴資源與錯失救災之良機。

（二）**管理與實戰方面**：災害防救的啟動必須在管理上分出不同的等級或警示之燈號，凡達到何種等級或燈號時，則必須啟動何層級政府之權責與指揮機制，以便快速有效的部署或調動資源、人力與物力，並且易於作縱向與橫向的整合資源或權限分擔，以發揮如臂使指的整體救災戰力。此次百年一見之八八水災，救難物品或機具的調度不符預期，即為此種事前整備未到位與純熟之所致。但因為地球暖化，此種天然挑戰可能會接踵而至，不得不防。另外，在氣候、地形地質、水文水力、公私部門的救災組織與資源通路等資料，亦必須作長期資料的建檔管理與評估分析。可藉助電腦統計分析之管理技術（COMPSTAT, Computerized or Comparative Statistics Management），來建立基礎資料檔（Infrastructure），並定期的作弱點（Vulnerability）、關鍵點（Criticality）與可能性（Probability）之預測分析與必要的整備工作；或可於緊急救難時，提供指揮官或各級政府重要的決策參考資訊。故較不至於錯估形勢，或因不明整體狀況與不諳手中掌握之籌碼，而進退失據、動輒得咎。

第三節　我國在國土安全維護的對應策略及其發展

　　911事件後，全球力言共同反恐，但各地恐怖攻擊仍層出不窮，從中東等地及亞洲各地都有恐怖襲擊事件發生，如2002年峇里島爆炸事件、各地美國領事館受到自殺式襲擊等，面對恐怖攻擊仍無法全面防堵，因此如何反恐儼然已成為全球的共同隱憂。我國有鑑於美國911恐怖事件的衝擊與影響，及為增進各界對恐怖份子的瞭解與發展，絕不容個人或組織，以任何形式企圖危害人民與社會的安全。因此，對於聯合國安全理事會第4385次會議決議，以及民國92年間在泰國曼谷召開的「亞太經濟合作會議」（Asia-Pacific Economic Cooperation, APEC）會議中所作成的反恐怖之合作議題，政府均全力配合，積極肩負起國際反恐的責任（楊嘉，http://www.youth.com.tw/db/epaper/es001001/ eb0249.htm）。

　　至於我國在對應恐怖活動的策略上，則首由行政院擬定反恐行動法草案（政府提案第9462號），其特點乃僅針對國際恐怖主義之危害行動，作20條特別法之條列式之防處規範。至於立法委員版本（委員提案第5623號）之特點乃以美國愛國者法為主要參考依據並分列成四章，作41條之更詳盡、廣泛之規範，並將人權之保障（例如比例原則、法律保留原則、目的原則、最小侵害原則等），立法院監督、審查及接受報告反恐成果之權，及增列公務員撫卹、被害人救濟、獎勵措施等條款列入附則之中。唯其仍未如美國之愛國者法之立法規範，因其乃以補充相關之一般刑法之條文為其立法之模式，而作千餘條（1016條）之周詳規範。（HR 3162 RDS,107th CONGRESS,1st Session, H. R. 3162, IN THE SENATE OF THE UNITED STATES, October 24, 2001）（http://epic.org/privacy/terrorism/hr3162.html）

　　我國之反恐行動法草案，對影響國家安全之恐怖事件之預防與應變等，尚無整體之國家戰略與防制策略，缺乏反恐之整體戰略與防制策略，政策不明之下即草草擬定「反恐怖行動法」。該草案規劃之應變處理機制仍以「任務編組」之臨時性組織形式為之，且該任務編組之決策與指揮執行系統與整合功能均集中於行政院長一人擔綱，是否負擔過重；另在恐怖

事件處理之「緊急應變管理」（Emergency Management）與「災後事故處理」（Consequence Management）間之協調與分工機制也不明確，如何能於平時做好資源規劃管理、整備訓練，爆發危機時應如何發揮緊急應變與力量整合功能以維護國家安全；對整體反恐工作也未完整規劃設計，未能就恐怖攻擊對國家安全之影響，作嚴肅深入之審慎思考，令人懷疑擬定該「反恐怖行動法」草案僅是虛應外交或國際反恐運動之樣板故事而已。

若認真為整體性國家安全或國內公共安全考量，則應可從長計議，並於政府改造方案中將反恐與國家綜合安全之需求納入考量，參考美國國土安全部之設置，於政府再造工作中推動國內公共安全機構重組改造，俾能有效整合國家安全資源與功能，真正能發揮反恐應變，維護國家安全與國土安全之功能。

總之，建構我國完整之反恐法制，不應只是強調快速立法，更應與其他現行法律一併檢視，整體檢討，在達到防範、追緝及制裁恐怖主義份子目的以維護國家與公共安全之時兼顧人權保障，並能符合我國現實社會條件之需求，適法可行；否則理想過高或逾越人權保障之藩籬，恐非制定反恐法制之本旨。（評蔡庭榕，民92）

然整體而言，我國制定反恐怖行動法，除達到向國際社會宣示我國重視恐怖主義活動之效果外，究竟有無立法之急迫性，各界看法可能不盡相同。我國反恐怖行動法草案，並未明確規範主管機關為何，未來可能形成爭功諉過現象，該草案雖參考若干現行法規範，但其中顯有諸多令人不解之不當類比模式，恐有侵犯人權之虞。911事件改變了許多民主先進國家，尤其是美國的人權觀，「愛國者法案」採取限時法之原則，顯示其並非常態立法。但仍有人擔憂會不會贏得了戰爭？喪失了自由？我國若只是為配合國際反恐，而任意侵犯人民財產權、隱私權，在無立即受害之壓迫感下，恐不易為民眾所接受。因此宜再深入分析探討國外相關反恐法制之得失，以作為我國制定專法或配套修法之參考。（謝立功，民92）

綜上所述，就我國現階段而言，釐定一個反恐之專法，在整個國內政治與社會環境的發展進程，及國際社會中吾國之地位與反恐的角色定位

上，似乎未達到有其急迫性與必要性的階段。然立法院版似乎在人權保障、公務員撫卹、被害人救濟、立法院之監督及反恐之法條規範上較為全面與深入。不過，在過去兩年中，政府與相關之學術社群，針對此專法之立法基礎與其內涵，進行了優劣利弊及跨國性之比較研究，對我國反恐法制的準備與其法理基礎之釐清，確實作了最充實的準備與事前規劃。故而，目前僅要在現有之法制基礎之下，及在恐怖事件達到一定程度時，運用前述跨部會之臨時組織，以個案危機處理之模式加以處置，應屬最適宜之措施。

　　因應國際恐怖活動增加及國內災害防救意識提升，整備因應國土安全相關之災害防救、邊境安全、移民犯罪、恐怖主義等有關議題，以達成「強化安全防衛機制，確保國家安全」的目標，近年來政府已陸續完成「災害防救法」、「民防法」、「全民國防教育法」及「全民防衛動員準備法」等相關法案的立法，行政院並已草擬「反恐怖行動法草案」送立法院審議之中，主要就是希望更全面的加強整合政府與民間資源，致力於提升整體安全防衛能力。（中央警察大學國土安全研究中心，民97）行政院「反恐怖行動辦公室」，也在96年8月16日召開之行政院國土安全（災防、全動、反恐）三合一政策會報後，正式更名為「國土安全辦公室」，作為我國未來發展國土安全政策擬定、整合、協調與督導運作機制的基礎。而後，行政院又將95年6月3日訂定之「我國緊急應變體系相互結合與運作規劃」案中之「行政院反恐怖行動政策會報」修正為「國土安全政策會報」，其中所設置之「反恐怖行動管控辦公室」根據其設置要點亦一併修正為「國土安全辦公室」。至近期修正 之「行政院國土安全政策會報設置要點」中規定：

一、行政院（以下簡稱本院）為確保國土安全，協調、整合各應變體係，
　　特設國土安全政策會報（以下簡稱本政策會報）。
　　前項所稱「國土安全」，指災害防救、反恐怖行動、核子事故應變、
　　傳染病防治、毒性化學物質災害應變、資通安全及出口管制等業務。
二、本政策會報任務如下：

（一）國土安全應變管理機制之協調、整合。

（二）國土安全政策之統籌。

（三）國土安全相關法規制（訂）定之推動。

（四）國土安全緊急應變體係之建立及檢討。

（五）國土安全應變整備之督導及考核。

（六）國土安全相關事項之督導及考核。

（七）其他有關國土安全之事項。

至其相關之機制與運作之詳細規範，應或尚屬不宜公開之事項，故請自行參酌該要點。唯筆者觀其要點，仍僅止於概要式的運作規範，至於更詳盡的細部作為及應建置完成之功能與子系統，則仍有待持續的研究與發展。

壹、我國國土安全維護相關實例之概述

一、2009年高雄世界運動會概述

財團法人2009世界運動會組織委員會基金會（Kaohsiung Organizing Committee, KOC），又稱高雄世運組織委員會，簡稱高雄世運組委會，為一以非營利、公益、具有司法人特性的財團法人，是2009年世界運動會的主導組織機構。其組織下設九個部門，包括行政管理部、財務部、運動競技部、都市發展部、行銷公關部、後勤支援部、文化觀光部、資訊科技部與維安部。首任執行長為前田徑國手紀政，自2008年5月6日起，改任職顧問，執行長一職由高雄市政府副秘書長許釗涓接任，董事長一職由現任高雄市長陳菊女士擔任，其組織運作如圖7-2所示，在該組織圖之最右邊亦設有維安部，來維護其活動之順暢與安全。（http://www.worldgames2009.tw/wg2009/cht/index.php）

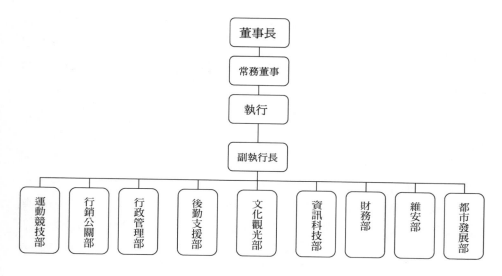

圖7-2　高雄世運組織圖

資料來源：財團法人2009世界運動會組織委員會基金會

　　世界運動會係以彙集各種最熱門、最受歡迎及最壯觀的高水準運動競賽項目作為主軸。無論是在地面、在空中、在水裡或在水面上的競技運動項目都是以追求「更快、更高、更強」為目標。世界運動會聚集各種運動競賽項目之箇中翹楚，在每四年舉辦一次（於奧運會之次一年）的賽會中同台競技，共同追求更優異的表現，而這些世界頂尖好手並將在世界運動會的緊湊賽程及高能見度舞台嶄露頭角，吸引全世界目光焦點。（http://tw.knowledge.yahoo.com/question/question?qid=1509012604249）

二、台北聽障奧運會概述

　　中華臺北聽障者體育運動協會組團參加2001年羅馬第19屆聽障奧林匹克運動會返國之後，即有意申辦2009年第21屆聽障奧林匹克運動會，茲臚列原因如下：

　　中華臺北在國際現實的情勢下，多年來始終無法順利取得任何大型國際運動賽會的主辦權，不斷在世界大學運動會、亞洲運動會、東亞運動會

屢敗屢戰，雖然奮戰不懈的精神值得喝采，但一再作戰失利也深深打擊民心士氣。因此，中華臺北聽障者體育運動協會願意全力爭取受國際現實壓力最小的2009年第21屆聽障奧林匹克運動會，為國內體壇注入生氣，也讓國人對國家重拾信心。

　　2001年羅馬第19屆聽障奧林匹克運動會籌備單位的表現不臻理想。由於前一年，即2000年中華臺北聽障者體育運動協會才風光辦完第6屆亞太聾人運動會，留給ICSD全體執行委員與亞太會員國非常鮮明的印象，不少國家因而鼓勵中華臺北爭取2009年第21屆的主辦權。

　　中華臺北聽障者體育運動協會全體幹部願意藉著舉辦2009年第21屆聽障奧林匹克運動會來展現主辦大型國際競賽的能力，讓社會大眾對聽障者建立耳目一新的新形象，從而促使社會上的每一個人都能尊重、接納聽障者。

　　基於以上3個理由，中華臺北聽障者體育運動協會決定全力爭取主辦權。完成登記之後1個多月，得知希臘雅典也加入角逐。獲知此一消息後，中華臺北聽障者體育運動協會全體幹部的心頭都蒙上一層陰影，因為雅典是2004年奧林匹克運動會與殘障奧林匹克運動會的雙重主辦國，在國際宣傳與場館設備方面均非我們所能力敵的，但是，中華臺北聽障者體育運動協會決定積極迎戰，除了全力製作各種文宣品、紀念品外，並迎接ICSD會長Mr. John Lovett的親自來台勘察相關場地與設施。

　　John Lovett會長於2002年11月24日抵台，在台一週內，除了聽取中華臺北聽障者體育運動協會的多媒體簡報外，亦在臺北市立體育場的配合與引導下，走訪了各項競賽的預定場地。對中華臺北規劃工作的周密完備以及聽障者本身主導整個規劃作業讚不絕口。除此之外，在中華臺北聽障者體育運動協會的安排下，John Lovett會長晉見了陳前總統水扁先生，並拜會了內政部余前部長政憲、教育部吳前次長鐵雄、行政院體育委員會林前主任委員德福以及臺北市政府白前副市長秀雄，同時接受中華奧會黃前主席大洲的晚宴招待，讓John Lovett會長對中華臺北政府首長一致全力支持申辦2009年第21屆聽障奧林匹克運動會的態度留下十分深刻的印象。至於台北聽障奧林匹克運會籌備委員會組織圖如圖7-3所示，在該組織圖之最

左邊亦設有維安部，來維護其活動之順暢與安全。

　　John Lovett會長在離台前對中華臺北聽障者體育運動協會語多期許，作了多種指示，對於中華臺北後來能順利取得2009年第21屆聽障奧林匹克運動會的主辦權幫助極大。（http://www.2009deaflympics.org/files/13-1000-55.php）

三、世運及聽奧之維安處理模式與原則

　　我國第一線執勤的警察及防爆人員，均無處理恐怖爆炸攻擊的經驗，

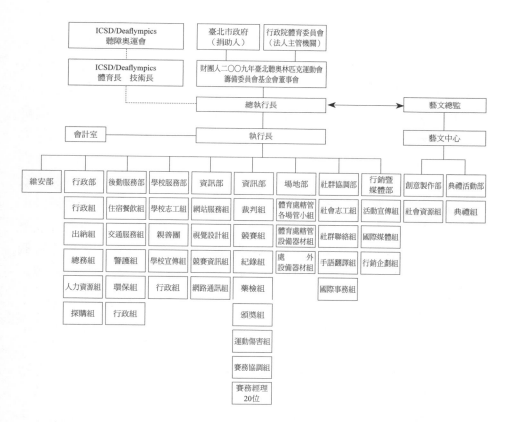

圖7-3　財團法人2009台北聽障奧林匹克運會籌備委員會組織圖

資料來源：財團法人2009台北聽障奧林匹克運會籌備委員會

基於國土安全維護政策及假想敵（敵人）的思維。警方積極重視反恐風險控管作為，茲說明其處理模式與原則如下：（張學仕，民98：18-23）

（一）恐怖攻擊的時機點

國際運動會列為攻擊目標及發動攻擊的時機點。1972年9月5日一個名叫黑色9月的巴解游擊隊，潛入慕尼黑奧運村，造成9名名以色列人質、2名德國警察和5名恐怖份子喪生的悲劇，造成舉世震撼，加深各國加強反恐訓練與設立反恐機構。

（二）反恐策略上的作為

我國高雄市及臺北市分別舉辦「2009高雄世運」及「臺北聽聽奧」，身為舉辦的地主國，有效的計劃作為就是：「參研已經發生的恐怖爆炸攻擊案例，針對恐怖攻擊的模式及手法，研擬出防範應變的防制作為」。

在國際恐怖主義瀰漫的時代，希臘奧運的保安費用約10億歐元，北京奧運的保安費用約16億美元，「安保覆蓋面」大於希臘奧運，單憑警力是無法完成奧運的保安任務，因此，動員了軍隊、武警及配掛「安保志願者」臂章的民眾人力，來支援醫療、消防、化武的清污任務，北京政府並動員20萬軍警來維持奧運的安全，達到「國家級」層級的反恐風險控制機制。因而高雄市政府警察局亦為了防範世運會期間各項反恐怖攻擊活動以及維護治安任務需求，於保安警察大隊特勤中隊內編裝成立一個「反恐維安特勤分隊」。市政府更在95年度動支預備金新台幣2,054萬，購置各種先進的反恐利器，包括有人員運輸車量、全罩式防彈衣（盔）、微型鏡頭窺視器、紅外線窺視器、無線通訊器材、夜視偵蒐器材、重型防彈盾牌連結架等，透過精實的人員訓練，大幅度提升港都特警的反恐怖戰鬥能力（http://tw.myblog.yahoo.com/jw!2q3PctqEHBHIbOznBxc-/article?mid=962）。

（三）非傳統性武器攻擊的防制

恐怖主義以國際化新面貌出現在東南亞地區已經形成對區域內國家安

全的嚴重挑戰，同時也因為恐怖組織具有非國家行為者威脅區域安全的特性，其活動方式與範圍繁複，不僅僅以單純的暴力攻擊方式進行，另有以滲透、洗錢、非法入境、核生化原料販運，甚至進行網路攻擊等等，凸顯出恐怖主義與非傳統安全因素對區域安全的威脅大幅增高。

2001年美國911恐怖攻擊事件，超過3,000人送命，為了防制恐怖份子的破壞事件，2004年希臘奧運，在雅量的體育館部署「愛國者防空飛彈」，2008年北京奧運也動員部署「紅旗七防空飛彈」。為了防制恐怖份子在海域上進行恐怖攻擊，北京奧運帆船比賽的會場，也出動海軍艦艇在青島海灣的外海警戒，中國警方的排爆部隊特別購置了「海底排爆處理工具組」，建構了海面下的防爆處理能量。

（四）傳統性武器攻擊的防制

目前百分之90以上的恐怖攻勢事件，是使用IED爆裂物爆炸攻擊，IED爆裂物爆炸（Improvised Explosive Devices，簡易爆裂裝置）分為6大構成要件，計有Explosive炸彈、Initiator雷管、Power Source電池電源、Firing System發火系統、Fragment鐵釘、鋼珠等殺傷粹片、Camouflage容器偽裝（張學仕，民98：61）。

恐怖份子將其製造的爆裂物，攜帶至現場置放，稱之為「置放式爆裂物」，其外型常見以手提袋、背包、紙箱偽裝，內裝TNT、C4炸藥、火藥鐵罐或是鋼管炸彈，背負的炸藥可能是2至5公斤，並以定時或手機遙控引爆，常見的放置場所是廁所、置物箱、垃圾桶、看台座椅下、天花板等等。這些爆裂物若是「開放式爆炸裝置」，可以看到炸藥及雷管；若是「密封式爆炸裝置」，則無法看到炸藥及雷管，其安全作法是不要任意移動或打開，在可疑爆裂物四周放置防護掩體並疏散群眾，迅速通知防爆人員來處理。

疏散群眾的參考距離是10-20公尺，若是在封閉空間如房間、車廂則須要淨空群眾，以免群眾耳肺爆震傷；防制汽車炸彈攻擊的方法，是將室內停車場封閉，或對進入停車場的汽車於入口處加強檢查。可大量使用紐澤西水泥護欄，禁止汽車靠近停放，亦可防止汽車炸彈衝撞自殺攻擊。

（五）安檢防置作為

安檢標的須先防人也要防物，安檢勤務分別為場地的事先安檢及場館入口的現場安檢。要預防爆炸攻擊，須先防人也要防物。掌握可疑恐怖份子的名單，不讓可疑份子入境，並對阿富汗、巴勒斯坦等敏感地區不予簽證，加強機場安全檢查，對於「雷管或是紙雷管」的檢查，X光機儀器也不是百分之百查出，天賦異秉的「搜爆犬」可彌補人類器件探測之不足。

北京公安局為了奧運安檢，向德國購置200隻拉布拉多偵爆犬，每隻約10萬美金。保三總隊與愛犬訓練學校共同訓練偵爆犬，除了參與此次盛會外，並參與多次重要慶典之安檢工作，頗獲國安官員贊賞。為了防止恐怖份子被查出爆裂物時引爆自殺，檢查哨不能設置在主場館建築物內，所以在主場館前入口處，搭棚設置檢查哨，以便發現可疑人士能立即處理（張學仕，民98：61）。

（六）安保指揮系統

第一線的場館現場指揮系統最重要，固定的場館保安團隊最有效率。高雄市運的各場館現場指揮官，可比先指定，基於場館地區責任制，由其全力投入，建構指揮及回應系統，並整合地區警局、防爆、消防等固定的場館保安團隊。對於較高層級的賽區，警察局指揮系統，立即向警政署反恐科請求支援。

（七）爆炸現場的應變處理作為

美國加州政府為了防範這類型的恐怖攻擊，特別舉辦「10磅炸藥人體自殺炸彈」在巴士內爆炸的反恐應變演習，測試結果得知，巴士內乘客大部分死亡，僥倖生存的因為在密閉空間的車廂內，也會受到肺爆震傷。至於巴士外的路人，大部分是受到飛散的碎片所傷。美國反恐應變演習首先到達爆炸現場是警方的維安特勤隊，緝捕肅清恐怖份子，再由防爆人員處理未爆裂物，消防人員協助滅火，並在災難現場設立「檢傷分類站」，醫護人員應立即對傷患緊急處理，分送不同醫院急救。

現場的「燒傷救護站」專注於皮膚燒傷處理，「碎片外傷救護站」專

注於外傷的止血包紮，「肺爆震傷救護站」專注於耳膜受傷失聰的傷患，或是集中肺爆震傷傷患，暫時靜坐觀察或是吸氧治療，「驗屍站」集中死者遺體裝入屍袋，身分檢視及驗屍（張學仕，民98：63）。爆裂物證物的蒐集及自殺炸彈客身分查明與追捕，則由刑事人員處理，地區警局負責爆炸現場群眾及車輛的疏散，並讓消防車、救護車、警車等優先通行。

（八）核生化恐怖攻擊的防制作為

髒污彈（Dirty Bomb）是以放射性物質製成爆裂物，殺傷力來自爆炸散布之放射性物質與輻射線。北京公安局特警總隊的防爆部隊為了北京奧運會特購置核生化髒污彈處理車防範，這輛「核生化髒污彈處理車」的第一部分是特殊空氣過濾筒，每小時過濾170立方米的有害煙霧；第二部分的機械手臂可遙控爆裂物放入防爆鋼球內，鋼球能承受10磅C4炸藥爆炸。刑事局防爆人員也因應世運及聽奧之維安工作，購置這套系統，建購了髒污彈的處理能量（張學仕，民98：60）。

四、「2009高雄世運」與「臺北聽奧」處置作為之比較

（一）「2009高雄世運」處置作為

國際世界運動會主席朗佛契在閉幕典禮會場上盛讚，這是史上成功的世運，為高雄世運劃下了圓滿句點。高雄世運的光環，不僅是高雄人的驕傲，更是台灣的榮耀。但大家所不知道的是，背後警察同仁為維安所付出的努力，則是本次世運得以圓滿舉行的最大支柱。

1. 反恐危安重點規劃

高雄世運的籌辦是一項長期連續性的整備，高雄市政府於95年開始成立「反恐維安特勤分隊」，購置各項反恐裝備，並於95、96、97年連續實施防恐實兵演練暨兵棋推演，以提升反恐維安能力。同時訂定安全及交通疏導執行計畫，從95、96、97連續三年辦理2009世運多項國際暖身賽會由警察局等單位分別訂定安全維護及交通疏導執行計畫，落實執行並及時檢

討，已累積實務經驗（陳瑞南，民98：12）。

2. 積極國外觀摩及合作，吸取專業經驗

　　94年10月由行政院體委會、警政署、台北市政府警察局、高雄市政府警察局派員前往義大利杜林市參加為期2天的2006年「杜林冬季奧運警衛安全研討會」，實地瞭解杜林冬季奧會籌辦賽會警衛安全的成果。95年7月高雄市政府警察局派員前往觀摩「2005年德國世界運動會」反恐與維安工作執行情形。96年4月高雄市政府警察局派員前往美國參加「2007亞裔組織犯罪及恐怖主義國際會議」，拜會洛杉磯郡警察局，強化反恐應變能力，加強反恐交流。警方相關人員並於97年12月21至26日應「中國警察協會」邀請，以「中華民國刑事偵防協會」顧問名義，前往北京參訪奧運維安作為。行政院前院長劉兆玄98年2月在院會特別對高雄世運與台北聽奧的反恐、維安做指示，並交代國安單位落實執行。98年4月KOC常務董事劉世芳等人，前往新加坡進行大型賽是維安經驗交流。

　　在國際防恐情資交流及訓練方面，97年1月邀請以色列防爆專家來台協助有關爆裂物處理等反恐訓練。97年12月美國國土安全部副助理部長Rosenzweig拜會KOC。98年1月國家情報總兼辦公室三名資深情報員，由John W. Holton帶領訪問高雄市政府警察局。98年3月美國國土安全部亞太區處長Douglas J. Palmeri拜會高雄市政府警察局並舉行維安座談（陳瑞南，民98：15）。

3. 中央全力支援，地方負完全責任

　　2009世界運動會於2009年7月16日至年7月26日在高雄市登場，計103國5,983名選手及團員參加，其規模居歷界世界運動會之冠。高雄市警察局策訂世運警衛安全維護執行計畫經6次函頒修正，住宿旅館（40家）、比賽場地（28處）、供膳中心（3處）、車輛調度中心（3處）、藥檢中心（2處）、認證中心及世運博覽會（參觀人數127萬人次）等，以「一飯店一計畫」、「一場館、一賽事一計畫並設一指揮官」原則，分別策訂114項安全維護執行計畫、114項交通管制疏導計畫、80項緊急疏散計畫及76項安檢計畫，規劃鉅細靡遺，務求維安每一環節緊密相扣，做到滴水不漏、

萬無一失，落實執行各項警衛勤務，達到「零發案、零事故、零衝突」之境界（林崑員，民98：24-27）。

　　財團法人2009世界運動會組織委員會基金會（Kaohsiung Organizing Committee, KOC），又稱高雄世運組織委員會，其組織除了投入人力推動2009年世運會賽事，在安全議題上亦不曾懈怠。因此在賽事期的維安工作除由市警局負責外，為了因應日新月異的恐怖攻擊行動，隸屬在保安警察大隊內的「反恐維安特勤分隊」。該分隊配置的優良配備包括人員運輸車輛、全罩式防彈衣（盔）、微型鏡頭窺視器、紅外線窺視器、無線通訊器材、夜視偵搜器材以及重型防彈盾牌，大幅提升世運會期間的反恐戰鬥能力。

　　根據高雄市警察局維安特勤分隊為了向外界展示KOC維護世運會安全的決心，「反恐維安特勤分隊」並舉行兩階段的成果展現，第一階段內容包括警力校閱及武器展示、拳技展示、戰鬥姿勢實彈射擊、多種姿勢大樓攀降，第二階段則將結合空中勤務總隊，透過直昇機在空中停留期間，由反恐人員以垂降方式展開人質救援與恐怖份子殲滅逮捕行動。

　　「反恐維安特勤分隊」一方面有效遏阻2009世運期間各種的恐怖攻擊行動，一方面將是高雄市舉辦一個安全的世運會最好的行動證明。KOC並透過四次的反恐兵棋推演，針對世運會舉辦前後可能發生的恐怖攻擊與突發事件進行演練以及提出因應措施，同時確保世運會反恐整備愈臻完善（http://tw.myblog.yahoo.com/jw!2q3PctqEHBHIbOznBxc-/article?mid=1014）。

　　中央於96年6月1日成立「2009世界運動會及聽障奧林匹克運動會」安全指揮中心，統合中央各單位，下設11個任務編組，由部長擔任指揮官，署長擔任執行長，謝副署長擔任副執行長，並分別在高雄及臺北市成立安全指揮中心，統合各有關單位（陳瑞南，民98：10）。

4. 舉辦講習，積極演練

　　96年7月舉辦「反恐幹部講習會」，96年7月舉辦「反恐危機處理研習班」，97年10月舉辦「反恐行動任務講習」，98年4月舉辦「反恐危安任

務高層幹部講習」，並舉辦反恐危安任務幹部講習」，這一連串講習的目的，均為了提升2009世界運動會賽事安檢維護專業智能，以提升反恐應變能力。

97年行政院國土安全辦公室與國家安全局策辦「祥運專案」講習，針對世運會有關反恐危機處理議題實施研討。98年2月召集各簽約住宿旅館住房部及安全部經理辦理講習。98年3月舉辦「賽事營運中心維安人員講習」。

高雄市政府環保局亦於假中油高雄煉油總廠舉辦一場「2009世運會反恐毒化災應變搶救演習」，以因應世運會期間萬一發生災變意外或恐怖攻擊，各相關單能立即處理，同時測試指揮系統及調度作業的靈活度。98年5月20日執行「2009迎接世運之夜—主場館滿載測試音樂會」，比照是員開閉幕典禮實兵部署，並於音樂會結束時舉行緊急疏散演練，會後檢討缺失與建議事項（陳瑞南，民98：14-15）。

5. 場館與人員安保工作

2009年世界運動會警政署召開協調會，進行任務分工，賽事期間動警力44,928人、憲兵6,000人、民力志工2,665人、維安特勤隊880人、防爆警力132人及警犬小組98人，總數54,703人，並請國防部派遣部隊於營區待命，擔任後勤打擊部隊；並使用金屬探測門、車底檢視器、金屬探測器、防毒面具、錄影機、防爆車等設備，以防意外發生。

（二）「臺北聽奧」處置作為

臺北聽障奧運是亞洲第一次舉辦之聽障國際賽事，預計將有來自全球101個國家，五千多名選手參加（唐嘉仁等，民98年：56-58）。其實際作為如下：

1. 維護本屆賽事的安全，警方特別在聽障奧運基金會下成立「維安部」，結合相關部門以發揮團隊合作精神，積極籌劃整備各項維安作為。

2. 派員赴國際賽會主辦國參訪，吸取各國經驗，期能將本次賽事維

安工作做到滴水不漏。警方相關人員並於97年12月21至26日應「中國警察協會」邀請，以「中華民國刑事偵防協會」顧問名義，前往北京參訪奧運維安作為。

3. 警察局為了讓全國民眾及國外各界對聽奧維安工作能夠瞭解，將於98年8月25日假保安警察第一總隊石牌訓練基地舉辦「2009年聽障奧林匹克運動會—防恐維安演習」，本次演練由本市郝市長擔任演習統裁官，項目計有「演練隊伍校閱」、「爆裂物處置」、「警察戰技」、「人質挾持暨搶救」等4項，將充分展現聽奧維安警力訓練及應變能力。

4. 聽奧期間維安單位對於各場館、中心及選手、裁判、貴賓、媒體住宿地點，均秉持「一場地、一計畫、一指揮所、一指揮官」之原則，有效規劃勤務並落實執行。另為淨化賽前治安環境，已規劃各項專案勤務遏止犯罪，同時提高見警率，期以「零發案」、「零侵害」及「零衝突」為維安最高目標。

5. 2009年國際聽障奧首度於亞洲舉行，警政署召開協調會進行任務分工，賽事期間動58,000餘人次警力因應，早在賽事前半年起，警方即全力推廣手語訓練。並在選手下榻的飯店門外，設有藍色按鈕，只要按下按鈕，房內配戴的呼叫器就會產生震動。為了防止飯店內或賽事會場發生緊急狀況，警方訂購大批裝有LED燈的牌子，用中英文在上面寫著「不要慌張，請跟我來」以方便緊急疏散。警方並將下榻飯店大門口及停車場出入口，設置同等級的安全檢測。謝局長並特別要求戒護警員在比賽期間不要任意更換，期能提高對選手的辨識能力與安管配合。

「2009世運在高雄」是我國60年以來第一次成功申辦之國際大型綜合性運動賽事，雖然盛會已於7月26日在高雄市圓滿閉幕。高雄市警察局以這次親身的經驗，提出幾點看法，供大家參考（葉俊利，民98：32-33）：

辦理類似國際性大型活動，為求進場安檢速度，精實證採「先驗票後再安檢」較「先安檢後再驗票」方式維佳。

　　主場館及各賽事場禁止、限制攜入物品規定太籠統，致使安檢困難及造成民怨。部分有執行上之困難，日後可依主場館、室內場館、室外場館等3類進行限制攜入物品規範。

　　建議支援場館警力能以區塊認養方式，以免每天需要重覆勤教、帶崗及支援警力對場地生疏之困擾，有利指揮調度。

　　有效利用民間支援，賽前可向民間商借伸縮圍欄、紅龍繩，使觀眾能迅速、有秩序場。

　　建議爾後應強化查證、分析及研判能力，迅速排除不明確之情資，力求情報之精確，避免申請警力之虛耗。

　　「維持公共秩序　保護社會安全　防止一切危害　促進人民福利」是在警察的服務宗旨。2009年7月16日至26日舉辦「高雄世運會」以及9月5日至15日舉辦「台北聽障奧運」，已成為國際間矚目之焦點！我國在兩次盛會中，充分結合中央有關單位與地方人、物力以及民眾熱情參與，一起攜手共同努力。並參酌歷次大型賽事之安全維護計畫作為，訂定周詳、嚴密警衛計畫及落實警衛勤務執行，圓滿成功舉辦「高雄世運會」以及「台北聽障奧運」，並可成為未來在國土安全維護的策略與作為上的參酌標竿與典範。

貳、我國國土安全維護之運作現況概述

　　911事件發生後，我國隨即發表聲明，支持美國的反恐行動，積極偵防國際恐怖主義份子來台狀況；並依據洗錢防制法，清查恐怖主義組織和個人利用台灣做為洗錢管道之可疑資產；在行政院下成立跨部會之反恐小組（後更名為國土安全辦公室），各情治單位人員並分別參加反恐專精講習、訓練；並擬訂反恐法令，針對疑為恐怖份子之身分、通聯及交通工具之查證；對發起或參與及資助恐怖活動組織者，科以刑罰，並將違法所得沒收等，均作了明確處罰之擬定，欲有效打擊恐怖犯罪活動，至反恐行動法草案，至本書截稿之前則尚未在立法院經三讀而立定之。又加強機場、港口及水、電、油、核能、科學園區等重要基礎設施之安全防護工作，並

定期舉行各種反恐演習。其中，國家安全局並先後邀集各情治機關首長及業務主管研商因應反恐作為，並配合「行政院緊急應變政策小組」成立「911專案緊集應變小組」；為了因應國際間日益重視的反恐怖主義，亦曾92年8月間在北部所舉行的萬安演習，首度將反恐演練納入演習項目。僅就國家安全事件處理機制簡述說明如下，以供讀者對於我國之反恐實務作為，有所認知與瞭解（羅火祥，民92：63-65）。

一、決策指揮權

我國國家安全層次問題向來由總統主導，行政院院長配合總統決策執行，現階段我國國家安全組織的架構，總統府轄下設有國家安全會議及其所屬國家安全局，國安會由總統擔任主席，成員包括副總統、總統府秘書長、行政院院長及相關部長首長等；實際業務推動由國安局綜理國安情報之策劃與執行，行政院所屬國防部、海巡署、內政部警政署、法務部調查局等就有關國安情報事項，依法受國安局統合指揮及協調，並定期出席國安局召開之國家情報協調會報。

二、危機情資通報運作

美國在911事件後，陷入不安、憤怒與惶恐，尤其是在飛航安全上。美國進入緊急狀態、動員國民兵，國會授權使用一切必要及適合武力報復，並通過400億美金從事反恐怖主義及經濟重建，更成立「國土安全部」，以美國國內安全為重心。在經過26天的部署，完成凍結恐怖主義資產、懸賞2,500萬美金捉拿賓拉登、組成國際反恐聯盟之後，美國展開對阿富汗塔里班政權及其境內恐怖主義訓練基地的大規模打擊行動（林正義，「美國因應911事件的危機處理」）。911事件後，我國總統府立即成立「911專案小組」，由國安會秘書長擔任召集人，下設「911專案工作會議」、「911專案資料中心」，督導國安局透過「911專案緊急應變小組」協調各相關機關彙蒐情報並提出建議方案，作為決策參考。

三、國家安全機制的啟動

　　當國家遇到重大災難、或經警政、檢調及國安體系研判可能發生恐怖事件時，應即向上通報，俾總統府及行政院啟動相關國家安全處理應變機制。當國家遇到危難時，將由總統下達決策，行政院、相關機關及部會將接受國安體系指揮與管轄。

參、我國國土安全維護相關機制之分析

　　我國目前因應反恐機制由國安體系及行政體系雙軌並行，雖經過多年運作，但經檢討仍有許多缺失，茲敘述之：（李宗勳，民93：42-45。又見羅火祥，民92年：63-65）

　　一、911事件引起國際的震驚，咸認此次恐怖活動不僅是對美國的攻擊，而且是對自由、和平與民主的挑戰。聯合國安理會於90年9月28日，立刻通過1373號決議文，賦予所有聯合國會員國一系列具有法律約束力的義務。我國非聯合國會員國，也對反恐行動立即予以各種支援。推動「反恐行動法」草案，惟該項「反恐行動法」草案現仍在立法院，尚未通過立法程序。

　　二、後發性緊急應變計畫，缺乏建立危險警訊的機制，同時未對計畫實施加以評估。

　　三、行政院缺乏類似國安會與國安局強而有力的輔助反恐決策的幕僚單位，對於治安及災害防救以外的重大危害國安幕僚建議可能出現不足與缺失。

　　四、國內反恐打擊力量分屬內政部、國防部及海巡署，欠缺統合協調機制，一旦面臨緊急事件時，僅依據書法緊急應變計畫是不夠的。

　　五、現階段我國對於遭受毒物與核生化攻擊的防護能力不足，同時目前我國相關防護裝備與設備，分散於原能會、環保署、衛生署、警政署及國軍單位與部分民間單位，並無明確統計資料，一旦遭受毒物與核生化攻擊，在反映與防護能量上，明顯不足。

六、反恐危機與概念普遍不足，對於恐怖主義之定義為何及如何反恐之做法等幾近無概念，以致反恐任務與平時之勤務並無二致。

七、社區伙伴關係在危機管理上，能夠發揮「警力有限、民力無窮」的互補作用，我國社區夥伴關係的觀念仍須加強。

八、近年來，警察機關因人事精減、經費刪減及業務增加，致警察機關採取災後管理的作為，此種災後管理能否面對爾後國際恐怖主義的發展頗另人憂心。

肆、國土安全維護之未來發展方向

危機（crisis）韋氏大字典詮釋為：「一件事的轉機與惡化的分水嶺」，又可闡釋為「生死存亡的關頭」和「關鍵的剎那」，可能好轉，可能惡化。由此可知，「危機」是在一段不穩定的時間，與不安定狀況下，急迫需要做出決定性而有效的措施，所以危機處理往往存在於一念之間。達爾文說：「適者生存 不適者滅亡」，用危機處理的角度思考「適者」是指能夠面對危機，解決危機，最後能夠繼續生存下來的主體；「不適者」正是那些無法適應危機挑戰而被淘汰的主體（http://www.carpcman.org.tw/l72.htm）。

因此，如何建構完善的危機管理機制，做好危機管理，乃為國家安全體系重要任務。目前美國在戰略思維的轉變重點有：（一）國土安全已被提升至國家戰略層次，而且所謂的國土（內）安全與國際（外）安全之界線也不是那麼明確，而是有所重疊的必要；（二）運用國家總體力量，加強政、軍、情關係之優質發展，不再僅由治安或軍事單位因應新的挑戰，而亦注意到中央與地方及私人企業、民間社區的整合力量與夥伴關係，共同參與、合作訓練並建立蒐集、處理與決策機制；（三）加強民眾面對災變的心理建設及因應抗敵的意志，並建立因應各種狀況之作業規範。

另外，從美國911事件當中，我國亦可獲得若干值得借鏡之處（http://old.npf.org.tw/PUBLICATION/NS/090/NS-C-090-201.htm）：

一、**落實情報偵蒐工作**：造成此次事件的主因，在於美國的情報偵蒐單位不夠積極，未掌握恐怖組織內部情報及寄宿主（包庇國）之活動狀況，若僅憑國內安全檢查是無法扼阻恐怖份子之滲透，例如以色列在阿拉伯國家環伺下，恐怖活動無日無之，由於其情報單位（莫薩德）能確實掌握周遭國家及巴勒斯坦的情報活動，故恐怖活動始終未對其造成重大災難，所以我們首要的工作就是要落實情報偵蒐工作。

二、**加強危機應變機制**：由於美國危機應變機制的妥善，雖然遭到如此重大災難，但在遭襲後即迅速下令所有飛往美國的飛機轉往加拿大、關閉所有機場，首先掌握美國領土的淨空與安全（千餘架民航機有序的進入加國各機場，若非本身有計畫管制，決難做到）；接著關閉大哥大，阻卻恐怖份子可能無線電的遙控；再是限制世界各國與美國的通訊，以阻止恐怖份子領袖的對內指示；最後關閉美加、美墨邊境，以防止恐怖份子逃離美國。此一遭襲一小時內之處理應變能力是值得肯定的。另外美國民間救難組織動員能力龐大，政府指導調派各義工單位得宜，災後兩小時內即有上萬救災人力展開工作。再就是美各大媒體自制能力默契良好，災後四十八小時內未搶拍驚悚鏡頭，如人體殘骸及家屬反應等過度煽情鏡頭，俾免激發全美人心不安及群情激動（可能傷及無辜之阿裔美人）。由於新聞管制得宜，使美國政府危機處理能順利接續展開，也使得後續的報復作戰行動保持較大彈性，一則稍抒民憤；一則保留自己爾後處理戰爭之棘手問題，深值我國決策者參考。

有鑒於美國911事件等國際恐怖事件的嚴重危害性，假若我國發生類似恐怖事件或周邊國家遭受恐怖行動攻擊時，我國現行處理危機事件的偵防、情蒐、通報、處理、後續搶救及復原等機制，可否在最短時間內迅速啟動及有效因應楚哩，並發揮預期的緊急應變及處理功能，頗值得省思及檢討。

至於國土安全經整合上述反恐之策略與災害防救之事務，而成為較完整與全方位的國土安全維護的新策略；至於我國有關災害防救方面之改

革，雖然因為各項災害的本質不盡相同，但安全管理及緊急應變的邏輯與方法卻是一致的。因此，不外乎在法規、體系、機制、科技及教育訓練等面向來整合與革新精進；所以未來國土安全之維護，如要整合反恐及災害防救相關工作，則在災害防救此一面向，可從下列四個策略與方向著手改革（曾偉文，民92：3）：

- **將人為災害納入災害防救法規體系**：現行災害防救法所規範多以天然災害與技術災害之管理為主，並未納入人為災害，例如法規所要求的災害防救基本計畫、災害防救業務計畫以及地區災害防救計畫皆應考慮將人為災害情境列入計畫項目；另外，有關易遭受人為災害的指標性場所如大型共構運輸設施、超高層、政府機構等；皆應將人為災害安全管理及緊急應變計畫納入法規體系中來予要求。

- **共同建構統一災害管理與應變協調機制**：我國現階段對天然災害及技術災害依災害類別分屬不同中央災害防救業務主管機關，有關災害管理與應變協調機制是分別處理的，但現行災害種類多非單一屬性，如毒性化學物質在運送途中遭受攻擊產生爆炸外洩，這種複合性災害則依法分屬內政、交通、環保等單位，災害發生後協調機制已屬複雜，如在加入恐怖活動蓄意將事件擴大，如無統一協調應變機制，恐無法將事件損害降至最低，恐怖攻擊之人為災害雖有危機管理及後果管理的時間序列的差異，但經常需要資訊的互通，且須有事故處理之連貫性，此時統一的災害管理與應變協調機制就險的格外重要。

- **運用防災科技提升人為災害應變管理能力**：在資通訊發展迅速的現代社會中，許多新科技都可運用在災害防救上，來達到管理及減災的目的，例如建築物智慧監控，除可提供建置建築物樓層配置及設備圖像等靜態資料外，並可將監視器及感應裝置的即時動態資訊送出給，做為危機處理人員處理的判斷依據。

- **結合災害防救訓練設施強化人為災害現場處理演練**：人為災害所發生的結構量體具有極大的不確定性，特別是恐怖攻擊，可能發生於建築物、大眾運輸工具、船舶、飛機等，不同的量體現場處理方式皆有極大的差異，因此如何結合一般火災搶救建築物、石化業廠房、隧道、

交通設施、船舶、航空器等災害防救模擬設施，來做人為災害處理的
訓練，是值得思考的方式。

第八章　結論暨國土安全未來之發展

　　國家安全為國家生存之保障，但什麼是「國家安全」卻是一個複雜的概念，涉及的內容極為廣泛，舉凡領土、政治制度、傳統生活方式、主權、經濟、外交、軍事、內外的環境等因素，均與國家安全有關。後冷戰時期的戰略環境對「安全研究」產生重大影響，有關國家安全研究的風潮，不因為冷戰終結而式微，反倒因為世界更趨於多元化的發展，國與國間的衝突因子，隨著高科技的發展，大量毀滅性武器的發明，及聯合國集體安全機制功能不彰，安全研究更有其急迫性，同時也更走向理論與實務結合的趨勢，因而「安全」的內涵與外延不斷擴大，不再局限於軍事領域，而是逐步延伸到政治、經濟、科技、文化、環境領域。

　　面對後冷戰時期安全環境的轉變，國家安全政策必須因應新的環境與挑戰而作修正，亦即建構一套國家永續生存與發展的戰略，以應付各種立即與潛在的威脅，運用此套安全戰略，不僅可以形成國家未來發展的共識與前景指導原則，更可以指出相應配合的其他手段與資源的配當，即是如何整合政治、經濟、外交與軍事等層面以為國家整體安全而服務。故如前所述其較偏重於國家主權、政治與國家整體存續與安危的層面。

　　美國自從2001年911事件發生之後，透過相關立法程序後於2002年11月立法通過成立「國土安全部」（Department of Homeland Security），以確保美國本土內重要設施與公民之安全，並在緊急時刻提供必要之公共服務與協助。國土安全部組織之主要功能架構有：邊界與運輸安全（Border & Transportation Security）、緊急準備與反應（Emergency Preparedness & Response）、資訊分析與設施保護（Information Analysis & Infrastructure Protection）、科學與技術（Science & Technology）等四大項目。

　　美國國土安全（Homeland Security）之概念較以往「國家安全（National Security）不同的是，國家安全較強調嚇阻恐怖事件、危機處理與事件因應，所使用之手段包括軍事、外交、情報、經濟與政治等，偏

重於海外等國際事務之因應，對於美國本土恐怖事件之因應缺乏指揮控制機構與跨部會充分溝通協調機制。而發生911事件之後，於2002年7月公布「國土安全國家戰略」（National Strategy for Homeland Security），成為國土安全相關機制與組織設計之最高指導原則，「國土安全」的定義為：統合協調全國作為，以防範美國境內之恐怖攻擊、降低美國對於恐怖主義之脆弱性、減少恐怖攻擊之損害、並儘速於攻擊後進行復原。因此國土安全是針對恐怖主義對於美國本土安全的威脅，並藉由整合現有與國土安全任務相關之聯邦機構，結合各州、地方、民間和人民力量因應之，強調美國本土社會與經濟安全，保護之範圍包括人民、重要設施與建築物等，故如前所述其較偏重於司法與社會安全的層面。

　　美國政府在國土安全之戰略思維指導下，除了於中央設置國土安全部外，更為了動員社會資源，成立了「國土安全諮詢委員會」，導入「風險管理」系統化的分析程序，可決定威脅將傷害有形資產或個人的可能性，然後找出可降低攻擊風險並減輕其後果的行動。風險管理的原則認知到，雖然風險通常無法完全加以消除，加強保護，以防已知或潛在的威脅，有助於大幅降低風險。美國國土安全主要是以「第一時間事件因應能力」、「生化恐怖攻擊防護」與「強化國境安全」為重點，且除了恐怖事件因應外，為了善用資源與擴大國土安全成效，其安全措施希望亦能協助重大天災、疾病、人禍事件，並維護與促進商旅貿易及流通。為達成上述之戰略思維，美國布希政府之國土安全組織架構、運作機制、預算配置及組織管理將更佳彈性與靈活。

　　根據美國政府預算資料，2002年度美國國土安全預算為293億美元，2003年度則大幅成長29%達377億美元，主要集中在邊境與港口安全設施之建置、生化武器反制與「第一時間急難事件因應」。而2004年度之預算與2003年度不相上下，但邊境與港口安全設施則大幅成長，自2004年1月5日起啟動「US-VISIT計畫」，美國國土安全部在入境機場及港口實施，取得旅客指紋及拍下數位照片，確認入境旅客非恐怖份子身分，因此將帶動生物辨識（Biometrics）設備之採購，根據預算資料顯示，美國2004年度將於115個國際機場、14個國際港口採購指紋採即與數為照相存證系

統，採購金額達3.3億美元。根據Deloitte Consulting（2003）評估國土安全之主要威脅來自於以下幾項：包括邊境安全（Border Integrity）、財務系統、實體基礎建設、資訊技術／通訊設施、公共健康、運輸、天然資源、大規模破壞武器（Weapon of Mass Destruction, WMD）等，所考量之層面涵蓋政府、私人企業及個人的安全。而OECD（2002）更進一步分析由於反恐措施對於經濟所造成之影響，短期是對於消費信心造成危機，中期則是在於保險費用增加外，另由於運輸等待時間拉長、檢查步驟增加後，將提高整體運輸成本，由於價格彈性之因素，而造成國際貿易金額下降，因此對於邊境與運輸安全之措施與技術，有賴各國政府、廠商進行技術合作，以降低對於經貿之影響。（http://www.itis.org.tw/pubinfo-detail.screen?pubid=57388271）

　　911恐怖攻擊事件，造成美國巨大的災難。價值25億美元的世貿大樓被夷為平地，周圍受到波及而倒塌或者廢棄的建築不計其數。紐約市是美國最大的城市，也是美國以及世界的金融中心之一。它的一年國內生產總值高達4,200億美元，這次恐怖襲擊對紐約市經濟的影響是難以準確估量的。911事件在經濟上產生了重大與即時的影響。大量設在世界貿易中心的大型投資公司喪失了大量財產、員工與數據資料。全球許多股票市場受到影響，例如倫敦證券交易所還不得不進行疏散。紐約證券交易所直到911後的第一個星期一才重新開市。道瓊斯工業平均指數開盤第一天下跌14.26%。其中跌幅最嚴重的要數旅遊、保險與航空股。美國的汽油價格也大幅度上漲。當時美國經濟已經放緩，911事件則加深全球經濟的蕭條（http://tw.knowledge.yahoo.com/question/question?qid=1008091303957）。

　　普爾公司的總經濟師戴維‧懷斯曾預測，美國保險業方面的損失大約是350億美元，加強安全系統的費用為200億美元左右，後勤運輸等方面的損失約500億美元。各種損失加起來有1,500億美元。造成美國經濟自1993年以來第一次呈現出現下滑。2001年3月的第3個季，美國經濟進入衰退期。其中恐怖襲擊帶來的影響是主要因素之一。隨後美國聯邦儲備委員會在兩年的時間裡14次降低利率。布什政府又實施規模達3,500億美元的減稅計劃。這些措施對消費起到了重要的刺激作用。經濟學家們估計，

僅減稅計劃對美國國內生產總值增長的貢獻就在1.5個百分點左右（http://tw.knowledge.yahoo.com/question/question?qid=1305092912972）。

　　這次恐怖攻擊事件往深一層看，美國介入中東太深，過度偏袒以色列，早已埋下禍根；同時美國為了維持所謂「國際新秩序」，成就「大美國和平」，不惜犧牲微觀的弱勢民族的正義而去達成宏觀的帝國式和平，弱小民族在走投無路之際，必定會以自殺式的攻擊來討回自己的正義。

　　再從更深一層看，這正應驗了美國學者杭廷頓關於文明衝突的預測。基督教文明和伊斯蘭文明之間的千年血仇，以此次大攻擊為歷史的最新註腳。對美國而言，炸毀代表西方資本主義文明顛峰的世貿大樓和代表美國國力的五角大廈是具有重大象徵性的，也是美國兩百多年來最大的羞辱，已然形同宣戰，美國必將猛烈報復，問題是去哪裡找哪些人報復，怎麼報復，總不能使用大規模毀滅武器去屠殺無辜者吧！於是，力主建設快速遠距離精確投射武力的國防部長倫斯斐，有可能因而獲得國會支持。因為這支武力是可以對恐怖組織進行打擊的，如果情報可以準確定位並鎖定對方的話（http://forums.chinatimes.com.tw/special/america/911/90BG912A.htm）。

　　911事件造成舉世震驚，促使美國布希總統極思改進相關反恐弱點，並提出更強硬的反恐怖主義措施，在政府組織上立即成立「國土安全部」為其內閣中第十五個部會，以綜合性國際安全概念，重組國內公共安全組織機制，整合與運用所有資源，強化政府危機管理與緊急應變能力。該部整併了原有單位的整體或部分功能，包括海關、交通安全、移民歸化署、海岸巡邏隊、邊境巡邏隊等部門的約170,000左右的員工，及370億美金之預算，最後經國會追加至400億美金之預算。國土安全部包括五個部門：1.邊境與安全部門（Border & Transportation Security）；2.緊急應變與反應變部門（Emergency Preparedness & Response）；3.科學與技術部門（Science & Technology）；4.情資分析與組織保護部門（Information Analysis & Infrastructure Protetion）；5.行政管理部門（Management）（陳明傳，民94：120）。美國政府對於規劃國土安全架構及能量時，其戰略思維並非僅侷限於反恐單一目的，而係江增強災難處理、邊境管制、運輸

安全等目標亦納入考量之中。

　　然而，美國新任總統歐巴馬就職之後，其國土安全與國家安全的整體策略，顯然與布希前總統有截然不同的考量與政策。其中例如其對回教世界喊話，表示「美國人不是你們的敵人」。也呼籲以色列和巴勒斯坦雙方返回談判桌，以及對伊朗領袖伸出外交之手，請他們「鬆開他們的拳頭」。歐巴馬指出，他幼年時曾在印尼居住數年，也曾造訪許多回教國家，這些經驗令他深信，不論宗教為何，人們擁有一些共同的希望夢想。他表示：「我要對回教世界做的是傳播一個觀念：美國人不是你們的敵人。我們有時會犯錯，我們並不完美。不過你們若回顧以往，會發現美國並非天生的殖民強權，而且近在20到30年前，美國還擁有回教世界的尊重與夥伴關係，我們沒有理由不能恢復這一切。」

　　歐巴馬曾承諾上任伊始就將直接處理中東問題，而不會像前任總統布希般等上幾年。但他表示，在最近以色列對加薩的哈瑪斯組織（Hamas）發動戰爭後，他不希望各界對中東和平迅獲進展的期望太高。不過，他表示，他相信「時機已經成熟，雙方都要瞭解，他們目前所走的路不會促進雙方人民的富裕和安全。是時候該返回談判桌了。」歐巴馬也表示，美國將在今後數月訂定對伊朗政策的大致架構。他說：「如同我的就職演說所說，如果像伊朗之類國家願意鬆開他們的拳頭，會發現我方也伸出友誼之手。」（http://n.yam.com/afp/international/200901/20090128194654.html）

　　歐巴馬並在開羅透過演講，向世界上10億穆斯林表達善意，他的團隊充分利用網路上的Youtube、Twitter、Facebook等通訊工具，為總統的演說舉辦了一場現場網路轉播，並且以阿拉伯文、波斯文、烏都文和英文免費發送關於演說的簡訊。其簡訊之內容為【「打開大門」：歐巴馬未明確提到穆斯林國家中基督徒所遭受的逼迫】。之後，不少人對於歐巴馬的演講發出正面評價。其中基督徒逼迫監察組織「打開大門」（Open Doors）美國地區的主席Carl Moellor讚揚歐巴馬在演講中特別提到宗教自由的內容。但是，他指出奧巴馬並沒有「詳細的說明」埃及基督徒所遭到的逼迫，也沒有提到在其他一些穆斯林國家中作為少數群體的基督徒所面臨的處境。「總體說來，不錯，我們應該前往穆斯林世界。『打開大門』的創

辦者安德烈弟兄一直在西方世界鼓勵我們在愛中向穆斯林伸出手。但是伊斯蘭國家必須也需要同樣地對待這些基督徒們—就是給予他們全部的宗教信仰自由。」

　　他補充說：「我們也需要為這些在伊斯蘭教法之下遭受苦難者提供支持、擁護與禱告。」（http://tw.myblog.yahoo.com/jw!90S3C4GYExkzAwONXDQ-/article?mid=8476）歐巴馬於2009年6月2日正式展開了任內首次中東訪問之旅，國際媒體對此次行程關注焦點為其4日於開羅大學的演講。在這場外界期待已久的演講中，歐巴馬呼籲穆斯林世界尊重個人選擇宗教信仰的權利。開羅被認為是伊斯蘭教的思想與文化中心，歐巴馬在這場演講中首先表達了他對伊斯蘭教的尊重。他特別舉出了印尼為例，表示伊斯蘭也有寬容的傳統。該國是他就任總統之後所拜訪的首個穆斯林國家、也是世界上最大的穆斯林國家。他說：「每個國家的人民應當享有選擇與活出個人信仰的自由……多元宗教信仰之豐富應當被維持——無論是對黎巴嫩的馬龍派教徒或者是埃及的基督徒。」他還表示，比起分裂，宗教實際上應當促使人們團結。他說：「宗教信仰的自由是人們能夠生活在一起的最重要因素。」並呼籲穆斯林世界能夠給予更大的宗教信仰自由的同時，歐巴馬也表示，西方世界應當尊重穆斯林人民實踐他們信仰的方式。在演講中歐巴馬宣布，現在是開啟美國和世界穆斯林關係「新紀元」的時刻。他指出，雙方應當團結一致，共同應對暴力的極端主義，促進和平事業。他說，經過數十年的迷茫和猜忌，現在是坦誠相待、開展對話並開啟新篇章的時刻。他說：「我到開羅來是尋求美國和世界穆斯林之間的新起點；一個以共同利益和互相尊重為基礎的起點，一個以現實為基礎的起點，那就是美國和伊斯蘭並不相互排斥，而且不必相互競爭。」

　　歐巴馬說：「我相信，為了能夠向前發展，我們必須開誠布公地講出我們心中的想法，講出那些我們常常只在關起門的時候才說的話。必須長期不斷地做出努力，相互傾聽、相互學習、相互尊重並尋求共同立場。」他還提到，極端主義份子利用人們之間的分歧，在很多國家殺害信仰不同的平民。他說：「10多億穆斯林的堅定信仰遠遠高過極少數人的狹隘仇恨。伊斯蘭不是打擊暴力極端主義問題的一部分，而是推動和平中的重要

組成部分。」

　　他還直率地講到，伊斯蘭國家有必要促進民主、宗教自由和婦女權力。在發表演講前，歐巴馬總統會晤了埃及總統穆巴拉克，並參觀了一座清真寺。歐巴馬旨在透過此次演講，向世界上10億穆斯林表達善意，因此他的團隊充分利用網路上的Youtube、Twitter、Facebook等通訊工具，為總統的演說舉辦了一場現場網路轉播，並且以阿拉伯文、波斯文、烏都文和英文免費發送關於演說的簡訊。其中，白宮的Twitter feed對全世界的約25萬追隨者，發送了24條140字以內關於演說的簡訊。一條簡訊是：「歐巴馬說：我們必須面對的第一個問題是各種形式的極端主義。」另一條簡訊是：「歐巴馬說：我們的女兒能夠與我們的兒子一樣，為社會做出同樣大的貢獻。」從以上諸多之資訊中不難發現，美國現在國土安全之策略，尤其在對於回教國家的外交與恐怖主義的處理策略上，顯然較有更多元的著力點與方法，亦可預期美國之新的策略調整，或許能為全球帶來更穩定的和平及繁榮與安定。

　　國土安全牽涉範圍之廣泛，涉及部會間之協商、整合事務繁多，因此，縝密思索國土安全實施步驟之先後次序，可幫助政府達到事半功倍之效果。我國目前對於情報蒐集分屬軍、警、調、海巡等不同單位，不同機構獨自進行監視，而彼此間缺乏交流。對於分析情報只能從單一案件出發，而無法聯結到全國之國家安全情報網，因此未能達到情報整合之效果。

　　我們認為「國土安全」任務著重於保衛國家免遭恐怖襲擊、強化國境與運輸安全、有效緊急防衛及應變、預防生化與核子襲擊。我國情報蒐集雖然分屬軍、警、調、海巡等不同單位負責，但需由國安單位進行分析與運用。因為國安單位具有統合協調全國作為，以防範國內遭到恐怖攻擊，降低恐怖攻擊之損害，並儘速完成遭受攻擊後的復原。因此，「國土安全」以預防恐怖活動與攻擊為考量，結合中央、地方、民間之力量，以提升情資預警、強化邊境以及交通安全、增強反恐準備、防衛毀滅性恐怖攻擊，維護國家重要基礎建設、緊急應變與因應等方向為主。

　　如前第七章所述，2008年時任警政署副署長謝秀能先生亦曾帶隊到北

京奧運參觀學習，實地瞭解京奧反恐與維安的作法。前行政院長劉兆玄於2009年2月在院會特別對高雄世運與台北聽奧的反恐、維安做指示，並交代國安單位落實執行。3月3日斯里蘭卡板球隊在巴基斯坦拉合爾遭遇10餘名武裝份子襲擊，造成球員8人受傷、警察6人喪生。高雄世運實地演習已超過 2次以上，台北聽奧近期也將做反恐與維安，跨部會協商對此也已進行超過3次會議。（http://n.yam.com/cna/sports/200903/20090305564360.html）

　　2009世界運動會於2009年7月16日在高雄市登場，整體維安反恐工作則緊鑼密鼓進行，警政署並召開協調會，進行任務分工，不僅高雄縣市員警必須全力投入，鄰近的各縣市警察局和警政署的反恐維安特勤隊，也都會給予必要支援。此外，各國選手、媒體抵達台灣後，航警局、鐵路警察局、公路警察局都將負責沿途行程的安全維護，並避免臨時成軍的支援警力調度困難，並派遣受過此次維安訓練的保五總隊及鄰近屏東、台南縣市至台中市等警局的機動警力支援，提供一切需要的勤務和反恐裝備。警政署將隨時配合各項任務調派警力，動用人數將是空前。前國安會副秘書長、時任高雄世運組織委員會基金會（Kaohsiung Organizing Committee, KOC）常董劉世芳有點憂心，因為「真正的威脅應是恐怖行動」。劉世芳指出，以城市的力量，目前能做到的維安僅止於以賽事項目分類安排選手村，避免發生同國籍集中情形；場館認證管控，但礙於經費有限，無法做到京奧般的全面科技化。故而當時亦曾向美方請求提供完整反恐資訊，包括更新恐怖份子名單，由美方知會來台灣參賽的各國海空港加強安檢，將恐怖份子拒於境外。（http://n.yam.com/chinatimes/society/200902/20090215830231.html）

　　為了確保2009高雄世運舉辦期間的安全，高雄市政府環保局亦曾於該年7月10日假中油高雄煉油總廠舉辦一場「2009世運會反恐毒化災應變搶救演習」，以因應世運會期間萬一發生災變意外或恐怖攻擊，各相關單能立即處理，同時測試指揮系統及調度作業的靈活度。這項演習的假想狀況為，鄰近世運主場館的中油高雄煉油總廠，灌裝台因槽車不明原因發生外洩，可燃性、毒性化學氣體（丁二烯）逸散，由於氣槽車當時內有丁

二烯25公秉，油氣可能擴散至中油液化石油氣（Liquefied Petroleum Gas, LPG）分裝場及附近的廠家，也可能危及世運會主場館。中油高雄廠也同時出動消防隊架水霧牆隔離油氣，並於除污區架設除污站，接著由三名穿著A級防護衣的搶救人員，進入現場，以德國進口、最新型的「槽車防護墊」，將外洩的破洞堵住，算是完成初步的搶救工作，讓災情不致繼續蔓延。在此同時，南部毒災應變隊也出動毒災應變車抵達現場，進駐前進指揮所，提供應變器材並由專業人員持儀器進行環境偵測。除了搶救現場之外，也同時在現場架設救護站，衛生局支援的護理人員也在前進指揮所提供救護諮詢。在情況獲得控制之後，環保局技術室也派出空氣品質監測車抵達現場，做採樣等相關措施（http://tw.news.yahoo. com/article/url/d/a/090710/17/1mtyr.html）。至於最早專注與耕耘國土安全此一領域的美國以及我國具體可行的未來宜如何研究與發展此一領域及訂定相關對應策略，則分別論述之如後。

第一節　美國國土安全的未來發展

國際關係已不能只注重「主權國」之間的關係與溝通；因為許多次級實體、弱勢民族和個別的組織，長期受到忽視和打壓，他們承受了長期不公之對待，似乎已找到新的且簡便而有效的報復手段，恐怖攻擊即為其一。因此，除了必須未雨綢繆的在事前完備之法制與整備，制定相關政策以資因應外，更應從文化風俗及信仰宗教等認知、溝通的層面著手，找到人類共存共榮的模式。然而，美國國土安全的機制、功能與相關人員之範疇似可包含：1.人民的認知，2.政府的支持，3.有效的情報，4.有效的法律系統，5.受過良好訓練且有能力，且在美國防禦第一線的工作人員，這些包含：（1）執法人員；（2）法官；（3）法務部；（4）防火和防爆部門；（5）健保系統；（6）國民自衛隊和軍隊；（7）私營部門，包含企業及公司單位以及志工團體。（Ward, et al., 2006: 261）故而，美國國土安全之最新發展方向與策略應可含蓋如下之挑戰與課題。

壹、情報系統與機制之未來發展

情報圈裡有一個主要的缺點即缺乏專業的分析師。在911委員會裡也提到需要情報分析師。美國聯邦調查局（FBI）很感謝分析師的幫助，分析師主要被運用在作戰的時候提供最新的各種狀況。能解決問題是美國聯邦調查局僱用分析師的主因，而非僱用一個具有相關教育背景和專門技術的人而已。反恐怖主義的基礎策略即啟始於情報，並加強和提高情報之功能，這對於國家在有效保護人民方面是極為重要的關鍵。因為面對國外威脅的影響，該威脅是否來自於恐怖主義的蓋達組織或是其他團體將會是一個重要的考量。故而美國外交部和情報圈必須加強與其他國家的合作關係。另一項美國教育的重要成就是努力的將重要的語言和其相關之教學機制引進大學的教育課程之中。外交人員和情報專家不會講當地國的語言，對於蒐集和接觸資訊將是一項重大的缺點，如果能在語言與溝通的幫助下，則可以更加瞭解當地文化和其他國家的各式法令制度。因為反恐的基礎策略開始於情報，故而必須加強和提高情報之功能，而語言與溝通可為情蒐擴大與提升其範疇與品質。

美國的情報蒐集方式主要依賴各式不同的科技，特別是衛星及影像處理技術，這是極為重要的。但曾在伊拉克卻發生過一個失敗的案例。許多國家推測伊拉克的海珊獨裁者具有核子武器和大規模毀滅性武器，然而事實上卻證明了人工方面之情報是佐證此情報必須之工具，因為依據新科技評估之情報卻是失敗的，事後證明並無該大規模毀滅性武器。（Ward et al., 2006: 264-265）

專攻情報執法領域的卡特大衛博士（Dr. David Carter），其身為國家及地方執法機構的顧問，特別強調為情報界創設新制度的重要性。其中包括：重視聯邦調查局情報人員徵招及培訓程序之發展、發展聯邦調查局新的反恐程序及制度等等新策略、宣導與推廣情資導向的警察策略（Intelligence Led Policing）的概念、創置全球司法資訊分享機制的全球情報事務委員會（the Global Intelligence Working Group, GIWG）創新廣泛多元的情報分享新計畫策略、確保電子郵件交流連結之安全保密及其

交流制度、簡化執法機構線上運用之情資系統（Law Enforcement Online, LEO）、區域資訊分享系統網絡Riss.net（Regional Information Sharing System，由聯邦調查局、國防部、國土安全部等共同參與），以及反恐資訊交換系統（Anti- Terrorism Information Exchange, ATIX）等等新的情資分享與運作之系統研發。給予情報分析專家、執法部門主管、監督人員及部隊長等新型態作戰的預測系統功能及其完整之訓練機會。（Ward et al., 2006: 266）

然而，總統或者政府執法部門，是否應有權使用電子監聽裝置來監控疑似恐怖份子之美國公民甚或外國人的通訊，是未來在國土安全維護與人權維護看是兩難但必須取得平衡並解決的議題，尤其是在恐怖活動的詭譎多變性及其情蒐更形不易的現況下，確實是兩難的議題。2006年1月，一項由美國今日報（USA Today）、美國有線電視新聞網（CNN），以及蓋洛普民調公司（Gallup Poll）共同發起的民調顯示之第21題的問卷調查（第21題原文：Do you think the Bush administration was right or wrong in wiretapping these conversations without obtaining a court order?）。 結果有百分之50的參與者認為布希政府的此項監聽行為是錯誤的，46％的參與者則認為該行為是正確的，另外4％的參與者沒有意見。（USA TODAY/ CNN GALLUP POLL, http://www.usatoday.com/news/polls/2006-01-09-poll. htm）故而在民主之社會中隱私權確實是一個重要的價值與元素，然而反恐之情報蒐集卻也需要有一個有效之利器與管道。

隨著各類恐怖攻擊之技巧和科技對於未來恐怖團體和集權獨裁國家的資訊之可得性增加，民主國家遭受威脅之機率勢必會增加。這對美國國內，已接受大規模毀滅武器知識的暴力團體來說也會成真。2001年的炭疽病毒攻擊，只是一個經由此種形式的攻擊，就能引起混亂。1995年奧克拉荷馬州聯邦大樓的爆炸事件、1993年世界貿易中心的爆炸事件，也是用相對簡單的可得肥料（硝酸銨鹽），就可以造成大量傷亡的例子。故而若認為未來的恐怖份子不會利用新的方法、新的武器模式、新的戰術則必然是一個錯誤。情報系統應該確認新形態威脅的研究和監督之重要性，並研發出合憲又有效的情蒐與監控之機制，才有辦法確實掌握與機先處理各類可

能之國際性或國內之恐怖攻擊。

貳、大規模毀滅武器之未來發展

　　核子、生化威脅（NBC, Nuclear, Biological, Chemical）已經成為政府關心的一個領域，因為他們能夠造成大量的傷害並造成社會大眾的混亂。輻射恐怖主義的威脅，被加入可能之大規模毀滅武器攻擊之名單之中。因為少量的高度放射性物質放在輻射爆炸裝置（Radiological Explosive Device, RDD）裡面就有能力殺害、傷害上百或上千人。 2002年5月，一個蓋達組織的嫌疑犯，因為打算在美國城市引爆輻射爆炸裝置而被逮捕；在阿富汗的蓋達組織據點也沒收了一些東西，包括輻射爆炸裝置的示意圖。恐怖團體對大規模毀滅武器的使用及其威脅不只是臆測，全球已經有許多化學、生物、輻射和核子攻擊的實例紀錄。雖然在美國的例子相對的較少，有一些專家相信這些威脅成真只是時間問題。未來發展的趨勢，將逐漸著重於倚賴民眾通報、對生產原物料廠房的監控、重要設施的防衛、以及能機先掌握情報的能力。就某種程度而言，個人的隱私權議必須謹慎對待，以便於制衡情報及執法人員恣意的監控，及針對可疑活動的過度調查。在自由社會中，對於此類議題的案件和爭論並非能簡單釐清，而是需要考慮再三方能做出最佳之規劃與執行。（Ward et al., 2006: 265-267）

　　生化武器輕則致個人中毒，其重者即可能對工業化學製品之設施或運輸系統攻擊，造成大量傷亡。生物恐怖攻擊，輕者為使用劇毒致個人中毒，重者可能造成大量傷亡，包括散播含致命細菌病毒的氣溶膠等。輻射恐怖攻擊，輕者則使人暴露於微量高放射物質，重者則可能藉由易爆裂之輻射裝置，造成大量、大面積放射物質污染。核能恐怖攻擊，輕者為攻擊核能電廠及相關設施，重者為引爆核能設施或核子武器。

參、恐怖份子之危害及其組織之未來發展

　　當美國全球化的範圍經由商業、旅遊、軍事發展和對於受破壞國家的

經濟援助等方法擴展時，對於美國的不滿及恐怖攻擊之可能性，亦隨著美國廣泛的涉入國際事務而增加。若然，則在世界各地的美國大使館將僅成為碉堡而無其他用途，而那些涉及國際貿易的公司，在他們經營規劃中則往往必須顧慮到恐怖份子的威脅。很多大型公司已經對於其人員加強其安全考量與保護措施，而且此類考量也成為其從事國際貿易與活動時的重要指南。

　　如今，有不少於200個組織完整的恐怖組織。雖然其大部分已從針對美國國內的民主議題，轉變為綁架及其他暴力恐怖行為，以贖金來籌措其資金，或據此以便影響美國友邦的支持。而且恐怖威脅並不僅限於在其他非美國境內的恐怖攻擊行動，而且在美國境內攻擊的國際恐怖團體，也不限於蓋達組織（al Qaeda）或其他中東團體。由歷史觀之，美國已經被恐怖組織以真實或虛幻的反感所鎖定，諸如波多黎各的獨立運動者或南美的革命份子等，均可能成為攻擊美國的恐怖團體。

　　美國也是恐怖份子主要的資金來源之一，大部分是藉由籌措資金及移民者之援助而獲得資金。愛爾蘭共和軍（Irish Republican Army, IRA）、哈馬斯（Hamas）及在斯里蘭卡的塔米爾之虎（Tamils of Sri Lanka）均是藉由亡命國外的憐憫者資助的。另外，在美國國內之移民團體的爭鬥，也是造成暴力的原因之一。（Ward et al., 2006: 267-268）蓋達組織和其他類似的中東恐怖組織引發的攻擊，已經造成世界上的衝突，支持攻擊伊拉克戰爭的某些國家已經達成共識，它們同意國際間的相互合作及資訊和情報的交換是非常重要的。現今全球各國都已經認為暴力團體已經成為世界上的嚴重威脅，因為現今的網路及通訊設備讓他們過於方便的連絡。以下就是恐怖份子在世界各地攻擊的例子，深值注意與據此案例而預防與整備。

　　蓋達組織用很多方式去涉入一種新型態的戰爭，這種戰爭是一種沒有邊界且以基本教義的恐怖份子團體獨立操作，企圖將世界所有人改變信仰，成為伊斯蘭教徒，並剷除所有非伊斯蘭教的影響力。這便是基本教義的伊斯蘭教徒所謂的聖戰（Jihad），反對所有非伊斯蘭教的人，也導致了很多暴力攻擊，包括2001年的911與中東許多自殺炸彈攻擊事件等。聖戰（Jihad）源自於可蘭經，可蘭經中認為聖戰是伊斯蘭教徒必須面對內

外的心靈爭鬥，然而並沒有提到須使用暴力手段來達到目的。相反地，可蘭經將內心的心靈旅程比作西方世界的基督教傳福音，就如同基督教將聖經當作是信仰的聖經，而可蘭經則是伊斯蘭教的聖經，他們很多信仰行為是可蘭經所教導與規範的。基本教義派的極端份子（radical fundamentalist terrorist），因為過於極端，而導致在有恐怖份子的國家其追隨者顯然較少。（Ward et al., 2006: 269-270）在民主國家，例如美國與英國，這些人的網絡或個人資訊都是非常難調查，這些國際的極端份子在聯絡上與通訊上，由於受到更有效率的偵查方式而有所阻礙，但還是被認為是民主國家未來恐怖攻擊最大的可能性，因為基本教義極端的伊斯蘭教派者（Radical Islamists），將民主的西方國家視為是穆斯林思想的威脅。

　　造成未來危害之恐怖份子，其搖籃為國際和國內之恐怖團體，在這個變遷快速的世界很可能浮出檯面。為了政治、宗教目的，基於仇恨和對單一議題的不滿，有些人視恐怖主義為有效之解決捷徑。美國至高的地位及參與全球事務，使美國成為預設的標的。近年來各種恐怖暴力如雨後春筍湧現，其如表8-1全球遭受恐怖攻擊的重要事件表所示。恐怖份子的策略支撐並促使著毒品、人口販運和其他犯罪行為之衍生與不斷的發生（例如

表8-1　近年來全球遭受恐怖攻擊的重要事件表

	時間	地點	方式	結果	備註
1	2002/10/12	印尼峇黎島庫達區的夜店	兩顆炸彈	202人死亡、超過300人受傷	鬧區
2	2004/2/6	莫斯科	炸彈在火車內引爆	39人死亡、超過100人受傷	
3	2004/3/11	西班牙馬德里	在4部火車放置10顆炸彈	192人死亡、超過1400人受傷	早晨尖峰時刻
4	2004/9/1	俄國高加索山附近的北奧塞梯共和國	挾持人質、炸彈+槍戰	340人死亡、超過700人受傷	多為孩童
5	2004/9/9	印尼雅加達澳洲大使館	炸彈	10人死亡、超過160人受傷	
6	2005/7/7	倫敦運輸系統	自殺炸彈	52人死亡、超過700人受傷	

資料來源：Ward et al., 2006: 268-269

爆炸、武裝攻擊、縱火、劫機、大規模毀滅性武器）。另外，美國的利益和國際企業向來是海外恐怖攻擊的目標。在其他國家之恐怖團體引發的衝突或攻擊不斷滋長下，極可能會全面的波及美國本土，911僅為其開端而已。

　　至上述表8-1之事件較詳盡之細節，則如下所示：

1. 2002年10月12號在印尼峇黎島庫達區一家忙碌的夜店裡，有兩枚炸彈被引爆，造成202人死亡、超過300人受傷。庫達區在當地是非常熱鬧的，而且充滿外國旅客。

2. 2004年2月6號在莫斯科的早晨尖峰時間時，某部火車的炸彈被引爆，造成 39人死亡、超過100人受傷。

3. 2004年3月11號在西班牙馬德里的早晨尖峰時間時，有四部火車被安置了10枚炸彈並且被引爆，造成192人死亡、超過1400人受傷。

4. 2004年9月1號在俄國高加索山附近的北奧塞梯共和國靠近車臣邊境的某間中學被武裝的恐怖份子入侵，並且有1,200人被挾持，在挾持的52小時中有槍戰也有炸彈爆炸，最後大約有340人死亡、超過700人受傷，而且大部分受害者皆為孩童。

5. 2004年9月9號在印尼雅加達澳洲大使館外有一枚炸彈被引爆，造成10人死亡、超過160人受傷。

6. 2005年7月7號有四名自殺炸彈客攻擊倫敦運輸系統，造成52人死亡、超過700人受傷。其中三枚炸彈同時在不同的地鐵站引爆，第四枚炸彈則是在雙層巴士上引爆。

肆、美國國內恐怖威脅之未來發展

　　在美國境內的恐怖威脅，必須注意到對廣泛的單一之社會爭議之議題，以及種族宗教等暴力仇恨之相關團體。種族與宗教仇恨將使得更多的有暴力傾向之個別小團體誕生，這些新浮現的個人暴力威脅組織，正威脅著美國社會。這些團體想要透過暴力的改革來呈現來凸顯此類議題。然而美國之自由民主社會的弱點是，每個人可以自由的觀看電視，但亦可合法

的擁有及使用各種武器時（美國可合法的擁有槍枝），故而運用此弱點而使用武器來進行恐怖攻擊是很容易發生的。在美國炸彈客或槍擊案是司空見慣的事，儘管現今大部分的事件與政治議題無關，他們只是將這些事件當作發洩不滿的手段，然而這些事件將讓這些個體轉變成國內恐怖攻擊的可能性增加。（Ward et al., 2006: 270 -271）

　　如上所述，由於美國國內極端主義者引起恐怖主義行為的風險持續增加，故而美國公民特別是執法之人員，更有機會接觸到國內的恐怖份子，而不是國際的恐怖份子。近年來，執法團體一直專注於國內的極端主義者，並對於這些團體或個人做出回應的反恐特殊之訓練，已經在許多警察部門中實施。藉由此類反恐特殊的訓練，到底有多少企圖攻擊之事件已經被阻止，則必須進一步加以蒐集實證資料與做相關之分析與評估。然而此類國內型之恐怖攻擊其成因、影響與對應策略，確實與國際型之恐怖主義有所不同，從美國之經驗可知，亦必須加以個別之研究與處置，才能深入問題之核心並找到有效的處理方式。

伍、對恐怖主義攻擊和其他災難反應之未來發展

一、急救先遣隊（First Responders）設置之策略

　　儘管美國國內安全意識的增加，然而少數人仍然不同意這個假設，亦即恐怖主義將是這世紀關注的焦點。美國很可能將經歷各種形式的暴力手攻擊，例如炸彈是由極端主義者最普遍運用的手段。情報和調查對於攻擊的反應失去作用。故而必須籌組遭受攻擊後之急救先遣隊，以為未來之因應措施。其成員應包括：警察、醫療人員、緊急事件、社會服務和救援人員。

　　美國之國土安全部對自然災難和其他緊急事件所扮演的角色將會更加重要。發生災難時，急救先遣隊一定會被招呼來處理大部分的救援工作。面對不確定的未來，聯合訓練就顯出其重要性，亦即事前之計畫與溝通，和對不同類型的緊急事件能更隨機應變的應對，將更具有訓練與其整備的優先必要性。

　　當面對恐怖主義攻擊或其他緊急情況時，急救先遣隊應該熟悉他們的責任。國土安全部在2004年12月出版之國家安全回應計畫（National Response Plan），嘗試提供一個能起作用的對策，給所有急救先遣隊作為參考依據。美國的急救先遣隊由政府機關幾個部門所組成，包含聯邦的、國家的、地方的、部落的、非政府的和非官方的部門等。大部分的州都尚未做好應變措施，來對付大規模的緊急情況，尤其是大規模毀滅性武器，或是像發生於911的不定點攻擊。至於卡翠納（Katrina）和利塔（Rita）颶風肆虐，造成大眾恐慌，也顯現政府無能為力對於此類之緊急狀況做好初步的處理。其實最需要的，就是指揮暨控制中心，該中心應該擁有訓練良好的人員，具備相互通聯機制並熟習整備與對應之步驟與策略。（Ward et al., 2006: 271）

　　第一線處理人員被賦予化解困境的任務，而成功與否大多取決於面對千變萬化的緊急狀況下，所使用的配備、工具及防禦設備。事實上，不太可能對每種可能發生的緊急狀況，預先模擬計畫或備妥需要的配備；但實際之事件處置結果發現，受過充足訓練的第一線處理人員可減低死亡人數。例如紐約及華盛頓特區受911攻擊期間，英勇的警察、消防隊員、醫療人員及志工在重大危機的無私奉獻，美國人民是有目共睹的。

　　重大的緊急狀況發生時特別要注意的是，傳播媒體扮演將訊息迅速傳遞的角色，而指揮暨控制中心也必須瞭解此功能，並與傳播媒體保持良好的聯繫與溝通。正確並及時回報亦是不可或缺的因素，媒體也應利用電訊傳播或電子連結參與此類行動；提早並正確的回報情勢，可減緩人心徬徨，同時也可宣導大眾宜採取之應變措施，例如撤離路線、緊急醫療中心之地點、如何自我保護等等。

　　過去的緊急狀況之處置經驗顯示，提供援助、資訊予第一線人員的家人是很重要的。經驗顯示，緊急狀況的搶救人員，因為出於對自己家人的關心，他們的家人若處於危險之中，將對這些搶救人員造成劇烈的影響；情緒和心理的壓力也使他們的搜救行動變得較無效。至於事前的先遣隊的籌組與整合平台的建置，及相關的教育課程的落實至基層執勤人員，則可以提升危機解決之效率與品質。

二、災難後續處置之策略

在恐怖攻擊或天災所帶來的混亂中，迷惘和恐慌可能造成救援行動和重建秩序的失敗。除了透過媒體提供資訊的重要性，處置策略應包括鄰近社區共同資源的利用。從911恐怖攻擊事件紐約市的處理經驗，可以看到來自相關的執法機構的強力支援，以及遠自加州的全體消防員的參與救災。鄰近的社區派遣交通工具或人員進行支援，並且在恐怖攻擊之後的數週進行秩序和安全的重建。

然而較不幸的是，這和卡翠娜颶風的災情不同，因為卡翠娜颶風之災後重建是延遲數週後才被控制。在此災難中，國家自衛隊和軍人的調度被混亂和不確定之災情資訊所耽擱，造成許多可能避免的傷亡仍然發生。而相關法律和命令的無法推行，使得情況更加複雜。然而，人們對這個危機所付出的鉅大努力是不容忽視的。雖然有太多的生命消逝，但有許多人因為軍人、警察、消防員，和來自外國的醫護人員的參與而獲救。

卡翠納（Katrina）和利塔（Rita）颶風在某方面來講，是面對重大災害時，需要更有效率的計畫與整備的警鐘。國家如何反應未來的威脅，不論自然或人為的，將可依據紐約市和紐奧良的經驗得到教訓。感情和心理的壓力伴隨著天災、恐怖攻擊和全國流行的疾病，威脅影響遠超過地理區域的限制，影響全體國民的安危。911攻擊導致美國政府重新改組，制定新的法律，也提醒美國尚未做好準備面對恐怖份子之多變之攻擊。（Ward et al., 2006: 272）

少部分的人會爭辯恐怖主義在未來是否仍然是美國最主要的破壞攻擊，或者天然災害之發生才是重要議題。環顧歷史，美國已經克服太多國家安全之挑戰，包括戰爭、經濟危機、公民權爭議之議題、廢止奴隸，以及包括國家內部和國際間的衝突等。然而未來國家安全的不確定與多變性，都將使美國政府與國民必須共同面對的。

21世紀美國不僅只有恐怖攻擊之危機，隨著各類挑戰的展開，作為世界所謂的強權，美國必須適應全球環境，國土安全的議題需要和其他國家更緊密的合作與關注。依歷史經驗觀之，孤立或獨自行動是國土安全最大

的威脅。接受資訊的大眾是國家安全的核心支柱。聯邦政府，州政府，和各地方政府必須適應這個「整合」策略，強調瞭解其他的文化、語言、宗教，和政治及其哲學。國家安全將需要一個關鍵性的轉變，並準備好對應未來可能產生的威脅，和未來可能有的改革契機。政府組織以及私人機構均必須教育訓練其新一代的年輕人，使他們適應科技、經濟和交通的全球性變化；同時數位時代依賴技術之發展趨勢，亦必須伴隨著對民主和法律秩序的維護與堅持。

三、先發制人的規劃策略（Preemptive Planning）

在911恐怖攻擊的前後，政府對付恐怖主義威脅有不同的策略及方式。其中，在維吉尼亞州發展國家反恐中心（National Counterterrorism Center, NCTC），該中心同時容納了約13個機構，然而其中心所屬各機構間的整合與合作的不順暢，仍使其無法發揮最好的反恐效率。（Ward et al., 2006: 262）復而在美國國土安全的防衛措施中仍有許多缺陷，例如較重要的反恐機制或組織都提升到聯邦或國家層級，相較之下地方的安全防衛儀器就顯得相當不足。然而前述之國家安全回應計畫（National Response Plan），即以先發制人的規劃策略（Preemptive Approach），來機先規劃與掌握國土安全維護可能之人為或自然之危害。國家安全回應計畫的核心議題是訂定可能之人為或天然之災害、國家安全之範疇、或者可能之基礎建設之危害等事件的指導與處制之方針。其中包括突發事故（例如爆炸、公共事業倒閉）、公民政治事件（例如暴動）、恐怖份子犯罪事件（例如奧林匹克事件）等事件的事前機先之如何掌握，以及事中、事後如何處理之策略與規劃。其中新的議題則包括：資訊與情報、恐怖攻擊的準備、反恐、大規模毀滅性武器和緊急處理事件等先發機先之規劃。

第二節　我國國土安全的未來發展

根據本書前述各章之論述，尤其是第一章中理論之啟發，第二章「恐

怖主義之類型與反恐之策略」我國反恐策略筆者之初步建議；「全球對
抗恐怖主義之法制與組織面之發展」、「我國反恐策略與法制之發展方
向」，以及第七章「我國國土安全機制建構與發展之研究」之論點，總
其資料與意見，筆者擬更深入的闡述我國國土安全未來可能的發展方向，
與實務之可行策略與細部之未來作為如後。

一、在反恐法制方面

　　就我國現階段而言，筆者曾於恐怖主義研究中心的「我國反恐行動法
草案」座談會中，從法制與人權保障面、實務與執行面、法制之效益面、
及各國反恐法制等四個層面作評析，最後筆者之結論為：「釐定一個反恐
之專法，在整個國內政治與社會環境的發展進程，及國際社會中吾國之地
位與反恐的角色定位上，似乎未達到有其急迫性與必要性的階段。然立法
院版似乎在人權保障、公務員撫卹、被害人救濟、立法院之監督及反恐之
法條規範上較為全面與深入。不過，在過去數年中，政府與相關之學術社
群，針對此專法之立法基礎與其內涵，進行了優劣利弊及跨國性之比較研
究，對我國反恐法制的準備與其法理基礎之釐清，確實作了最充實的準備
與事前規劃。故而，目前僅要在現有之法制基礎之下，及在恐怖事件達到
一定程度時，運用前述跨部會之臨時組織，以個案危機處理之模式加以
處置，應屬最適宜之措施。（陳明傳，民94，http://trc.cpu.edu.tw/par1130.
htm）故筆者建議，似可從行政之執行層面，援用現行之相關法規，即可
從下列數項行政作為中，遂行或研析反恐之任務，並達到一定之效果。」

　　縱上所述之相關論述，就我國現階段而言，釐定一個反恐之專法，在
整個國內政治與社會環境的發展進程，及國際社會中吾國之地位與反恐的
角色定位上，似乎未達到有其急迫性與必要性的階段。不過，在過去兩年
中，政府與相關之學術社群，針對此專法之立法基礎與其內涵，進行了優
劣利弊及跨國性之比較研究，對我國反恐法制的準備與其法理基礎之釐
清，確實作了最充實的準備與事前規劃。故而，目前僅要在現有之法制基
礎之下，及在恐怖或危害事件達到一定程度時，以現行的行政院國土安全
辦公室為主導，並以個案危機處理之模式加以處置，應屬最適宜之措施。

不過其功能與機制則仍有相當大的發展空間。至於經歷民國98年之八八水災之後，行政院相關組織與機制之如何整合，才能更有效的發揮救災及維護國土之安全，則成立國土安全維護之正式組織與整合之平台，亦有其未來可能發展之預期性。

二、各層級相關之機構建立國土安全管理之機制，與情資資料庫合作整合之平台

依據前述危機管理之動態三種模式，由各級單位建立國土安全之危機處理機制與標準作業程序（Standard Operation Procedure, SOP）。其實際推展恐怖危機管理之細部作為，可規劃為下列五點行動方案：

（一）訂定國土安全管理應變計畫並定期實地演練。

（二）加強幕僚人員及各級人員之國土安全管理教育、訓練，持續援引新的觀念與方法並不斷精進新作為。

（三）建立可能產生之各類危機的資料或知識庫，以便預作準備以逸待勞；而當恐怖危機發生時才能知所進退且宣導時不致失據，應由各情治單位建構其情資交換或整合之平台，如英、美、加拿大等國之規範一般，從整體架構的建立成形，及軟體、硬體之創新、研究、設計，至上線發揮其知識庫整合平台之強大效益。而其弱點分析或重要基礎建設之分析（Infrastructure，如前所述美國國土安全之13項基礎建設），宜更廣泛與全方位的擴展其範疇，而由各業管之部會建置其分析之指標（indicators）與資料庫，不宜僅限縮於傳統安全維護之範圍而已，以便更機先預警的（Proactive Stance）作好整備，以更有效對應千變萬化的新安全危機。

（四）建置各機構對於管轄業務之安全弱點分析（Vulnerability）、安全可能性分析（Probability）及安全關鍵或嚴重性分析（Criticality）之機制與步驟，除了藉此可建立起科學的評量指標（Indicators）以便啟動國土安全管理之機制之外，更可發揮各部門落實其業務，並能發揮整體國土安全維護之效果。

（五）整合及動員政府各情治機關間及民間之資源，平時建立起合作、溝

通之機制與管道，待啟動國土安全管理之功能時，能在第一時間，順利取得相關資源與協助。而其公私協力的整合平台亦可以前述美國之經驗，作全面與深入的網絡建置。

在情資整合方面，我國在反恐上之經驗較少，且平時在國安或犯罪方面情資之整合與分享上，亦較少有機構間的橫向整合。如前所述，我國國境安全管理分屬於數個不同的機關，故未能如美國之國土安全部，有較強之情報管理與約束整合之正式系統。而即使成立跨部會之反恐小組，其情資之有效整合與運用亦必須有突破性之革新，才足以有效的掌控可能之反恐情報。而國際警察首長協會（International Association of Chief of Police, IACP）於2000年之4月，曾發表一篇美國治安體系，情報資源整合的實徵研究報告，對我國治安或反恐情報之整合甚有參考之價值。（IACP-An Information Integration Planning Model, April, 2000, http://www.theiacp.org/documents/pdfs/Publications/cjinfosharing%2Epdf）其將警政、檢察處、法院、監所、公民營矯治機構等單位之情資及犯罪紀錄，加以分級、定位、歸納、整理，並設計聯線之使用軟體與使用規範。故其已自成一對抗犯罪之資料庫，並更進一步訂定嚴謹之使用規則，且汲取加州、科羅拉多、路易斯安那、密西根及北卡羅來納等五州成功之經驗，而嘗試建立此一全國性之情資分享系統。我國在對抗犯罪與反恐作為方面，因為單位甚多且各自有其情資系統，造成無法有效整合與運用的窘境。故亦似乎宜在情資品質之有效掌握與運用，及科技的巧妙結合上更加著力，以便能更有效率的維護社會之安全。故建議在恐怖主義之組織、類型、活動方式等應於平時，充分的蒐集相關的資訊，以便使相關單位能對恐怖主義有充分之瞭解認識，進而能更精準的評估與規劃對抗之作為。其次，宜召集各相關情治單位，就可能招致攻擊或破壞之目標，進行普查與事前之整備。另外，宜由各相關治安單位，就情資之整合與運用研發、設計出應用之軟體，與實際運作的機制，使得反恐甚或一般犯罪行為或犯罪組織之掌控能更具效率。換句話說，在知識經濟（Knowledge based Economy）影響深遠的二十一世紀，必須掌握或領先對知識之認知與運用程度，才能超越對手，

也才能更有效的推展諸般行政。而對抗有組織與秘密型態之恐怖活動，則更應如是。

又如前述章節中所述，911美國遭受恐怖攻擊之後，其檢討如何在國土之安全維護之上，建立溝通、聯繫的有效之平台，將過去所謂的資訊（Information）或資料（data）更進一步發展出有用之情報資訊（Intelligence）以便能制敵機先，建立預警機先之治安策略（Proactive Stance），此即謂為情資導向的新警政策略。（Oliver, 2007: 163-169）實則此策略英國早在1990年代治安相關單位，即因為犯罪現象的詭譎多變與跨國性的發展，故而調整並嘗試以情資導向之策略（Intelligence Led Policing）及公私部門資訊與資源分享整合之策略（Information Sharing System）來提升其治安之效能。（http://en.wikipedia.org/wiki/Intelligence-led_ policing）故而此策略的本土化落實與實踐，亦為國土安全維護的關鍵性發展。

又依據危機管理之動態三種模式，及本文前述之反恐學者Bolz, Jr., Frank, et al. 等人認為，對抗恐怖主義之專責單位，亦可規劃成三種實務推展之策略作為，即事件發生之前的策略、事件中之策略及事後之策略。（Frank Bolz, Jr., et al., 2002: 233-259）由各級單位建立反恐之危機處理機制，至於其基本模式可如下列所示部署之：（馬心韻，民91：162-169）

（一）**恐怖危機爆發前之作為**：1.設置恐怖主義危機知識庫，2.釐訂相關之對應劇本與措施，3.建立恐怖主義危機處理計劃、訓練、感應等系統。

（二）**恐怖危機爆發時之作為**：1.成立恐怖危機指揮中心，2.建立恐怖危機資源管理系統，3.建立恐怖危機情境監測系統。

（三）**恐怖危機解除後之作為**：1.評估檢討恐怖危機發生之原因，2.加速恐怖攻擊復原之工作並管制其進度，3.評估、檢討處理恐怖危機之結論，作為修正本土型恐怖危機管理之改進參考。

至其實際推展恐怖危機管理之細部作為，可規劃為下列五點行動方案：

（一）訂定恐怖危機管理應變計畫並定期實地演練，

（二）加強幕僚人員及各級人員之恐怖危機管理教育、訓練，持續援引反恐新的觀念與方法並不斷精進新作為，

（三）建立轄區可能產生之各類恐怖危機的資料或知識庫，以便預作準備，並拉大知識之領先差距；而當恐怖危機發生時才能知所進退且宣導時不致失據，

（四）創建轄內偵測潛在恐怖危機之感應機制與功能，

（五）整合及動員政府各情治機關間及民間之資源，平時建立起合作、溝通之機制與管道，待啟動恐怖危機管理功能時，能在第一時間，順利取得相關資源與協助。

　　如果能依據上述之危機管理之模式與細部作為之原則與步驟，來整合我國反恐之人力與資源，則我國國境安全之維護。將更能發揮其應有之效果與功能。

三、嘗試草擬我國「國土安全」策略之綱要及其組織與運作之建議概述

　　假如經當時國家情勢之最新狀況評估結果，以制定國土安全之相關法令，並據此成立正式的相關組織，或整合行政院內相關業務之組織時，亦或以前述第一章第五節中行政院前所草擬之「內政及國土安全部」為藍本或參考，則筆者根據前述各章之論理，提出試擬之策略綱要與組織與運作之初步建議，以供參酌如下：

（一）策略之綱要

1. 第一層級國土安全之動員平台與快速的啟動其機制：在平時狀態當有國土安全之威脅時，建立全方位第一層級國土安全之動員平台與快速的啟動其機制。由國土安全辦公室主導，啟動國土防衛之機制，妥適將政府各相關部門與全民防衛有關之人力及物力、以及民間傳統之安全管理與守望相助等資源作有效整合與運作。

2. 第二層級國土安全防衛之機制：當由平時狀態提升到戰時狀態時，轉由三軍統帥的總統指揮國防單位來主導其事，並從第一層級國土安全

防衛之機制，提升至第二層級國土安全防衛之機制；此時由民間或政府各機構配合軍事單位來整體動員。

（二）組織與運作之草案概述

1. 第一層級國土安全之動員組織與運作概要——司法行政之範疇

（1）第一級開設：由總統或行政院院長主持「國土安全緊急策略會議」，針對重大與緊急之國土安全威脅根據未來研擬制定之「國土安全組織與運作」之相關法規，招集相關部會與人員研擬對策。其研擬之對策模式可運用紐約市、巴爾的摩市使用之「**資訊統計之管理**」（COMPSTAT or CITISTAT）的模式與程序來進行研擬對策，及指揮、管制各相關機構或公私部門之進度與績效。

（2）第二級開設：由該類國土相關之威脅或事件的主管部會主管或國土安全辦公室主管，主持「處理國土安全事件之諮商與研擬對策之會議」，針對較重要或較緊急之國土安全事件，根據前述之「國土安全組織與運作」之相關法規，招集相關部會與人員研擬對策。其研擬之對策模式亦可運用紐約市、巴爾的摩市使用之「**資訊統計之管理**」（COMPSTAT or CITISTAT）的模式與程序來進行研擬對策，及指揮、管制各相關機構或公私部門之進度與績效。

（3）第三級開設：平時則由國土安全辦公室主管或其值日官、員主持「國土安全之諮商與研析之定期會議」，針對國土安全之情資或狀況，作定期召集各單位代表來會商、研討與分析研判國土安全之相關整備或狀況，以便對於可能之趨勢或發展預作整備與因應。各公、私部門亦可建置國土安全業務承辦或聯繫單位，以及國土安全聯絡官或聯絡人員（公部門或機關學校可設置於人事、政風、訓導單位等，或指定專人協辦該業務；私部門則可指定人事、警衛或保全機構兼理聯絡之），並由上述人員定期的建構或提供國土安全的相關資訊或統計資料，以便各層級的國土安全承

辦單位，定期的更新、分析、研議與運用此相關資訊，即時預警
（Proactive Stance）的提出因應措施。在「國土安全之諮商與研
析之定期會議」中，亦可研議評定國土安全之「類型」與其「威
脅程度」之指標（Indicators），可區分為人為破害或天然災害等
類型，或政治、經濟、社會、文化等威脅，及其低、中、高等不
同之影響程度，與相對應的策略與措施。並可用已新鍵入完成的
電腦統計數據，與預先建置之情報整合平台與創新之軟體程式，
來分析與鎖定問題的核心，及評估其策略之績效。其影響類型與
程度亦可用不同之燈號或圖形來通報、警示，與律定對應之策略
或標準作業程序。

2. 第二層級國土安全之動員組織與運作概要——國防安全之範疇

依據國防動員之相關規定與作業模式，參酌未來研擬制定之「國土安
全組織與運作」之相關法規，作適切的修正與融入國土安全組織與運作之
規範與精神，從新的研擬與制定相關規範。三軍統帥與國防單位對此全球
所謂「超限戰」的新威脅，亦應從法制、戰略、戰術等方面作調整，尤應
對於中共可能以此從事之軍事攻擊或重大經濟、物資、能源、交通與建設
等之破壞攻擊，應結合政府各機構之情資與民間之資源作整體的預防或處
理之措施。其規劃則亦必須融合安全管理（Security Management）之新技
術與原則才能竟其全功。（至所謂「超限戰」即恐怖主義之重大攻擊活
動；亦即為打倒強敵，在方法上可超越任何限制無所不用謂之）

四、著手研發國土安全之各類防衛計畫

以全民生命財產安全為主軸，以影響全民、動搖國本之事件與防救為
導向，以國土安全管理網絡建置與相關之科技研究為範圍。其研發之子計
畫重點研究方向可包含：1.國土安全管理網絡建置（網絡）；2.指標性建
築物災害防救系統建置（建築）；3.資通社會安全監控預警技術研發（資
訊）；4.特殊標的毒化物（如沙林毒氣等化武性物質）鑑定分析實驗室之
建置（物質）；5.國土安全防衛工具與各類科技防禦與檢測系統的研發。

（防衛工具）其目標即整合政府與民間力量，並運用現代化科技，全面提升影響全民、動搖國本之事件發生與防救能力，將天然、人為（含故意、過失）災害之衝擊降至最低 。以國土安全網絡之建置與科技研發為主軸，提供決策與執行時必要之協助與參考。（中央警察大學國土安全研究中心，國土安全科技研發中程計畫，民97）然而其所研析之範疇則不宜僅專注於上述五項計畫，更應如筆者前所引述美國之經驗，作更全方位的研擬與發展。而能鉤勒出國土安全整體的整備機制，不致於有所遺漏而產生失誤；例如情報系統的整合、國防與民力協力伙伴平台的建立等均闕如是。

　　其中在協力伙伴平台的建立方面，於其子計畫一之中，則亦應更周延廣泛的建立全方位公、私部門之協力網絡，而不宜將網絡之概念僅囿於指揮管制系統與技術之建立一個面向。故而國土安全管理網絡建置，更應將國土內的人力、物力與各種有用資源，加以整合並做有效的應用，建構出國土安全管理網絡，建立並整合公私部門之安全資源與網絡，以確保國土之安全，及早預防不確定性風險之發生。對於各公部門之安全體系（如警政、消防 、境管 、海防、情治、國防），以及結合社會治安聯防概念下之機關、團體、學校、社區等之安全體系與資源，互相協助支援，並有效分享與利用各項資源以達加成之安全效果。其應用領域可含影響全民、動搖國本之事件與其防救能力之提升，自然與人為災難的防護與預警聯防（包括地震、水災、火災、風災、土石流、人為破壞、生態災難、流行病與禽流感散播的預警與防範）。

　　至其進行步驟與策略，可研擬制定「國土安全組織與運作」之相關法規與對策。其對策研擬之模式可運用前述紐約市、巴爾的摩市使用之「資訊統計之管理」（COMPSTAT or CITISTAT）的模式與程序來進行研擬對策及建立整合之平台，並規範有關協調、管制各相關機構或公私部門之步驟與方式。

　　另外，從美國911事件當中，我國亦可獲得若干值得借鏡之處（http://old.npf. org.tw/PUBLICATION/NS/090/NS-C-090-201.htm）：

（一）落實情報偵蒐工作：造成此次事件的主因，在於美國的情報偵蒐單

位不夠積極，未掌握恐怖組織內部情報及寄宿主（包庇國）之活動狀況，若僅憑國內安全檢查是無法扼阻恐怖份子之滲透，例如以色列在阿拉伯國家環伺下，恐怖活動無日無之，由於其情報單位（莫薩德）能確實掌握周遭國家及巴勒斯坦的情報活動，故恐怖活動始終未對其造成重大災難，所以我們首要的工作就是要落實情報偵蒐工作。

（二）**加強危機應變機制**：由於美國危機應變機制的妥善，雖然遭到如此重大災難，但在遭襲後即迅速下令所有飛往美國的飛機轉往加拿大、關閉所有機場，首先掌握美國領土的淨空與安全（千餘架民航機有序的進入加國各機場，若非本身有計畫管制，決難做到）；接著關閉大哥大，阻卻恐怖份子可能無線電的遙控；再是限制世界各國與美國的通訊，以阻止恐怖份子領袖的對內指示；最後關閉美加、美墨邊境，以防止恐怖份子逃離美國。此一遭襲一小時候之處理應變能力是值得肯定的。另外美國民間救難組織動員能力龐大，政府指導調派各義工單位得宜，災後兩小時內即有上萬救災人力展開工作。再就是美各大媒體自制能力默契良好，災後四十八小時內未搶拍驚悚鏡頭，如人體殘骸及家屬反應等過渡煽情鏡頭，俾免激發全美人心不安及群情激動（可能傷及無辜之阿裔美人），由於新聞管制得宜，使美國政府危機處理能順利接續展開，也使得後續的報復作戰行動保持較大單性，一則稍抒民憤；一則保留自己爾後處理戰爭之棘手問題，深值我國決策者參考。

有鑒於美國911事件等國際恐怖事件的嚴重危害性，假若我國發生類似恐怖事件或週邊國家遭受恐怖行動攻擊時，我國現行處理危機事件的偵防、情蒐、通報、處理、後續搶救及復原等機制，可否在最短時間內迅速啟動及有效因應楚哩，並發揮預期的緊急應變及處理功能，頗值得省思及檢討。

五、成立對抗恐怖份子之專責小組（Counterterrorism Special Team）

從前述各國對抗恐怖主義之經驗中，能制敵機先、掌握情報而直接以

迅雷不及掩耳的予以處置（counterterrorism or preemption action），往往比較保守、消極的間接之反恐行動（anti-terrorism）來得有效。美國、德國、英國均有此專責單位之設置，並創立專業之訓練基地，長期的加以培訓，以備不時之需。同時從各國反恐的實戰經驗中得知，各地方警政、第一線之安檢人員或基層之情治人員，往往是最先能趕赴現場的人；故其培訓計劃，亦應分層級而作不同程度的組訓，使得反恐或者對抗重大犯罪之行動，能有足夠之能耐與充實的專業人員，與貫徹到各情治層級的厚實專業人力縱身，以便能作立即、專業且有效全方位的反恐情資的蒐集、反應與處置。我國之警政署為因應反恐之策略，亦曾於90年9月12日以（九十）警署保字第184359號函頒「內政部警政署因應美國遭受恐怖份子攻擊事件治安應變計畫」（警政署，民90），並由各相關警政機關訂定子計劃。觀其計畫，雖從教育、訓練、整備與執行各個層面均甚為周詳，唯大都僅止於紙上作業階段，故推行上仍需加以細部的規劃與推展及落實。且根據筆者之訪查，該案之執行狀況，仍不如預期的落實而有效。

六、提升國境安全管理人員之安檢能力與反恐相關機構人員的情蒐、整備等能力

　　國境安全管理人員之執勤能力包括外語、法律規定熟悉度、工作經驗累積，證照真偽辨識能力及行政處理反應能力等多方面。各該單位應經常辦理訓練講習，必要時延聘外國專家授課，或薦送至國外進修。亦可協調相關單位邀請國外專家訪問講授，以增進學能，提升執勤能力；再者，執法人員應充分運用高科技鑑識及偵測儀器，以彌補人工鑑識能力之不足。並為避免不同安全檢查人員，有不同標準之作為，或為防因人為疏忽，造成失誤，故宜推行ISO國際品質保證制度之安檢流程管控。如此可以確立安檢品質標準化，以便減少疏漏並免恐怖份子有可乘之機，確保把關安全。（莊金海，民91：76-77）至於未來依相關法令建構而成的各個反恐相關機構的人員，必須加強前述危機管理的反恐之事前、事中與事後的反恐橫向機構的整合平台之建立，多元情蒐資源連線系統的建制，以及相關反恐之整備與落實執行及檢討等諸項作為，才能真正達成反恐之效益。

七、加強我國目前資安人員之培訓—公私部門資安能力之增強與協力合作

資訊安全在國內發展時間不長，同時業界不瞭解資訊安全與IT工作的差異性，所以許多資訊安全工作都由原本工作就很繁重的IT人員來兼任，面對本身不熟悉的資訊安全工作，掌握度當然不如預期般來的好。若沒有專業的資訊安全人員來負責維護與調整，防護效果與運作將大打折扣。

如前述章節所述，2001年電腦技能基金會透過台北市電腦工會進行業界人力需求調查，並選出「系統分析」、「軟體設計」、「網路管理」、「資訊安全管理」、「企業電子化系統」作為鑑定之項目，並於2002年開始實施。因此藉由此項積極鑑定之執行，積極培訓與結合產學研各界，善用有限之資源與環境，一方面可建立國內完整的資訊專業人才能力認定體系，以提供企業界或政府機構優良之資訊專業人員；另一方面可以藉此證照制度與世界資訊技術接軌（經濟部專業人員鑑定計畫內容），並可促成我國公私部門在資通安全的協力合作平台上的早日建立，落實前述所謂民間化警力（Privatization of Policing）之發展。而且更可進一步促進資訊流通之安全，避免下一波之恐怖攻擊，藉由此種新的資訊工具，攻擊相關之資訊系統，而對經濟或社會造成巨大的干擾與破壞，形成另一種類之新恐慌。

八、參與國際警政或安全的相關組織，加強反恐情報與技術之交流

我國國情特殊，正式邦交國有限，復有中共阻撓之因素，使我國在國際社會較無法正常運作，諸多國際會議未能正式參與，致對國際關係運作之發展顯有不足。然國人亦宜不斷加強對國際社會之互動，以利參與國際相關之活動。國際性之警政或安全的相關組織，尤應積極參與。其中，亦可用個人或非正式之模式，例如觀察會員等身分，參與國際活動。如此一方面可以建立起反恐的非正式溝通聯繫管道，另一方面亦可從中得到甚多之訊息，與獲得更先進的對抗恐怖主義之新觀念與新作法。其中國際刑警組織（International Criminal Police Organization, INTETRPOL or ICPO），我雖非為會員國，但仍有一定之聯繫機制存在。至國際警察首長協會

（International Association of Chief of Police, IACP）、國際警察幹部會議（International Police Executive Symposium, IPES）及國際空港海港警察協會（International Association of Airport and Seaport Police, IAASP）等國際組織，吾國均有甚多人員為其組織之會員，並長期的參與其活動。預期在反恐的合作、協調、聯繫上應有甚多開發、成長與努力的空間。

參考書目

中文參考書目

內政部警政署（民國90年），九十警署保字第184359號函頒「內政部警政署因應美國遭受恐怖份子攻擊事件治安應變計畫」，民國90年9月12日。

方淑惠譯（民國96年），Dennis Piszki原著，恐怖主義與美國的角力，國防部部長辦公室。

中國現代國際關係研究所反恐怖研究中心（2001年），「際恐怖主義與反恐怖鬥爭」，北京：時勢出版社。

中央警察大學國土安全研究中心（民國97年），國土安全研發計畫。

中央警察大學國土安全研究中心 （民國97年），國土安全科技研發中程計畫。

中國時報，91年7月17日，第10版。

中國時報，96年9月20日，F2版。

中國現代國際關係研究所（2002年），「2001-2002國際戰略與安全行勢評估」，時事出版社。

世界知識大辭典（1998年），中國久出版資料。

世界知識大辭典（1998年），修訂版，北京：世界知識出版社。

自由時報，（民國90年），第10版，7月17日。

朱金池（民國97年），建構社會安全管理網絡之芻議（初稿），未出版，中央警察大學安全管理研究中心。

朱蓓蕾（民國96年），「從國土安全論美國緊急應變機制之變革」，第一屆國土安全學術研討會論文集。

朱蓓蕾（民國95年），「全球化下移民對國土安全之影響」，國土安全與國家安全』學術研討會論文集，中央警察大學。

李少軍（2002），「恐怖主義概念的界定」，收錄恐怖主義溯源，王逸舟
　　主編：北京，社會科學文獻出版社。

李莉（2003），「關於恐怖主義的根源」，收錄『9.11後大國戰略關係』，
　　榮耀中國社會科學出版社月。

李宗勳（民國81年），〈市場機能與政府管制—我國警政工作民營化之研
　　究〉，國立政治大學公行所碩士論文。

李宗勳（民國93年），反恐怖危機管理之新視野與跨域機制，中央警察大
　　學警學叢刊。

李震山（民國91年），警察法論—警察任務編，正典出版。

李震山（民國95年），德國抗制恐怖主義法制與基本權利保障，《月旦法
　　學》，131,5。

李震山（民國96年），警察行政法論—自由與秩序之折衷，元照出版公
　　司。

杜陵（民國72年），情報學，中央警官學校印行。

宋筱元（民國88年），國家情報問題之研究：情報與國家關係之分析，中
　　央警察大學出版。

汪毓瑋（民國96年）歐洲打擊恐怖主義與組織犯罪現況及未來推動台歐相
　　關合作之啟示，第一屆「國境安全與人口移動研討會」論文集。Also
　　see htty://cir.cpu.edu. tw/seminar/paper/96/961226_8.pdf

社會科學百科全書（The Social Science Encyclopedia）（1989），庫柏主
　　編：《社會科學百科全書》，上海，譯文出版社。

林宜隆（民國95年），「資安攻防人才訓練課程之規劃研究」，『國土安
　　全與資通安全管理論文集』。

林宜隆（民國97年），未來警察新知識、新科技與新挑戰之初探，2008
　　聯合國際研討會論文集-會第十屆「網際空間：資安、犯罪與法律社
　　會」學術暨實務研討會。

林鈺雄（民國89年），刑事訴訟法，林鈺雄出版，學林文化總經銷。

林崑員（民國98年），「赴北京考察2008年奧運暨2009世運警衛作為紀
　　要」，警光雜誌社。

吳兆琰（民國92年），美國愛國者法施行兩年之檢討，《科技法律透析》，11月。

柯雨瑞（民國91年），美國2001年「航空暨運輸安全法」之研究，發表於中央警察大學主辦之「2002年國境警察學術研討會」論文集。

胡聯合（2002年），「第三隻眼睛恐怖主義」，北京：世界知識出版社。

馬士原（民國96年），「從美國經驗談我國國土安全體系之建構」，中央警察大學安全學系學術研討會論文集。

馬心韻（民國91年），行政管理學，臺灣警察專科學校。

孫國祥（民國92年），「恐怖主義對安全的威脅：持續的恐怖攻擊與反恐合作」，收錄『亞太綜合安全年報2002-2003』，遠景基金會。

高銘暄、趙秉志（1998年），新中國刑法立法文獻資料－上冊，中國人民公安大學出版社。

高銘暄、趙秉志（1998年），新中國刑法立法文獻資料－中冊，中國人民公安大學出版社。

唐嘉仁等人（民國98年），「我國警政反恐之探討－以國際型運動賽事為例」，保安警察第一總隊研究報告。

國防部（民國66年），美華華美詞典，國防部。

莫大華（民國87年8月），「安全研究論戰之評析」，問題與研究。

陳明傳、駱平沂（民國91年），「國境警察組織之定位與發展」，中央警察大學國境安全與海域執法學術研討會論文集。

陳明傳（民國92年），反恐與國境安全管理（Anti-Terrorism and Border Security），中央警察大學國境安全與刑事政策學術研討會，民國92年6月。

陳明傳 （民國94年），「反恐行動法草案之立法評析」，民國94年11月30日，恐怖主義研究中心「我國反恐行動法草案」座談會，（http://trc.cpu.edu.tw/par1130.htm）

陳明傳（民國94年），恐怖主義之類型與反恐之對策，「恐怖主義與國家安全」學術研討會論文集，反恐研究中心，中央警察大學。

陳明傳（民國95年），恐怖主義之類型與反恐之對策，「恐怖主義與國家

安全」學術研討會論文集，反恐研究中心，警察大學。

陳明傳（民國96年），兩岸共同打擊犯罪之現況與問題，財團法人海峽交流基金會，交流雜誌，91期。

陳明傳，跨國（境）犯罪與跨國犯罪學之初探（民國96年）「第一屆國土安全學術研討會」，中央警察大學國土安全研究中心。

陳明傳，我國國土安全功能之定位及其與安全管理相關性之探討（民國97年），「第二屆風險社會與安全管理學術研討會」，中央警察大學安全管理研究中心。

陳長文（民國98年），天堂不撤守－多邊公約國內法化不能只靠馬總統，中國時報，4月20日。

陳雙環（民國92年），〈當前中華民國反恐對策之研究〉，國立政治大學外交系戰略與國際事務碩士論文。

陳曦（2001），「帝國噩夢－9.11美國驚世恐怖事件紀實」，中國社會科學出版社。

陳瑞南（民國98年），「維安總動員高雄世運創造歷史」，警光雜誌社。

許春金（民國95年），犯罪學，中央警察大學印行。

許瑜菁（民國94年），「美愛國者法案再度通過 部份條文模糊遭裁定違憲」，東森新聞報，民國94年7月31日。

許義寶（民國92年），「論入出國境之查驗機關—兼論入出國及移民署之成立問題」，中央警察大學國境安全與刑事政策學術研討會，民國92年6月。

黃富源等（民國95年），犯罪學概論，中央警察大學印行。

莊金海（民國91年），「從美國911恐怖攻擊事件探討國境安全管理」，中央警察大學國境警察學報。

張中勇（民國85年），「情報與國家安全決策－歷史的經驗與教訓」，政治作戰學校國家安全學術研討會。

張中勇（民國91年），國土安全與國家安全-美國國土安全法制，《新知譯粹》，6期，1-10。

張中勇（民國92年），『九一一』事件後美國國土安全政策之思考，《警

　　學叢刊》，6：57。

張中勇（民國93年），美國九一一事件後國土安全作為對台灣安全的啟示，新世紀智庫論壇。

張中勇（民國94年），「第五章 國土安全」，台灣安全評估2004-2005，財團法人兩岸交流遠景基金會。

張中勇（民國95年9月），「國際恐怖主義近期發展與趨勢」，戰略安全研析。

張中勇（民國97年），以全民防衛動員為緊急應變機制備源體系對我國國土安全效能之評估研究報告」，國防部備司。

張仁傑，（民國88年）《從憲法保障人權觀點論警察監聽之執行》，中央警察大學法律學研究所碩士論文。

張殿清（民國90年），情報與反情報，時英出版。

張學仕（民國98年），如何做好「2009高雄世運及台北聽障奧運」之反恐防制作為，警光，639。

張學仕（民國98年），因應「2009高雄世運及台北聽障奧運」之反恐防爆作為，刑事雙月刊5月。

張家洋（民國78年），行政法，三民書局。

曾偉文（民國92年），國土安全體系下反恐與災害防救的整合，國土安全電子季刊。

曾偉文（民國97年），國土安全體系下反恐與災害防救的整合，國土安全電子季刊。

葉俊利（民國98年），「世運維安零失誤」，警光雜誌社。

董立文（民國96年），「解析國土安全概念－國土與安全如何銜接？」，中央警察大學：第一屆國土安全學術研判會。.

董立文（民國96年），「解析國土安全概念－國土與安全如何銜接？」，第一屆國土安全學術研討會論文集，民國96年12月。

葉凡美、蕭歡（2004年），「試析美國國土安全政策的變化與影響」，現代國際關係。

楊潔勉等著（2002年），「國際恐嚇主義與當代國際關係－911事件的衝擊

和影響」，貴州人民出版社。

劉世林（民國94年），「國土防衛」，日新，第5。

廖天威 （民國91年），法務部「反恐怖行動法」草案評析，財團法人國家政策研究基金會---國政分析憲政（析）091-086號，91年11月30日
http://www.npf.org.tw/PUBLICATION/CL/091/CL-B-091-086.htm

廖元豪（民國91年），美國反恐怖主義相關法律措施之簡介與評論，《月旦法學》，80。

廖元豪（民國95年），多少罪惡假國家安全之名而行？--簡介美國反恐措施對人權之侵蝕，《月旦法學》，131。

蔡庭榕（民國92年），以人權保障為基礎之國土安全執法，國土安全電子季刊，2，1。

蔡庭榕（民國92年），「論反恐怖主義行動法制與人權保障」，中央警察大學國境安全與刑事政策學術研討會，民國92年6月。

蔡庭榕（民國95年），反恐的法律挑戰－從人權保障觀察，『第二屆恐怖主義與國家安全學術研討暨實務座談會論文集』，桃園：中央警察大學恐怖主義研究中心。

蔡庭榕（民國96年），論國土安全執法與人權保障，『第一屆國土安全學術研討會論文集』，桃園：中央警察大學國土安全研究中心。

劉進福（民國96年），「人口流動與基本人權－從相關國際人權條約論起」，中央警察大學第1屆國土安全學術研討會。

劉志偉等人（2008年），刑事訴訟法規範總整理，北京大學出版社。

趙秉志（2005年），國際恐怖主義犯罪及其防治對策專論，中國人民公安大學出版社。

趙秉志（民國98年），海峽兩岸立法之比較，「第五屆恐怖主義與國家安全」學術研討會論文集，中央警察大學恐怖主義研究中心。

謝立功「洗錢防制與經濟法秩序之維護」（民國88年），金融財務研究訓練中心。

謝立功，「反恐怖行動法草案之評析」（民國92年），財團法人國家政策研究基金會---憲政（研）092-053號，民92年12月26日，（http://

www.npf.org.tw/PUBLICATION/ CL/092/ CL-R-092-053.htm）民
91.7.17.，自由時報。

蕭淑芬（民國95年），反恐、國安與人權保障之衝突，《月旦法學》，
131，58。

簡寶釧（民國97年），〈後九一一時期我國國土安全警政策略之研究〉，
中央警察大學安全所碩士班論文。

顏志榮（民國94年），美國緊急時期相關法律及判例之研究，35卷6期：
167-169。

環球時報，2004年8月23日，1972慕尼黑奧運會的恐怖事件。

羅傳賢（民國82年），行政程序法基礎理論，五南書局。

羅火祥（民國92年），〈我國警察機關危機管理之研究〉，東海大學公共
行政在職專班碩士論文。

譚中，2002.11.30.，聯合早報。

蘇顯星（民國96年），「反恐怖行動法草案」法案評估報告（初稿），
又見：http://www.ly.gov.tw/ly/04_library/0401_orglaw/orglaw_search/
orglaw_search_04.jsp?ItemNO=04020200&f91_number=7060。公民與
政治權利國際公約及經濟社會文化權利國際公約施行法草案總說明。

外文參考書目

Adler, Freda, Muller,Gerhard O.,Mueller, W., & Laufer, William S. 3rd. (1998),
Criminology : The Shorter Version, McGraw-Hill Companies, Inc.

Albanese, Jay S., Comparative Criminal Justice Systems, 3rd. ed. (2006),
Thomsom Wadsworth.

Bolz, Jr., Frank, et al. (2002), The Counterterrorism Handbook- Tactics,
Procedures, and Techniques, Florida: CRC Press.

Cunningham, William C. et al. (1991). "Private Security: Patterns and Trends",
Research in Brief, U.S. Dept. of Justice: N.I.J., Aug.

Covello, V.T., Sandman, P.M., and Slovic, P., "Risk Communication, Risk

Statistics, and Risk Comparisons: A Manual for Plant Managers", Chemical Manufacturers Association, Washington, DC,.

Drake, C.J.M. (1998), Terrorists' Target Selection, U.K.: MaCmillan Press Ltd.

Forst, Brian and Manning, Peter K. (1999).The Privatization of Policing :Two Views, Washington, D.C. : Georgetown University Press.

Friman, H. Richard & Andreas, Peter ed. (1999), The Illicit Global Economy and State Power, Rowan & Littlefield Publishers, Inc.

Gross, Oren (2003), Chaos and Rules: Should Responses to Violent Crises Always be Constitutional? 112 YLJ 1011, 2003. March, p.1014

IPES, (2004) Vancouver Meeting Summary, ELEVENTH INTERNATIONAL POLICE EXECUTIVE SYMPOSIUM, CRIMINAL EXPLOITATION OF WOMEN AND CHILDREN, Chilliwack, British Columbia, Canada, May 16-20, 2004, Submitted by Peter C. Kratcoski, Official Recorder Lucille Dunn Kratcoski, IPES Archivist, (http://www.ipes.info/summaries/canada.asp)

IPES, (2005) Prague Meeting Summary, TWELFTH ANNUAL MEETING OF THE INTERNATIONAL POLICE EXECUTIVE SYMPOSIUM, Prague, The Czech Republic, September 4-9, 2005, Submitted by Peter C. Kratcoski, Official Recorder, IPES,Lucille D. Kratcoski, Archivist, I (http://www.ipes.info/summaries/prague.asp)

Johnston, Les. "The Trajectory of 'Private Policing'", In Henry, Alstair & Smith, David J. edited (2007). Transformation of Policing, UK: Ashgate Publishing Limited.

Kegley, Jr., Charles W. (1990), International Terrorism- Characteristics, Causes, Controls, N.Y.: St. Martin's Press, Inc.

Kovacich, Gerald L. & Halibozek, Edward P. (2003). The Manager's Handbook for Corporate Security-Establishing and Managing a Successful Assets Protection Program, Boston: Butterworth Heinemann.

Laqueur, Walter (1987), The Age of Terrorism, Boston: Little, Brown and

Company.

Leo D. Carl (1990), The International Dictionary of Intelligence (Mclean, Va.: Maven Books).

Manning, Peter K. (1991). "Toward A Theory of Police Organization: Polarities and Change".社會變遷與警察工作國際學術研討會，中央警官學校.

Mattews, Roger (1989). "Privatization in Perspective", in Roger Mattews ed., Privatizing Criminal Justice, London：Sage publications.

Morgenthau, Hans J. (1978), Politics Among nation：The Struggle for Power and Peace, Fifth Edition, New York：Alfred A. Knopf.

Morré, L. (2004). Panoramic Overview of Private Security Industry in the 25 Member States of the European Union. Brussels: CoESS/Uni-Europa.

National Police Agency (1989). The police of Japan 1989, Japan.

Netanyahu, Benjamin (1995), Fighting Terrorism-How Democracies can Defeat Domestic and International Terrorists, N.Y.: The Noonday Press.

Office of Homeland Security (2002), White House, National Strategy for Homeland Security, July, 2002, pp.3-6.

Oliver, Willard M. (2007). Homeland Security for Policing. NJ: Person Education.

Ortmeier, P.J. (2005). Security Management-An introduction 2nd ed., New Jersey: Pearson Prentice Hall.

Raport，David C. (1999), Encyclopedia of Violence, Peace Conflict：Terrorism , London: Academic Press.

Reichel, Philip L. (2005). Comparative Criminal Justice Systems 4th ed., New Jersey: Pearson Prentice Hall.

Roskin , Michael G. (1994), National Interest: From Abstraction to Strategy, Carlisle, Pa.: US Army strategic Studies Institute.

Sarre, Rick and Ronald van Steden (2005). "Challenges for Policing in the 21st Century: the Growth of Private Security," paper presented at the Twelfth Annual Meeting of the International Police Executive Symposium,

Prague, The Czech Republic,(http://www.ipes.info/presentations/prague/ Private%20security%20paper%20Sarre%20van%20Steden.mht!Privatesec uritypaperSarrevanSteden_files/frame.htm)

Seiple, Chris (2002)."Homeland Security Concepts and Strategy,"Orbis, Vol . 46, Issue 2.

Senneward, Charles A. (2003). Effective Security Management, 4th ed., NY: Butterworth Heinemann.

Shelley, Louise I.(1981), Crime and Modernization: The Impact of Industrialization and Urbanization on Crime, Carbondale: southern Illinois University press.

Singh, Baljit (1977), "An Overview", Terrrorism: Interdisciplinary Perspectives, in Yonah Alexander and Seymour M. Finger (eds), New York: John Jay Press.

Skolnick, Jerome H. (1989). "The Police Idea Revisited, what is Private about Private Police?", an unpublished paper for the Conference in Social Change and Policing, Taiwan, June, PP.1～13.

Smith, Brent L. (1994) , Terrorism in America- Pipe Bombs and Pipe Dreams, Albany: State University of New York Press.

Souryal, Sam S. (2003), 台北市警察局專題講座，民國92年12月。

Smith, Brent L. (1994).Terrorism in America- Pipe Bombs and Pipe Dreams, Albany: State University of New York Press.

Taiwan News, April 10, 2004, p4., & April 26, p6.

Thibault, Edward T., et al. (1985). Proactive Police Management, 2nd ed., N.J.: Prentice Hall.

Vetter, Harold J. & Perlstein, Gary R. (1991), Perspectives on Terrorism, California: Wadsworth Publishing Co.

Ward, Richard H., Kiernan, Kathleen L., Mabery, Daniel. (2006). Homeland Security-An Introduction, CT.: anderson publishing, a member of the LexisNexis Group.

White, Jonathan R. (1991), Terrorism- An Introduction, California: Brooks/Cole Publishing Co.

White House (2002)., National Strategy for Homeland Security, July 2002.

Wilkinson, Paul (1990), "Terrorist Targets and Tactics: New Risks to World Order,"Conflict Studies , December 1990.

Williams Ⅲ, Frank P. & McShane, Marilyn D. (1988). Criminological Theory, NJ: Prentice Hall.

Williams Ⅲ, Frank P. & McShane, Marilyn D. Criminological Theory, 4th. ed., (2004), NJ: Prentice Hall.

Worcester Regional Research Bureau (2003), Compstat and Citistat: Should Worcester Adopt These Management Techniques?, Worcester Regional Research Bureau Report No. 03-01 February 18, 2003 (http://www.wrrb. org/reports/03-01compstat.pdf/2007)

William Wilson (1996), Dictionary of the United States Intelligence Services (Jefferson, North Carolina: McFarland & Company, Inc.,).

網路資料

「行政院組織新架構：內政及國土安全部」，http：//reform.rdec.gov.tw/ org_home/yorg_01.htm，97年5月。

翁耀南，「認識美國國土安全部成立與運作」，台灣網法律，http://www. lawtw.com/article.php？template＝article content＆area＝free _browse ＆parent_path＝,1,448＆job_id＝41603＆article_category_id＝769＆ article_id＝17415，98年4月。

"National Strategy for Homeland Security"，http：//www.dhs.gov/xlibrary/ assets/nat_strat_hls.pdf，97年8月。

"Homeland"，WIKPEDIA，http://en.wikipedia.ord/wiki/Homeland，97年6 月。

"Countering the Chandw Threat of International Terrorism"，Report of the National Commission on Terrorism, http://www.fas.org/irp/threat/commission.html，97年4月。

"Second Annual Report to the Advisor Panel to Assess Domestic RESONSE Capabilities for Terrorism Involving Weapons of Mass Destruction-Toward a National Strategy for Combating Terrorism ". (2002) http://www3.sourcewatch.org/index.php? title＝Gilmore_ Commission，98年4月.

"CSIS Homeland Defense：A Strategic Approach"，(2000). http://www.csis.org/component/option,com_progj/tasj,viw/id,675/，98年1月.

"The Report of U.S. National Commission on National Security in the 21 st Century—Roadmap for National Security：Imperative for Change".Feb 2001. http://www.nssg.gov，98年4月.

"National Strategy for Homeland Security"，http://www.dhs.gov/xlibrary/assets/nat_strat_hls.pdf，98年5月.

"National Response Plan"U.S.Department of Homeland, http://www.dhs.gov/xprepresp/committees/editorial-0566.Shtm，96年10月.

Jenkins, Brian Michael., "Basic Principles for Homeland Security",RAND Corporation Testimony Series,http://www.rand.org/pubs/testimonies/CT270/RAND_CT270.pdf，96年10月.

http://www.rthk.org.hk/rthk/news/expressnews/20071213/news_20071213_55_453555.htm，98年4月.

http://frwebgate.access.gpo.gov/cgi-bin/usc.cgi?ACTION=BROWSE&TITL=10USCSA，98年4月.

Homeland Security Department, http://www.dhs.gov/xabout/structure/，98年4月.

Office of Homeland Security, July 2002, National Strategy for Homeland Security, http://www.dhs.gov/xlibrary/assets/nat_strat_hls.pdf

Carter, Ashton., Roles for the White House and the New Department, http://www.fas.org/irp/congress/2002_hr/062602carter.html

IACP-An Information Integration Planning Model, April, 2000, http://www.
theiacp.org/documents/pdfs/Publications/cjinfosharing%2Epdf

http://www.baltimorecity.gov

http://en.wikipedia.org/wiki/Intelligence-led_policing

http://www.cnn.com/2002/ ALLPOLITICS/11/25/homeland.security/, April 15,
2004

Ann Notarangelo, http://cbs5.com/news/local/2002/11/25/ Bush_Signs _
Homeland_Security_Bill.html, Nov. 25, 2002

http://www.brook.edu/dybdocroot/fp/projects/homeland/assessdhs.pdf ，The
Brookings Institution, Washing D.C., July, 2002

IACP-An Information Integration Planning Model, April, 2000, http://www.
theiacp.org/documents/pdfs/Publications/cjinfosharing%2Epd

IACP An Information Integration Planning Model April 2000, http://
policechiefmagazine.org/magazine/ index.cfm?fuseaction=display_
arch&article_id=144&issue_id=112003

http://www.epic.org/privacy/terrorism/hr3162.html

http://n.yam.com/afp/international/200901/20090128194654.html

http://www.stnn.cc:82/america/200908/t20090807_1077396.html

http://forums.chinatimes.com.tw/special/america2/e/e0.htm April, 2006

http://www.dhs.gov/dhspublic/theme_home1.jsp, April, 2004

http://www.cnn.com/2002/ ALLPOLITICS/11/25/homeland.security/, April 15,
2004

Ann Notarangelo, http://cbs5.com/news/local/2002/11/25/ Bush_Signs _
Homeland_Security_Bill.html, Nov. 25, 2002

http://www.brook.edu/dybdocroot/fp/projects/homeland/assessdhs.pdf ，The
Brookings Institution, Washing D.C., July, 2002

http://www.theiacp.org/documents/pdfs/Publications/cjinfosharing%2Epdf

http://epic.org/privacy/terrorism/hr3162.html /April, 2007

http://www.dhs.gov/xlibrary/assets/nat_strat_hls.pdf，"National Strategy for

Homeland Security"April, 2008.

http://www.lib.uwo.ca/business/pp.html

http://epic.org/privacy/terrorism/hr3162.html (HR 3162 RDS,107th CONGRESS, 1st Session, H. R. 3162, IN THE SENATE OF THE UNITED STATES, October 24, 2001)

http：//fas.org/irp/threat/commission.html./ April, 2008.

http://icsrc.iecs.fcu.edu.tw/ April, 2008

http：//www. dhs. Gov /xprepresp/committees/editorial _ 0566.Shhn/ April, 2008.

http://big5.huaxia.com/xw/hwwz/00217410.html April, 2008.

http://www.fema.gov/pdf/about/divisions/npd/npd_brief.pdf /April, 2008.

http://www.au.af.mil/au/awc/awcgate/crs/rl33064.pdf/ April, 2007.

http://www.fema.gov/pdf/about/divisions/npd/npd_brief.pdf

http://forums.chinatimes.com.tw/special/america/911/90BG912A.htm

http://tw.knowledge.yahoo.com/question/question?qid=1405102417807/ April, 2008

http：//www.whitehouse.gov/news/releases/2007/05/20070509-12.htm

Realuyo, Celina（塞莉納‧雷魯約）, Building a Counterterrorist Regime （建立反恐怖主義融資活動的機制）http://usinfo.org/E-JOURNAL/EJ_ TerroristFin/realuyo.htm《聯合國網站》

http//ods-dds-ny.un.org/doc/UNDOC/GEN/N02/551/76/PDF/N0255176. pdf?OpenElement〔2003/8/29〕

http://ods-dds-ny.un.org/doc/UNDOC/GEN/N95/768/19/PDF/N9576819. pdf?OpenElement〔2008/04/02〕

《聯合國網站》http://ods-dds-ny.un.org/doc/UNDOC/GEN/N97/761/65/PDF/ N9776165.pdf?OpenEleme nt.〔2008/04/02〕

http://ods-dds-ny.un.org/doc/UNDOC/GEN/N01/633/01/PDF/N0163301. pdf?OpenElement.〔2008/04/02〕

http://ods-dds-ny.un.org/doc/UNDOC/GEN/N03/216/05/PDF/N0321605.

pdf?OpenElement.〔2008/04/02〕

http://tw.knowledge.yahoo.com/question/question?qid=1007012500069
新浪新聞網http://news.sina.com.tw/sinaNews/rtn/glPolitics/2002/0804/
10584614.html〔2008/4/9〕

大紀元報，http://www.epochtimes.com/b5/2/8/29/n211529.htm〔2008/4/9〕

「National Strategy for Homeland Security」
http：//www.dhs.gov/xlibrary/assets/nat_strat_hls.pdf,May,2008.

「行政院組織新架構：內政及國土安全部」
http：//reform.rdec.gov.tw/org_home/yorg_01.htm,May,2008.

http://info.gio.gov.tw/fp.asp?xItem=20159&ctNode=3764&mp=1張貼日期：
2004/11/16 .

余華慶，「全民防衛動員體系與運作講授教案」，http://mail.cysh.cy.edu.
tw/～educytw/ teach/ edu/E-D-012.DOC,March,2009.

李維森與失邦築，「新興安全威脅下之台灣災害防救體制發展與功
能強化」http://www.tw hohomelandsecurity.com/ld/PDF/4.1.pdf,
January,2009.

http://tw.knowledge.yahoo.com/question/question?qid=1406011009873,
January,2009.

http://tw.knowledge.yahoo.com/question/question?qid=1105052001249,
January,2009.

http://tw.knowledge.yahoo.com/question/question?qid=1105060512164,
January,2009.

http://tw.knowledge.yahoo.com/question/question?qid=1306032513383,
January,2009.

http://www.epochtimes.com/b5/2/6/9/n195470.htm

http://www.hkreporter.com/talks/thread-723743-1-1.html,August,2009.

「紐約通過決議加入全美反「愛國者法案」行列」http://big5.chinabroadcast.
cn/gate/big5/gb.cri.cn/321/2004/02/05/144@59949.htm,August,2009.

http://tw.knowledge.yahoo.com/question/question?qid=160712060937,

August,2009.

「政府涉嫌濫權搜查美公民 「愛國者法」兩條款違憲」
　　http://www.mingpaony.com/htm/News/20070927/nda11.htm,
　　August,2009.

http：//www.aclu.org/SafeandFree/SafeandfFree.cfm？ID＝13249＆c＝262,
　　August,2009.

http：//www.ratical.org/ratville/cah/section213.htm1# 218參考日期：2009年
　　2月16日

李維森，「災害防救體系」。Http：//www.nsc.gov.tw/_ newfiles/popular_
　　science.asp？add year＝2007＆popsc_aid＝25參考日期：2008年5月6日
　　http://tdprc2.tfd.gov.tw/TaipeiCityEms1_public/org_4.html參考日期：
　　2009年2月16日

楊嘉，從美國國土安全政策看我全民國防http://www.youth.com.tw/db/
　　epaper/es001001/eb0249.htm

http://oms.myweb.hinet.net/OCD_intro.html參考日期：2009年2月16日

http://www.aec.gov.tw/www/control/emergency/index-01.php參考日期：2009
　　年2月16日

http://www.epa.gov.tw/ch/artshow.aspx?busin=235&art=2008110711440315&
　　path=12091參考日期：2009年2月19日

http://tw.knowledge.yahoo.com/question/question?qid=1206041501212參考日
　　期：2009年2月19日

海洋污染防治法http://www.6law.idv.tw/6law/law/%AE%FC%ACv%A6%C3
　　%ACV%A8%BE%AAv%AAk.htm參考日期：2009年2月19日

I http://icsrc.iecs.fcu.edu.tw/index.html參考日期：2009年2月19日
　　http://tw.knowledge.yahoo.com/question/question?qid=1508030506880參
　　考日期：2009年2月19日

http://tw.knowledge.yahoo.com/question/question?qid=1105061007941參考日
　　期： 2009年2月21日

http://tw.knowledge.yahoo.com/question/question?qid=1004122801496參考日

期：2009年2月21日

http://www.carpcman.org.tw/l72.htm參考日期：2009年2月19日

http://tw.myblog.yahoo.com/jw!fxECFneAERr5JlACG9uerby4AtY-/
article?mid=3621參考日期：2009年2月19日

http://www.doh.gov.tw/newdoh/90-org/org-1/policy/B1.html參考日期：2009
年2月19日

http://www.tingsc.org/history/ly-03/11.htm

http://tw.news.yahoo.com/article/url/d/a/090808/17/1olio.htmll參考日期：
2009年2月19日

http://www.nsc.gov.tw/dept/csdr/naphm/naphm.htm參考日期：2009年2月20
日

the U.S. Government Interagency Domestic Terrorism Concept of Operations
Plan, CONPLAN 2001, http://www.intelcenter.com/resource/2001/
conplan.pdf

http://tw.knowledge.yahoo.com/question/question?qid=1008091303957

http://tw.knowledge.yahoo.com/question/question?qid=1305092912972

中國時報 社論一件改寫後冷戰戰略生態的歷史事件，2001.09.12
http://forums.chinatimes.com.tw/special/america/911/90BG912A.htm

http://www.itis.org.tw/pubinfo-detail.screen?pubid=57388271

http://n.yam.com/afp/international/200901/20090128194654.html

http://n.yam.com/cna/sports/200903/20090305564360.html

http://n.yam.com/chinatimes/society/200902/20090215830231.html

http://tw.news.yahoo.com/article/url/d/a/090710/17/1mtyr.html

http://en.wikipedia.org/wiki/Intelligence-led_policing

USA TODAY/CNN GALLUP POLL, http://www.usatoday.com/news/
polls/2006-01-09-poll.htm

http://big5.xinhuanet.com/gate/big5/news.xinhuanet.com/legal/2005-09/07/
content_3454089.htm

http://blog.yam.com/hjleelaw/article/1880872

http://www.cib.gov.tw/CibSystem/Magazine/File/A/0000000588.pdf

http://tw.myblog.yahoo.com/jw!2q3PctqEHBHIbOznBxc-/article?mid=962

http://www.2009deaflympics.org/files/13-1000-55.php

http://www.chinesetoday.com/news/show/id/60182

http：//epublication.kcg.gov.tw/ pictorial_ short_ content. sap？EPkey＝1663

http://chinese.wsj.com/big5/20080718/fea171520.asp?source=article

http://news.bbc.co.uk/hi/chinese/news/newsid_3484000/34843652.stm

http://sports.sinchew-i.com/node/5436

http://big5.china.com.cn/zhibo/2008-07/23/content_16055414.htm

http://www.nicst.nat.gov.tw/content/application/nicst/policy/guest-cnt-browse.
php?cnt_id=8

http://zh.wikipedia.org/zh-tw/%E6%83%85%E6%8A%A5%E5%BE%AA%E7
%8E%AF

http://www.ltvs.tyc.edu.tw/html/ltvs10/a012.htm

http://wutl.myweb.hinet.net

http://www.lths.tc.edu.tw/lths08/ill4-1.htm#國家安全的概念

http://tw.knowledge.yahoo.com/question/question?qid=1105061007941

http://tw.myblog.yahoo.com/jw!pio3OOmRGBYdNVa08qVymQ--/
article?mid=1766

http://tw.news.yahoo.com/article/url/d/a/091227/11/1xq4l.html

http://www.odni.gov/organization.htm

http://www.mjib.gov.tw/cgi-bin/mojnbi?/newintroduction/newintro-3.html

http://tw.knowledge.yahoo.com/question/question?qid=1105060600427

http://www.nsb.gov.tw/page04_06.htm

http://tw.myblog.yahoo.com/jw!2q3PctqEHBHIbOznBxc-/article?mid=1014

http://cir.cpu.edu. tw/seminar/paper/96/961226_8.pdf

http://npl.ly.gov.tw/do/www/billIntroductionContent?id=7

國家圖書館出版品預行編目資料

國土安全導論／陳明傳，駱平沂著.
--初版.—臺北市：五南，2010.07
面；　公分.
ISBN 978-957-11-6012-2（平裝）
1.國土　2.國家安全
579.13　　　　　　　　99010349

1PT7

國土安全導論

作　　者 — 陳明傳(263.6)　駱平沂(508)

發 行 人 — 楊榮川

總 經 理 — 楊士清

副總編輯 — 劉靜芬

責任編輯 — 高丞嫻

封面設計 — P.Design視覺企劃

出 版 者 — 五南圖書出版股份有限公司

地　　址：106台北市大安區和平東路二段339號4樓

電　　話：(02)2705-5066　傳　　真：(02)2706-6100

網　　址：http://www.wunan.com.tw

電子郵件：wunan@wunan.com.tw

劃撥帳號：01068953

戶　　名：五南圖書出版股份有限公司

法律顧問　林勝安律師事務所　林勝安律師

出版日期　2010年 7 月初版一刷
　　　　　2018年 9 月初版五刷

定　　價　新臺幣400元